历史的经验
中国人口发展报告

（1949-2018）

任远 主编

HISTORICAL LESSONS

CHINESE POPULATION DEVELOPMENT REPORT 1949-2018

经济管理出版社
ECONOMY & MANAGEMENT PUBLISHING HOUSE

图书在版编目（CIP）数据

历史的经验：中国人口发展报告（1949－2018）/任远主编．—北京：经济管理出版社，2019.8

ISBN 978－7－5096－6645－6

Ⅰ.①历… Ⅱ.①任… Ⅲ.①人口—研究报告—中国—1949－2018 Ⅳ.①C924.24

中国版本图书馆 CIP 数据核字（2019）第 106433 号

组稿编辑：任爱清
责任编辑：任爱清
责任印制：黄章平
责任校对：张晓燕

出版发行：经济管理出版社
　　　　　（北京市海淀区北蜂窝 8 号中雅大厦 A 座 11 层　100038）
网　　　址：www. E－mp. com. cn
电　　　话：（010）51915602
印　　　刷：三河市延风印装有限公司
经　　　销：新华书店
开　　　本：787mm×1092mm/16
印　　　张：17.25
字　　　数：358 千字
版　　　次：2019 年 9 月第 1 版　2019 年 9 月第 1 次印刷
书　　　号：ISBN 978－7－5096－6645－6
定　　　价：89.00 元

前　言

　　我国大陆人口从 1949 年的 5.4 亿增长到 2018 年的 13.95 亿，经历了人口总量的快速增长和增长放缓。我国人口发展可以分为三个阶段：第一个阶段是 20 世纪 70 年代以前，基本上是死亡率下降驱动的人口转变时期；第二个阶段是从 20 世纪 70 年代到 2000 年，基本上是生育率下降驱动的人口转变时期；第三个阶段是 21 世纪以后，我国人口进入了低出生率、低死亡率的现代人口再生产时期，完成了人口转变。

　　可以认为，1949 年以来的人口发展是我国历史上人口发生剧烈变动的时期。如果对这段时期我国人口发展进行总结，可以发现以下四个特点：

　　第一，我国人口发展具有很强的政策干预和制度影响。我国的生育率下降实际上超前于经济发展的水平，具有超前人口转变和快速人口转变的特点。这无疑受到 20 世纪 70 年代以来计划生育制度和政策控制的影响。对于生育率的影响因素，在 20 世纪 80 年代表现为以政策因素为主；20 世纪 90 年代表现为一半是政策因素影响、一半是社会经济因素影响；进入 21 世纪以后，我国生育率下降主要受到社会经济因素的影响。计划生育制度在 20 世纪 80 年代被写入宪法，成为国家发展的基本国策。可以发现，以降低生育率和控制人口为导向的计划生育政策干预，对 20 世纪后半期我国的生育率转变产生了巨大影响。

　　我国人口发展除了受到显著的制度影响和政策干预之外，还表现在人口迁移和流动方面。户籍制度作为基本的迁移管理和社会管理制度，于 20 世纪 50 年代得以建立。20 世纪 80 年代以后，户籍制度逐步改革，与户籍制度相关联的暂住证制度、居住证制度，以及各种条件户籍的改革举措，对人口空间迁移和人口管理产生了影响。同时，我国人口死亡率的下降也与 20 世纪 50 年代以后农村公共卫生体系建设相联系，并带来人口预期寿命从 20 世纪 50 - 70 年代很快地超过世界平均水平。在 20 世纪 90 年代以后，卫生体制改革给人口死亡率带来了一定的压力，但是社会经济发展对于死亡率下降和预期寿命提高的作用仍然是非常显著的。

　　所以，从新中国成立以来的人口发展历史来看，我国的人口变动受到制度因素的影响较大。相对于社会经济发展影响人口变动的"看不见的手"的作用，制度因素在中国人口发展中具有显著作用。在对人口发展开展管理和服务的制度实施中，我国在政府系列中成立了计划生育的职能部门，人口的计划生育管理职能也经历了不断的调整。我国也通过公安的户政管理、卫生部门的健康管理等对相关的人口事务开展管理。为了促进人口事务的综合管理，当前在中华人民共和国国家发展和改革委员会体制下还设立相应的人口部门。这些都说明我国的人口发展受到制度因素的影响。

第二，我国人口发展具有相当的不均衡性。作为幅员辽阔的大国，我国的社会经济发展水平具有显著的地区差别。经济和社会发展的不均衡强化了人口发展的不均衡性，表现在人口发展的地区差别非常显著，在生育率水平、死亡率和预期寿命、人口的城镇化状况、老龄化程度、人口的教育程度以及人口迁出迁入的态势等方面，几乎在所有的人口发展指标上，地区间的不平衡性都是非常显著的。这种地区间的差别性直到现在仍然显著存在。

第三，我国人口发展存在压缩式的人口转变。新中国成立以后快速的死亡率下降、快速的生育率下降，以及改革开放以后城镇化水平的快速提高和大规模的人口迁移，使得人口变动在较短时间内发生剧烈变动，使得我国人口发展表现出一种压缩式的人口转变特征。压缩式的人口转变带来人口结构的快速变动，例如，少年儿童人口比重变动很快、人口老龄化提高的速度很快以及城乡结构经历快速变化，我国城镇化水平从1980年的20%左右增加到当前的59.5%。压缩式的人口转变带来人口过程的变动比较剧烈，人口问题集中产生，人口的快速变动使得人口与发展的协调问题表现得非常尖锐。

第四，我国人口变动具有较强的波动性。人口过程的动态性是人口发展的基础，压缩式人口转变带来快速的人口变迁及城乡和空间的不均衡所带动的不断调整，使我国不同地区的人口发展表现出较强的波动性。

我国的出生人口数存在着波动性。以出生2000万人口为标准来看，从1962年到1976年，事实上是第一次的人口出生高峰；从1982年到1991年，出现了第二次人口出生高峰。第二次人口出生高峰显然受到第一次人口出生高峰的推移性的影响。因为第一次人口出生高峰的育龄妇女到了育龄阶段，往往会带来第二次人口出生高峰。但是也应看到第二次人口出生高峰比第一次人口出生高峰的峰值更低了。预想中的第三次人口出生高峰事实上并没有出现。出生人口的波动性是年龄结构波动性的基础，出生人口的波动性影响学龄人口的波动性、育龄人口的波动性、劳动适龄人口的波动性等，对经济社会发展产生持续影响。

我国的死亡人口和死亡率也存在先下降再上升的波动性，前者主要是卫生健康事业发展带来的死亡率下降，后者则主要是人口老龄化过程中伴生的死亡人口增长的结果。人口空间迁移的方向和程度也存在显著的波动性，这种波动性基本上可以用改革开放带来向东南沿海地区的人口迁移流动为分界。而近年来在国家整体均衡发展的态势下，分地区的人口波动性也正出现新的特点，在快速城镇化的现在也出现部分城市人口增长和部分城市人口萎缩的空间波动。人口出生、死亡、迁移的较为剧烈的波动性，对人口结构及社会经济发展产生出锯齿般的影响，考验着公共决策的智慧。

70年的人口变动历史深化了对人口发展规律性的认识，也为国家发展提供了一些基本的经验。对这些经验作一些基本的总结，可以发现：

第一，要重视人口与发展的协调。纵观历史，对于我国人口与发展的关系存在相当多不同的看法。在我国成立初期的社会主义建设阶段，我们认为，人口数量越多越有利于生产力的发展。而经历了 20 世纪 60 - 70 年代的曲折发展，我们又认为，较少的人口数量能促进少生快富、有利于经济的现代化。在进入 21 世纪以后，我们日益担心人口数量下降和结构变化会对未来的经济发展带来不利影响。实际上，70 年的历史经验告诉我们，归根结底，人口本身是内生于发展过程中的，人口的生育率、死亡率和迁移率本身是社会经济发展的结果，而并非经济发展的决定性因素。人口变动本身对于发展的影响是不确定性的、或然性的。在人口与发展关系中，应该更加重视人口与发展关系的协调，适应人口的变动，促进实现人口与发展相协调的经济生产方式和社会生活形态。人口与发展关系的协调性决定了国家发展的能力和可持续性。

第二，人口发展的根本目的是要促进民生福利的增进和提高。控制生育率的目的是满足国民经济和社会发展计划的人口目标，但同时也具有提高人口健康和福利的积极作用。生育率下降有助于保障妇女的健康，促进妇女的发展，避免育龄妇女的非意愿的怀孕，以及对于提高儿童教育质量具有积极作用。死亡率的下降也意味着预期寿命的提高和人口素质的提高。迁移是迁移者和其家庭的理性选择和意愿的实现。良好的人口发展的根本目的和最终结果是满足人民的需求，增进人民的福利。因此，限制人口的意愿、损害家庭成员的福利，本质上是不利于人口发展的，国家发展也需要通过更完善的福利制度来实现人口发展。

第三，人口是国家发展面临的基础性、全局性和枢纽性的因素。人口变动受到工业化、城镇化进程的影响，人口发展和经济社会发展、资源环境、贫困问题、老龄社会、妇女发展、儿童发展等各方面的发展议题紧密关联。人口发展的教育进步、预期寿命提高等，不仅能够反映不同发展的成就，同时人口发展是实现良好发展道路的基础。从联合国 2030 年可持续发展目标来看，人口发展是其中的重要组成部分。同时，人口发展构成发展体系的枢纽因素，渗透在社会经济发展的整体过程中，是人口大国实现可持续发展目标的基础性领域。

第四，在我国的人口发展过程中，特别重视人口发展战略的研究、制定和实施。在世界各国中，很少有国家制定人口发展战略。我国作为人口大国，重视人口发展战略构成了我国人口发展的突出经验和典型优势。通过有远见的人口发展战略促进了人口发展，促进了人口与发展的协调和进步。

历史地看，计划生育对于中国发展具有人口发展战略的意义。进入 21 世纪以来，我国已经发布了《国家人口发展规划（2016 - 2030 年）》，中共十九大报告提出，要加强人口发展战略研究，提出统筹人口发展、完善生育政策、积极应对老龄化、提高人口素质、推动城乡发展等，这些对于人口发展的战略性指导，构成国家发展的重要施政策略。从未来的人口发展来看，需要提升战略思维，调整人口的综合政策，确保人口发展和社会经济相协调、和资源环境相协调，从而探索出一条中国发展的良好道路。

第五，我国的人口发展中包含着一个后发展国家不断现代化的经验。我国人口发展从较短时期内完成了从传统的人口再生产模式向现代人口再生产模式的转变，人口发展实现了现代化。我国的人口发展研究与实践和世界人口研究学术界、国际组织有密切的交流。通过不断吸收先发展国家人口发展的历史经验，以及面临的困难和教训及解决对策，借鉴先发展国家人口问题的思想理念和人口政策的措施实践，有效地推动了中国的人口发展。

同时，在我国的人口发展过程中，也因为能够充分考虑中国的具体实际、考虑中国的文化背景和制度转型背景，从而确立了符合中国实际的人口发展道路。通过扎实的人口统计、人口调查和数据，结合中国的实际情况来研究人口发展的具体问题，具有很强的本土性。同时，通过有针对性的人口管理制度和人口政策工具，实施结合实际、结合民众需求的改革实践，从而不断推动国家的人口发展。

因此，我国的人口发展较好地协调了向世界学习、与世界对话及重视本地现实和实践，重视基于现实的实证研究，使得人口研究能够密切融合在国家和发展的现代化发展进程中，推动了学术发展。也因为这种拿来主义和自主创新的结合，使得后发展国家的人口发展进程具有后发优势，能够基于具体实践发现问题，实现有针对性的改革。从我国人口发展的历史实践中可以发现，后发展的中国现代化需要坚持实践本位、探求科学规律性的理论指导，以及落实符合民众需求的发展。

我国的人口格局正面临突出的变动，包括人口总量将在 2025－2030 年到顶并出现持续的下降，以及人口结构的转变、城镇化和人口空间布局的进一步调整等。未来的人口发展正面临尖锐的挑战，中国已经进入低生育率社会，正在经历快速的老龄化和不断扩展的移民过程。我国人口发展需要从对人口数量的关注，转向更加重视人口结构、人口素质和人口分布等问题，因此，需要通过综合性的人口政策工具来应对更加复杂的人口问题，通过更加前瞻性的人口发展战略来应对未来人口发展的挑战，从而推动国家实现良好的、可持续的长远发展。

任远

2019 年 5 月 3 日

目　录

第一部分　国内名家谈70年中国人口发展

生育政策与生育率变动的考察

左学金[①]

2019 年是新中国成立 70 周年。本文试图在我国人口发展 70 年的历史经验中重点考察生育政策与生育率变动的历史经验，以期对研究我国未来人口变动趋势与调整人口政策有所裨益。

一、中国妇女生育率变动与生育政策演变

1. 中国妇女生育率的变动趋势

自 1950 年以来，中国妇女生育率的变动趋势经历了以下四个阶段：

（1）20 世纪 50－60 年代的高生育率阶段。除三年经济困难时期生育率出现大幅下降以外，这个时期的总和生育率保持在 6 左右，城乡之间差异不大。

（2）20 世纪 70 年代生育率急剧下降阶段。我国妇女的总和生育率在 20 世纪 70 年代下降了一半以上，从平均每个妇女生育 6 个孩子下降到生育 2～3 个孩子，堪称是人类历史上空前的生育率下降。

（3）20 世纪 80 年代总和生育率波动与缓慢下降阶段。这一时期生育率变动的主要特点是在更替生育水平以上波动后的缓慢下降。这一阶段城乡之间与地区之间生育率差异显著拉大。

（4）20 世纪 90 年代以来的低生育率阶段。从 20 世纪 90 年代初我国妇女的生育率降低到更替水平以下，并在此后下降到 1.5 左右生育率水平，但在政府不同部门之

---

① 左学金，上海社会科学院研究员，原常务副院长兼经济研究所所长。1982 年上海社会科学院经济学硕士，1989 年美国匹兹堡大学经济学博士。1989－1991 年先后在美国普林斯顿大学和美国普查局做博士后研究和访问研究。1991 年 9 月回国后任上海社会科学院人口与发展研究所研究员、副所长、所长。1994－2012 年先后任上海社会科学院副院长、常务副院长和主持工作的常务副院长，兼任经济研究所所长、城市与区域研究中心主任。主要从事人口经济、社会保障和城市空间布局的研究。多项研究成果获得中国人口学会著作一等奖、上海市哲学社会科学研究优秀成果一等奖、上海市决策咨询奖一等奖等。目前作为首席专家承担国家自然科学基金重大课题"老龄社会的经济特征和支持体系研究"。

间，以及学者之间对我国生育率的真实水平还存在不同估计（郭志刚，2017）。

2. 生育政策演变

新中国成立 70 年以来，我国生育政策的演变分为以下四个阶段[①]。

（1）1949—1962 年的生育政策讨论酝酿阶段。这一阶段中国政府没有实行明确的强烈鼓励生育或节制生育的政策措施，尽管有一些关于生育政策的政策讨论与争论。其中影响较大的是 1958—1959 年期间对马寅初先生的批判。

（2）1963—1979 年积极的计划生育政策阶段。这一阶段政府主要实施更加积极主动的计划生育政策。其内容是促进避孕节育和提倡晚婚晚育、拉长生育间隔与少生（"晚稀少"）。计划生育工作在"文革"初期一度停顿，20 世纪 70 年代初以后才重新得到加强。

（3）1980—2012 年严格的生育控制政策阶段。从 1980 年开始实施"一孩"政策。由于在农村地区实施"一孩"政策面临一些具体困难，因此，在 1984 年后逐步放宽为城市"一孩"、农村"一孩半"的生育政策。21 世纪初以来，许多省份放开"双独二孩"政策，即夫妻双方都是独生子女的家庭可以生育二孩。但是由于这一政策适用人数较少，对生育率的影响不大，所以本文没有将"双独二孩"划分为生育政策的一个独立阶段。

（4）2013 年以来生育控制政策逐步放宽阶段。近年来，由于我国人口少子老龄化进程加快，经济社会后果开始显现，社会各界对调整生育政策的呼声日益高涨。在 2013 年我国政府决定放宽生育政策，允许单独家庭（夫妻双方有一方是独生子女）生育二孩，2015 年又决定实施全面"二孩"政策。实际数据表明，虽然两次放宽生育政策对提升"二孩"生育率有一定作用，但是对提升总和生育率的作用相对有限，对于提升"一孩"生育率的作用就更加微乎其微了。

二、我国生育率下降的影响因素：生育控制政策与经济社会变化

1. 生育控制政策和经济社会变化对生育率影响的理论思考

虽然世界上部分国家实行过不同方式的鼓励生育或抑制生育政策，但是这些生育政策一般都是通过税收或财政补贴等激励手段来实现的，政府以行政手段直接限制生

---

① 这里关于生育政策演变的前三个阶段的论述参考了彭佩云（2007）和田雪原（2009）。

育子女数量的情况非常少见。从这个意义上来说，中国从 1980 年以来实施严格的生育控制政策是具有中国特色的。

关于经济社会变化对生育率的影响已有较多研究文献。总体来看，以工业化和城市化为特点的现代化进程，显著降低了家庭作为基本生产单位与养老保障提供者的作用，并推动了全球范围的生育率下降。实际上全球人口增长速度与全球人口的生育率在 1965–1970 年就开始持续下降，只是由于"人口惯性"的作用，全球人口还会在 21 世纪内继续增长。生育率下降与家庭规模的小型化又进一步削弱了子女作为养老保障主要提供者的作用，加强了政府在养老保障方面的作用，从而降低了家庭生育子女的投资回报，形成了一种负向反馈。

已有一些大家所熟知的理论来解释经济社会变化如何推动生育率的变化。其中美国经济学家加里·斯坦利·贝克尔（Gary Stanley Becker，1965；1969）的家庭经济学理论认为，妇女工资的提高意味着养育孩子的机会成本提高；对子女教育投入的回报率的提高促使父母加大对孩子的教育投入，促使父母用孩子的质量来替代数量，这些变化都推动了生育率的下降。又如澳大利亚人口学家约翰·考德威尔（John Caldwell，1976）的"代际财富流理论"认为，在传统社会财富从孩子流向父母，所以生育率较高，而现代社会财富从父母流向孩子，所以生育率较低。

对我国来说，生育控制政策在生育率下降中起了十分独特与重要的作用，或者说，生育控制政策和经济社会变化共同推动了我国生育率的下降。但是，在我国生育率下降的进程中，生育控制政策与经济社会变化相比，哪一个作用更大呢？

在我国，这是一个仁者见仁、智者见智的问题。有人将生育控制政策看成是我国生育率下降的主要原因，例如，张维庆（2006）认为，截至 2005 年底，由于计划生育政策的实施，不包括由于经济社会发展因素而少生的人口数，我国少生了 4 亿多人。当然也有许多人持不同的看法，认为经济社会变化对生育率下降所起的作用是更加基础性的和更加重要的，尽管计划生育政策可以在经济社会变化的基础上发挥一定的作用，但只能发挥辅助性的作用。或者说得通俗一些，经济社会变化是推动生育率下降的大腿，而计划生育政策只是推动生育率下降的胳膊；胳膊可以与大腿协调形成合力；但是"胳膊扭不过大腿"。

为了进一步探讨这个问题，我们不妨对我国生育控制政策和经济社会变化对生育率影响问题作一个简要的历史考察。

2. 生育控制政策和经济社会变化对生育率影响的历史考察

从我国生育率变动的历史趋势来看，虽然总的趋势是长期下降，但是如果分阶段来看，也有下降、波动与相对稳定等不同的变动模式。

（1）20 世纪 70 年代是我国实行"晚稀少"计划生育政策的时期，也是我国生育率下降最快的时期。在 1970–1979 年，我国妇女的总和生育率从 5.8 下降到 2.8，下降了一半以上，在一个人口规模巨大的国家如此快速实现的生育率下降，在人类历史上是空前的。这一阶段随着婴儿死亡率的大幅下降，城乡家庭理想的孩子数或生育意愿也在下降。计划生育政策通过为城乡家庭提供避孕节育手段和减少不想要的孩子，与经济社会变化形成了推动生育率下降的合力。

（2）20世纪80年代实施严格的生育控制政策（一孩政策和一孩半政策）并未推动我国生育率快速下降。相关统计表明，在20世纪80年代，我国生育率出现了上下波动而未继续20世纪80年代的快速下降趋势。对于这种情况，一个可行的解释是，如果严格的生育控制政策没有得到经济社会变化的支持，就难以推动生育率快速下降，或者说"胳膊扭不过大腿"。当时我国的经济社会发展水平，尤其是农村的经济社会发展水平（如农村养老主要依靠子女尤其是男孩来提供等）还不足以支持生育率降低到更低的水平。这一阶段城乡生育率的差异显著拉大。

值得指出的是，自20世纪80年代中期以来，部分"二孩"政策试点地区的生育率低于或接近于对照地区。从20世纪80年代中期以来，我国一些地区，包括山西翼城、甘肃酒泉、河北承德和湖北恩施，先后推行了一对夫妇可以生育"二孩"的政策。30多年来这些试点地区的生育率低于或接近于对照地区，而出生性别比明显低于对照地区，并且试点地区的干群关系也得到了改善①。这些试点地区的实践可作为"胳膊与大腿形成合力"的典型案例。

（3）1990－2013年在我国生育控制政策保持稳定和略有放松的背景下，经济社会变化推动了我国生育率下降到低生育率水平。从20世纪90年代到开启生育政策新时代的2013年，我国生育控制政策基本保持稳定，在21世纪初各省份还先后实施了"双独二孩"政策。但是从1991年以来，我国生育率下降到更替水平（2.1）以下，并在此后平缓降低到1.5的生育水平。显然，这一时期生育率下降的根本原因，不是生育政策的收紧，而是影响生育率的经济社会变化推动了生育率的下降。

在宏观层面的经济社会变化，如我国人口的快速城市化和工业化、城市住房价格的快速膨胀、妇女经济社会地位的提高，以及与这些变化相对应的传统家庭、婚姻与生育文化的变迁等，都比任何生育政策更有力地推动了我国生育率的下降。一些微观层面的变化也推动了生育率的下降。如养育孩子的成本（如对孩子的医疗保健成本，包括学前教育、中小学教育与高等教育在内的教育成本，住房成本等）上升，养育孩子的机会成本（妇女受教育程度和工资率）上升，养育孩子的经济回报（如孩子养老功能等）下降，以及结婚率的下降和离婚率的提高，妇女初婚初育年龄的推迟，不孕率和"丁克"家庭比例的提高等。

（4）2013年以来我国实行宽松的生育政策，但是对提升生育率的作用有限。我国先后在2013年（单独二孩）和2015年（全面二孩）两次放宽生育控制政策。但

---

① 顾宝昌，王丰. 八百万人的实践［M］. 北京：社会科学文献出版社，2009.

是政策实施对提升生育率与出生的作用却远低于人们预期。

如有学者估计，全面放开"二孩"政策将使年度出生人口峰值达到4995万人，生育率将达到每位妇女生育4.5个孩子。当然如此夸张的估计已经远远偏离了中国的现实。又如政府相关部门在"全面二孩"政策实施之初预测，2017年出生人口的低、中、高方案预测分别为2023.2万人、2109.9万人和2195.1万人；2018年将达到出生人口峰值，低、中、高方案预测分别为2082.4万人、2188.6万人和2294.3万人。

但是根据国家统计局公布的数据，2017年我国全年出生人口1723万人，比政府部门的低方案预测还少整整300万人；人口出生数和出生率比2016年双双下降。2018年出生数仅为1523万人，比政府部门的低方案预测少了560万人，非但没有出现"出生数峰值"，反而比2017年大幅下降200万人。

统计数据已经以事实批驳了"只要生育政策放宽，生育率就会大幅反弹"的主观判断。这个判断错误的根源在于，没有看到我国低生育率的基本原因是长期以来我国现代化进程与经济社会变化推动了生育率的降低；只要这些变化对生育率影响没有发生方向性改变，那么仅仅放宽生育政策就不会造成生育率的大幅反弹。如果有些部门或有些个人坚持不愿看到这个事实，只能是因为他们的眼睛为小团体的利益所遮挡，生育率变动的客观事实会进一步证明他们的判断经不起实践的检验。

三、70年生育政策思考和未来人口政策建议

1. 重视"人口惯性"与"生育率惯性"的影响

人口变动有较大惯性，许多变化需要经历较长时期才会逐步显现，在短期内这种变化容易被人忽视。例如，我国的总和生育率从20世纪90年代初就已经降低到更替水平以下，但是我国可能在2025年前后才开始人口负增长，两者有大约35年的时间滞后。从未来发展趋势来看，自1990年以来，我国低于更替水平的生育率积累的巨大人口惯性，将使我国在未来几十年甚至更长时间内，继续人口负增长与人口老龄化的趋势而难以改变。正因如此，人口政策需要充分的前瞻性。当问题已经充分显现时再调整政策可能为时已晚。

（1）人口惯性。"人口惯性"是指一个增长的人口由于年轻的年龄结构而继续增长的趋势；或者一个缩减（负增长）的人口由于老化的年龄结构而继续缩减的趋势。

我国人口惯性的一个重要来源是育龄妇女，尤其是生育旺盛期育龄妇女数量的快速下降。根据目前我国人口的年龄结构可以推断，在2020－2030年，处于生育旺盛

期的 25 － 39 岁育龄妇女人数将减少 40%。这就意味着在未来十年中，即使我国妇女的总和生育率保持不变，我国人口的出生数将减少 40%，或者说从大约 1500 万人减少为 900 万人左右。如果同时生育率有所下降，那么人口出生数将下降到更低水平。考虑到目前我国每年死亡人数已经接近 1000 万人，随着人口老龄化的快速发展我国人口的毛死亡率和死亡人数还会快速上升，我国人口负增长已经指日可待。

（2）低生育率惯性。如上所述，我国政府在 2013 年和 2015 年两次放宽生育政策，先后允许单独家庭生育"二孩"和所有家庭"生育二孩"。但是出乎不少人的预料，我国人口的出生数和出生率并没有像他们预料得那样出现大幅反弹，而是在 2017 年和 2018 年连续两年出现下降。

实际上，东亚地区的历史经验表明，一旦一个国家或地区的生育率降低到 1.5 以下的很低生育率水平，或降低到 1.3 以下的极低生育率水平，那么要想摆脱低生育率惯性将十分困难。这种情况可以称为"低生育率陷阱"或"低生育率惯性"。对低生育率惯性的一个解释是，生育率主要由其背后的经济社会变化所决定，只要这些经济社会变化对生育率的影响没有发生方向性变化，那么低生育率的趋势就很难发生显著性变化。

东亚地区的一些国家和地区，可以作为低生育率惯性的一个典型案例。东亚地区的日本、韩国、新加坡，以及我国的台湾、香港和澳门地区，在过去 20 多年中都先后受到低生育率的困扰，并且都经历了由（通过经济激励而非行政强制）节制生育转向鼓励生育政策的转变。但是这些鼓励生育的政策，迄今为止收效甚微。

日本的总和生育率 2005 年降低到 1.26，此后缓慢回升到 2017 年的 1.43。日本振兴会议在 2014 年发表的《为实现 21 世纪可持续发展的限制少子化与地区发展战略》中提出，要以每对育龄夫妇平均理想生育 2.42 胎为目标，实现 2025 年人口出生率达到 1.8，2035 年出生率达到 2.1。根据目前的发展趋势来看，上述目标不可能实现。日本人口总量已经连续 11 年负增长，在 21 世纪内将缩减一半以上。在 21 世纪中叶，日本 65 岁及以上老年人口占总人口的比例将达四成左右，从长期来看，日本人口将不可持续，社会保障与公共财政体制也将不可持续。

韩国人口的生育在 2001 年下降到 1.3，此后已连续 17 年保持在 1.3 以下的超低生育率水平，2017 年仅为 1.05。韩国政府与公众已对人口缩减的前景忧心忡忡，以至于总统公开出面号召大家多生，但是低生育率的趋势却难以改变。人们有理由怀疑韩国的政策转变已经为时过晚。

与韩国的情况类似，新加坡的总和生育率在 2013 年降到 1.3 以下，此后一直保持在超低生育率水平，2017 年更被 "CIA Fact Sheets" 列为全球生育率最低的国家。

我国台港澳地区的总和生育率与韩国、新加坡相近，2017 年这些地区的总和生育率都低于 1.2。

如果在 2016 年以前，在放宽生育控制政策后，我国（内地）人口生育率是否会快速回升还存在较多争论的话，那么 2017 年与 2018 年出生的实际数据则为这个争论给出了明确的答案。我国低生育率的趋势将长期继续下去，我国人口负增长与老龄化的趋势将长期继续下去。

2. 尽快取消生育数量控制政策

有人认为，既然放开生育控制政策并不能有效地促进生育率提高，那么何必放开生育政策呢？这种说法的主要问题是，没有看到通过行政手段控制生育数量的生育控制政策是一种非常态的政策，在当时出台非常态政策的理由已经不复存在的情况下，我们应该取消而不是继续这种非常态政策。

严格的生育控制政策是在当时我国正面临"特别紧张的人口增长问题"的非常态形势下出台的非常态政策。在低生育率时代，这种生育数量控制政策早已没有继续下去的理由了。正如 1980 年中共中央致全体共产党员共青团员的公开信所指出的那样，到 30 年以后，人口增长问题缓和以后，就可以采取不同的人口政策了。

更值得关注的是，目前我国人口变动的主要风险已经由生育率过高和人口增长过快，转向生育率过低、人口老龄化和人口规模将不断萎缩的长期趋势。在这样的背景下，继续实施生育控制政策只能与我国人口可持续发展的目标南辕北辙。

我国人口变动的重大转折与未来变动趋势要求我国实行生育政策的历史性转变。建议在全国尽快取消对城乡家庭生育数量的限制，让生育选择权回归家庭；将计划生育工作的重点，从数量控制转向家庭计划、生殖健康和妇婴健康服务。同时，我们要采取切实措施，帮助解决城乡家庭养育子女的实际困难，尽快出台鼓励生育的政策。从长期来看，我国生育率应该逐步回升到更替水平，这不仅是经济社会健康发展的需要，也是中华民族人口作为一个物种能得以延续的需要。这将是我们面临的一项长期和艰巨的任务。

参考文献

［1］郭志刚. 中国低生育进程的主要特征——2015 年 1% 人口抽样调查结果的启示［J］. 中国人口科学，2017（4）.

［2］彭佩云. 中国人口和计划生育史［M］. 北京：中国人口出版社，2007.

［3］田雪原. 中国人口政策 60 年［M］. 北京：社会科学文献出版社，2009.

［4］张维庆. 以人的全面发展统筹解决我国人口问题——关于人口热点问题的问与答［J］. 求是，2006（9）.

［5］Becker，Gary S. A Theory of the Allocation of Time［J］. The Economic Journal，1965，75（299）：493 – 517.

［6］Becker，Gary S. An Economic Analysis of Fertility，in National Bureau of Economic Research, Demographic and Economic Change in Developed Countries, A Conference of the Universities [M]. New York: Columbia University Press, 1969: 209 – 240.

[7] Caldwell, John C. Toward a Restatement of Demographic Transition Theory [J].
Population and Development Review, 1976, 2 (3/4): 321 – 366.

中国 70 年人口分布变化与胡焕庸线稳定性

吴瑞君[①]

人口的分布受自然条件、经济发展以及社会、历史等因素的综合影响与制约。新中国成立 70 年以来，人口分布变化主要发生在东南半壁的东部沿海与内地之间，胡焕庸线基本稳定；人口分布与区域经济增长的均衡化转变由东向西梯度推移，西北半壁的均衡化转变相对滞后，在未来人口负增长背景下，人口分布均衡发展面临新挑战，西北半壁的城市化必须更加注重高质量发展。

1. 人口分布变化主要发生在东南半壁的东部沿海与内地之间

按照现行政区划，可以将西北 6 省区（内蒙古、西藏、甘肃、青海、宁夏、新疆）大体上视为胡焕庸线以西的西北半壁，将东部、中部、西南部（西部地区除西北 6 省区以外的其他 6 省）视为东南半壁。据新中国成立以来相关统计和人口普查资料显示，1952－2017 年，东南半壁的人口占比由 95.24% 下降到 93.36%，西北半壁的人口占比则由 4.76% 上升为 6.64%，人口变化只有 1.88 个百分点。期间，东部沿海的人口占比由 38.97% 提高到 41.58%，提高了 2.61 个百分点，中部和西南部的人口占比分别由 33.03% 和 23.24% 下降为 31.26% 和 20.51%，分别下降了 1.77 个和 2.73 个百分点。1952－1978 年，东部和中部的人口占比分别下降了 2.48 个和 0.12 个百分点，西南部上升了 1.44 个百分点（见表1）。

表1 1952－2017 年我国区域省际人口分布变化　　　　　　单位:%

	年份	1952	1978	1990	2000	2010	2017
人口占比（a）	东南半壁	95.24	94.08	93.78	93.5	93.47	93.36
	东部	38.97	36.49	37.64	38.92	41.26	41.58
	中部	33.03	32.91	33.86	32.93	31.69	31.26

---

① 吴瑞君，华东师范大学人文与社会科学研究院院长，人口学教授、博士生导师。上海市社会科学创新研究基地（上海人口结构与发展趋势方向）首席专家暨上海市人民政府决策咨询研究基地吴瑞君工作室领军人物。上海市人才理论研究基地主任，国务院侨办专家委员会委员，上海市华侨历史学会副会长，上海人口学会副会长。上海市政协常委。主要研究领域：区域人口与经济社会发展、国际移民与海外人才等。

续表

年份		1952	1978	1990	2000	2010	2017
人口占比（a）	西南	23.24	24.68	22.28	21.65	20.51	20.51
	西北半壁	4.76	5.92	6.22	6.5	6.53	6.64
GDP占比（b）	东南半壁	93.8	94.33	94.66	95.48	94.33	95.06
	东部	48.61	50.22	51.8	57.29	57.31	55.63
	中部	30.77	29	27.94	25.58	24.06	24.47
	西南	14.42	15.11	14.92	12.61	12.96	14.96
	西北半壁	6.2	5.67	5.34	4.52	5.67	4.94
人均GDP比较指数（b/a）	东南半壁	0.98	1.00	1.01	1.02	1.01	1.02
	东部	1.25	1.38	1.38	1.47	1.39	1.34
	中部	0.93	0.88	0.83	0.78	0.76	0.78
	西南	0.62	0.61	0.67	0.58	0.63	0.73
	西北半壁	1.30	0.96	0.86	0.70	0.87	0.74

资料来源：《新中国六十年统计资料汇编》，《中国统计年鉴》。

由表1可知，1978－2017年，东部地区的人口占比上升了5.09个百分点，中部和西南部分别下降了1.65个和4.17个百分点，而东南与西北半壁的人口占比变化只有0.72个百分点。可见，我国人口分布的东西差异变化，主要发生在东南半壁内的东部沿海与内地之间；改革开放以来，东南半壁内的人口分布东西差异变化，更要明显大于东西两半壁之间的变化。整体来看，胡焕庸线基本稳定，东西两半壁的人口比例变化甚微。当然也要指出，从人口分布比例的变化强度来看，西北半壁却要比东南半壁大得多：67年间变化了1.88个百分点，对于东南半壁来说，其人口占比只是下降了1.97%，而对于西北半壁来说则是上升了39.50%。

人口区域分布的变化直接取决于人口自然增长与迁移变动的区域差异，而后者又受到区域经济社会发展和体制机制因素的深刻影响。人口迁移的主要方向，在新中国成立以后的头30年里主要是由东南半壁迁往西北半壁、由沿海迁往内地和边疆，而在改革开放以后则发生了逆转性变化。全国人口普查等数据的推算结果显示：东部沿海的净迁入人口在1990－1995年为400多万人，1995－2000年、2000－2005年、2005－2010年、2010－2015年分别达1968万人、2316万人、3184万人、2220万人，东部沿海的净迁入人口绝大部分来自中西南地区；一方面，西北半壁的人口向东部沿海净迁出；另一方面，也吸纳来自中西南地区的净迁入人口。与东南半壁内的"一江春水向东流"迁移浪潮相比，东南与西北半壁之间的人口迁移只是"涓涓细流"，然而变化却较大：在20世纪80年代，基本上表现为西北半壁净迁出（张善余，1990），而在90年代则转变为东南半壁净迁出（1990－1995年、1995－2000年，由东南向西北半壁净迁移量分别为30万人、51万人），进入21世纪以来，又主要表现为西北半壁净迁出（2000－2005年、2005－2010年、2010－2015年，由西北半壁向东南半壁的净迁移量分别为3万人、－10万人、31万人）（见表2）。

表2　2000－2015年我国区域省际人口迁移变化　　　　　　　单位：万人

		2000－2005年			2005－2010年			2010－2015年		
		迁入	迁出	净迁入	迁入	迁出	净迁入	迁入	迁出	净迁入
东南半壁	小计	3779	3776	3	5287	5297	－10	5094	5063	31
	东部	3177	861	2316	4384	1201	3183	3761	1541	2220
	中部	312	1817	－1505	467	2610	－2143	692	2209	－1517
	西南	290	1098	－808	436	1486	－1050	640	1313	－673
西北半壁（西北）		128	131	－3	246	236	10	244	275	－31
西部		417	1230	－813	682	1722	－1040	885	1587	－702

资料来源：根据人口普查和小普查数据推算得出，指各时期末5岁及以上人口与时期内的迁移。

2. 人口分布与区域经济增长的均衡化转变由东向西梯度推移

新中国成立70年以来，经济建设取得了巨大成就，1952－2017年，全国人均生产总值由119元增加到59660元。70年来，我国的区域经济发展战略经历了均衡—非均衡—均衡的演变，计划经济时期采取了区域经济均衡发展战略；改革开放以后的头20年里实行以加快沿海地区开放为特征的非均衡发展战略；20世纪末，以提出西部大开发战略为标志，转变为实施均衡发展战略，以逐步缩小东部与中西部地区的发展差距。伴随着经济建设成就带来的是区域社会事业的快速发展和转型。为了充分揭示区域人口分布变化与经济发展之间的关系，本文将有利于缩小东部与中西部之间人口和GDP占比差距的变化视为均衡化转变，具体来说，将东部地区的人口和GDP占比下降或上升减缓、中西部地区的人口和GDP占比上升或下降减缓视为均衡化转变。同时，将各区域GDP占比与人口占比之比值视为区域人均GDP比较指数，这个指数的变化如果趋近于1.00，即为人口与经济增长关系的均衡化转变；反之亦然。

东部沿海的人口占比在改革开放之前有所下降，改革开放以后转变为加快上升，其升速在2010年以后明显减缓；其GDP占比在1952－2000年加快上升，2010－2017年转变为下降；其人均GDP指数，从1952年的1.25增大到1978年的1.38和2000年的1.47以后转变为下降，2010年和2017年分别下降为1.39和1.34（不同时期各区域人口与GDP占比的年均变化速度见图1和表3，人均GDP比较指数的变化见表1和图2）。

中部地区的人口占比在1952－1978年基本稳定，改革开放以后经历了先升后降的变化，其降速在2010年以后明显减缓；其GDP占比在2000年之前加速下降，2000－2010年下降减缓，2010－2017年转变为上升；其人均GDP指数在1952－2010

年由 0.93 下降为 0.76，2017 年略有回升，为 0.78。

西部地区的人口占比在 1952－1978 年趋于上升，改革开放以后先是长时期下降，2010－2017 年转变为上升；其 GDP 占比在 1952－1978 年有所上升，1978－2000 年趋于下降，而 2000－2010 年和 2010－2017 年分别转变为年均上升 0.15 个和 0.18 个百分点；其人均 GDP 指数在 1952－2000 年波动状地由 0.74 下降到 0.61，2010 年和 2017 年分别上升到 0.69 和 0.73。

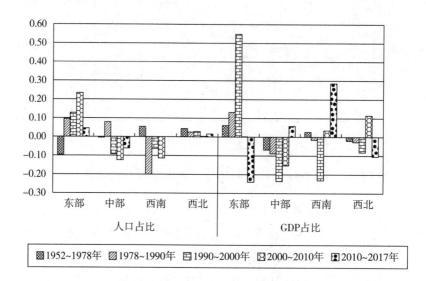

图1　1952－2017 年各区域人口与 GDP 占比年均变化

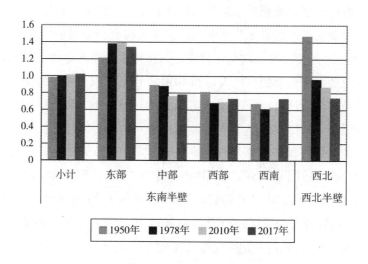

图2　区域人均 GDP 指数变化

可见，改革开放以来，随着区域发展战略由非均衡向均衡发展的转变，东部与中西部之间的人口分布变化与经济增长及其两者关系确实出现了一定程度上的均衡化转变。但是，这种均衡化转变主要出现在东南半壁内的东部沿海与内地之间，从西部地区来看，这种均衡化转变主要出现在西南地区，还没有稳定地推移到西北半壁。

自新中国成立以来，西北半壁的人口占比一直是趋于上升的，而其 GDP 占比却是基本上趋于下降的：从 1952 年的 6.2% 下降到 2000 年的 4.52%，2010 年曾经提高到 5.67%，但 2017 年又下降为 4.94%。从人均 GDP 指数来看，1952 年曾经高达 1.30，不仅明显高于东南半壁的 0.98，也高于东部沿海的 1.25。所以，新中国成立之初在生产力水平很低、基本上是落后农业经济的情况下，一方面，存在着有限的工业过度集中在东部沿海的畸形；另一方面，也存在着东南半壁以至东部沿海人均生产总值反而低于西北半壁的畸形。直至 1970 年，东南半壁的人均生产总值才超过了西北半壁，其差距趋于拉大。1978 - 2000 年，西北半壁的人均 GDP 指数由 0.96 下降为 0.70，2010 年曾经提高到 0.87，但 2017 年又下降到 0.74。当然，以上分析仅就两大半壁而言，省际差异很大（见图 3）。总体来看，进入 21 世纪以来，西北地区的 GDP 占比和人均 GDP 指数虽然也出现了转降为升的均衡化转变，但很不稳定。

表3　1952 - 2017 年各时期分区域人口与 GDP 占比的年均变化百分点

		1952 - 1978 年	1978 - 1990 年	1990 - 2000 年	2000 - 2010 年	2010 - 2017 年
人口占比	东南半壁	- 0.04	- 0.03	- 0.03	0.00	- 0.02
	西北半壁	0.04	0.03	0.03	0.00	0.02
	东部	- 0.10	0.10	0.13	0.23	0.05
	中部	0.00	0.08	- 0.09	- 0.12	- 0.06
	西部	0.10	- 0.18	- 0.04	- 0.11	0.02
	西南	0.06	- 0.20	- 0.06	- 0.11	0.00
	西北	0.04	0.03	0.03	0.00	0.02
GDP 占比	东南半壁	0.02	0.03	0.08	- 0.12	0.10
	西北半壁	- 0.02	- 0.03	- 0.08	0.12	- 0.10
	东部	0.06	0.13	0.55	0.00	- 0.24
	中部	- 0.07	- 0.09	- 0.24	- 0.15	0.06
	西部	0.01	- 0.04	- 0.31	0.15	0.18
	西南	0.03	- 0.02	- 0.23	0.04	0.29
	西北	- 0.02	- 0.03	- 0.08	0.12	- 0.10

3. 未来人口负增长背景下人口分布均衡发展面临新挑战

虽然全国人口增长快慢与人口迁移之间没有必然联系，但也不能说没有影响。20 世纪 50 ~ 70 年代，我国经历了两次生育高峰，1950 - 1970 年的人口年均增长率达 2.06%，人口快速增长的压力在人口稠密的东部地区更加突出，而人均生产总值水平则以人口稀疏的西北半壁为相对较高。所以，东西部之间客观上存在着吸引人口西迁的推拉力。自 20 世纪 70 年代以来，随着计划生育的普遍推行，人口快速增长得到有效控制，1970－2017 年的年均增长率为 1.10%。改革开放以后，东部沿海地区的经济高增长引起了劳动力需求的高增长，其人均 GDP 高于中西部地区的差距趋于拉大，导致人口迁移的方向发生了逆转。需要指出的是，生育率下降带来了以少儿抚养比下降为特征的年龄结构红利效应，增强了劳动力的流动活力。经济高增长与人口大流动相互呼应，使年龄结构红利的经济效应得以充分释放。应该说，我国人口由高增长逐渐转变为低增长，与东西部之间的人口迁移方向逆转是有一定关联的，当然这种人口增长和迁移的转变与整个经济社会发展大背景的转变有着更为密切的关联。但总体来看，如前所述，70 年来的人口西迁和东迁，对东西两大半壁之间的人口分布比例变化影响不大，胡焕庸线依然稳定。

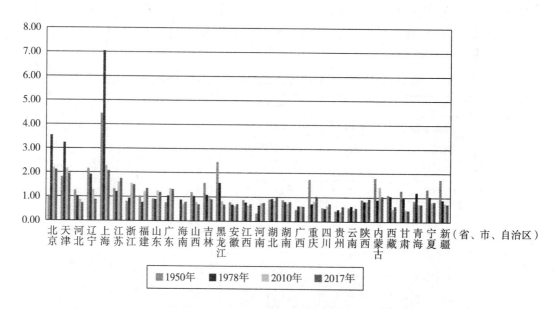

图3　各地区人均 GDP 指数（以全国平均水平为 1.00）

　　胡焕庸线基本稳定，主要反映了我国东西两大半壁生态地理环境及其对人口与经济发展制约作用的巨大差异。自新中国成立以来，西北半壁的经济有了很大的发展，但是，其经济总量在全国的占比却趋于长时期持续下降，进入 20 世纪以后先升后跌，一方面，显示具有进一步增长的潜力；另一方面，或许也是反映了更加重视生态环境保护的转变。2019 年 3 月 19 日召开的中央全面深化改革委员会第七次会议审议通过的《关于新时代推进西部大开发形成新格局的指导意见》指出，推进西部大开发要"更加注重抓好大保护，从中华民族长远利益考虑，把生态环境保护放到重要位置，坚持走生态优先、绿色发展的新路子"。"要更加注重推动高质量发展，贯彻落实新发展理念，深化供给侧结构性改革，促进西部地区经济社会发展与人口、资源、环境相协调。"西部地区中的西北6省区是全国的半壁江山，其发展尚相对滞后于西南。在推进西部大开发中，要把促进西北半壁的经济社会发展与人口、资源、环境相协调，摆上更加重要的位置。

值得注意的是，新中国成立以来的70年，是人口快速增长到高位低增长时期，而未来将要迎来的是一个史无前例的、被称为中国"21世纪最重大的人口事件"的人口负增长时代。有关研究指出，"如果中国总和生育率一直保持在1.6的水平，人口负增长将提前到2027年出现，2065年人口减少到11.72亿人，相当于1990年的规模"。① 21世纪末，我国人口总量将介于5亿人到9亿人之间，相当于新中国成立后头30年内的规模。随着人口总量负增长的到来，过去长时期被困扰的人口过多压力终将逐渐削减，而代之以人口不足的忧虑；过去70年来发展起来的许多城市，将会出现不同程度的容量盈余，人口迁移流动的空间格局势必将会出现新变化。据日媒报道，日本总人口已经连续多年减少，人口越少大城市人口越集中（中国新闻网，2017）。未来我国人口是否将会越来越向东部沿海大城市集中？我们认为，在大城市发展总体水平东高西低的情况下，这种可能性是存在的，我们的应对策略也要顺势而为。然而同时也要看到，就人口数量相差悬殊的东西两大半壁而言，一定数量的人口东迁，对东西两半壁的影响是很不对等的。在人口自然变动持续负增长背景下，要避免西半壁叠加人口迁移负增长对经济社会发展的负面影响。改革开放以来，我国城市化发展很快，2010年以后中西部地区的城市化速度已经超过了东部。面临人口负增长时代的到来，要进一步把促进东西部城市化均衡发展提到更加重要的日程上来。西北半壁的城市化不要追求增量扩容，而是应该更加注重高质量发展，加快缩小与东部城市发展水平的差距，以增强"留住人、吸引人"的集聚力，避免人口和人才的损失。

参考文献

［1］张善余. 我国省际人口迁移模式的重大变化［J］. 人口研究，1990（1）.

［2］日本总人口已经连续8年减少，人口越少大城市越拥挤［EB/OL］. 中国新闻网，2017 – 07 – 13.

---

① 中国社会科学院人口与劳动经济研究所. 人口与劳动绿皮书：中国人口与劳动问题报告［M］. 北京：社会科学文献出版社，2019.

中国老龄研究的回顾和展望

陆杰华　刘　芹①

在我国人口老龄化的发展进程中，老龄研究不断发展，从最初对老龄实践、理论及其相关概念界定的探索起步，到21世纪迈入老龄化社会后对我国老龄社会主要特点及其影响机理等主题的深入和系统分析，近年来，学界重点从跨学科的视角关注和研究加速人口老龄化背景下老龄事业、老龄产业及其中国语境下老龄健康、智慧养老等领域，我国的老龄研究取得了较为丰硕的研究成果。

老龄研究进程大致划分为三个阶段：老龄趋势及其原因的探索研究阶段、老龄社会特征及其政策应对的研究阶段和跨学科与本土融合的研究阶段。

一、我国老龄研究的主要创新点

1. 宏观与微观视角相结合

微观视角由日常着手，宏观全局增强统筹效果。老龄研究既包括宏观视角下的中国人口结构变化、老龄化百年发展趋势、养老保障体系改革和养老模式变更，也进行诸如某省市养老问题调查等微观视角的研究，做到研究内容广泛，研究角度多样。

2. 理论与实践紧密结合

老龄研究在借鉴西方老龄理论和我国老龄政策的基础上，积极进行实践研究。研究者将国外老龄相关理念应用于我国实践，以便在理论分析中实现对我国国情下老龄社会的理解，如在健康老龄化背景下医养结合的发展状况研究。同时紧跟国家政策发布动向，明确政策需求和社会发展方向，如2013年和2014年，国家出台大量养老相关政策，包括国务院《关于加快发展养老服务业的若干意见》、民政部《关于开展公

---

① 陆杰华，北京大学社会学系教授、北京大学健康老龄与发展研究中心副主任，研究方向为老龄健康、人口与经济等。刘芹，北京大学社会学系博士研究生，研究方向为健康社会学、人口与健康等。

办养老机构改革试点工作的通知》等，养老问题研究数量大幅上涨，为解决社会养老问题提供研究基础。

3. 与民生关注点相结合

老龄研究的方向都是社会的热点问题，如"空巢化""养老保险制度""医养结合""智慧养老"等，以期研究成果能够具有实用性和前瞻性，及时用于社会最亟待解决的问题。

4. 定量与定性研究相结合

定量研究通过调查法和实验法等，将问题与现象用数量来表示。定性研究运用历史回顾、访问、观察等方法获得处于自然情境中的资料，并用非量化的手段对其进行分析。老龄研究将定量研究和定性研究相结合，既采用定量方法宏观分析我国老龄化成因、特点、趋势和影响，又使用定性方法研究老龄化进程中产生的社会问题，如"养老保障""农村养老""延迟退休"等。

5. 国际化视野与本土化模式相结合

纵观改革开放 40 年老龄研究历程，我国老龄研究起步较晚，最初老龄化认识均来自国际老龄大会抑或其他国家的老龄化状况，例如，日本、法国等，从老龄基本理论到老龄特征、发展趋势、社会影响、应对措施，都首先参考其他国家的社会状况和研究工作进展，然后将国际化手段与中国国情进行本土化结合，以解决中国老龄化社会的相关问题。

二、在明确研究创新点的同时还应认识到研究的不足

1. 尚未构建老龄学科的理论体系

理论源于实践，而实践需上升到理论，才能得到提炼。我国从 2000 年迈入老龄社会，至今快 20 年时间。我国老龄研究起步晚，积累少，因此，当前主要应用国外老龄理论。而我国改革开放以来主要以经济建设为中心，社会建设相对滞后，导致老龄理论构建也相对滞后，缺乏中国特色老龄理论。

2. 基础性研究重视不够

基础性研究是为一般理论提供方法论的基础。通过改革开放 40 年文献分析，老

龄研究中社科类基础研究的比例逐年下降，从1978－1999年的51.93%下降到2010－2018年的41.38%，表明对基础性研究重视不够。

3. 跨学科研究亟待加强

通过上述结果可知，我国老龄研究50%来源于社会科学，从事研究的主要为老龄工作机构和各大高等院校，学术背景主要为人口学和社会学专业，研究单位和研究人员较为单一，导致老龄研究在深度和广度上难以多方面适应社会发展的需求。

4. 研究热点较为局限，深度缺乏

通过文献分析可知，目前的研究主要集中于人口结构和养老保障，虽然在老龄化对经济、科技、社会、文化、家庭等方面的影响有所涉及，但深度不够。文献数量虽然可观，但内容较为散乱，质量参差不齐，能够采纳于国家政策的成果更是微乎其微。

5. 各部门调研数据和研究成果共享不及时

近年来，各科研机构在全国范围内开展了各种综合调查，取得了可观的科研数据和研究成果，如中国健康与养老追踪调查（CHARLS）、中国老年人健康长寿影响因素调查（CLHLS）、中国老年社会追踪调查（CLASS）等，但不同研究部门和群体之间的数据、资源不能实现有效沟通，较为分散，不能集中建立起规范的老龄研究数据库，从而限制了研究的进一步发展。

三、针对未来人口变化，采取应对措施

未来将是我国人口发生急剧变化的时期，也将是老龄问题集中爆发的时期，为进一步落实习近平总书记提出的及时、科学、综合应对人口老龄化的要求，老龄研究必须根植于我国基本国情，结合社会经济发展情况，突出研究的多样性、基础性和前瞻性。

1. 积极构建中国特色老龄理论体系

作为世界上老龄人口最多的国家，我国的老龄化存在自身的特点，如老龄人口基数大、发展速度快、城乡倒置等，有异于国外老龄社会发展的特点，这对我国老龄研究既是挑战，又是机遇。挑战在于需要从无到有开辟新的研究方向和理论体系，而机遇在于特殊的实践内涵为研究提供充足的材料，有利于新理论、新视角的发展。因

此，未来老龄研究应当在积极借鉴国外老龄研究理论成果的基础上，加强我国实践研究中的理论提炼，积极构建中国特色老龄理论体系。

2. 进一步增加基础性研究，夯实理论发展基础

基础性研究是为一般理论提供方法论的基础，在未来老龄研究中，应进一步重视并增加基础性研究的比例。我国老龄问题较为复杂，仅从国家普查或其他现有的调研数据库中获取数据进行分析可能较为局限，研究者应针对不同的老龄问题积极进行实地调研或访问，获取第一手资料进行分析。通过增加基础性研究，为老龄理论体系的建立夯实根基。

3. 加强跨学科老龄研究发展，打破单一格局

老龄化对社会造成全方位影响，与各学科均关联紧密。例如，随着我国经济社会发展和人口家庭文化变迁，老年人在精神健康方面面临的问题越来越多，认知功能和心理健康需要心理学专业知识。另外，老龄研究离不开健康和医疗，因此，如何将老龄社会特点结合生物医学指标、遗传、护理、环境等研究方向，也成为未来需要重点关注的部分。

4. 紧密联系政策和民生需求，注重研究的实用性和前瞻性

在构建中国特色老龄理论体系的基础上，发展适合于中国实践的老龄研究。在紧密联系国家政策和民生需求的前提下，注重研究的实用性，能够将根植于理论的研究成果应用于实践。同时研究应走在实践的前列，通过人口预测，提出未来可能的发展方向和问题解决途径。

5. 加强各部门调研数据和研究成果及时共享，积极推进"智慧"老龄研究

以建立老龄研究机构中心作为桥梁，搭建规范的老龄研究数据库，以促进不同研究部门和群体之间的数据、资源实现有效沟通。在信息技术飞速发展的背景下，架构老龄大数据平台，开展老龄大数据理论研究，组织实施全国老龄相关调查，并通过建立云平台，为政府和社会积极提供老龄研究相关数据。同时，还可以通过智能技术，继续探索"智慧养老"等新型养老模式，从而在养老行业充分发挥科技推进的作用，最大限度地满足老年人的需求。

从人口转变理论看我国人口 70 年的发展特征

孙常敏[①]

一、人口运动和人口转变

中华人民共和国成立以来的 70 年，也是我国人口发展产生量变和质变的 70 年。我国在短短 30 年时间完成了从"高出生、低死亡、高增长"到"低出生、低死亡、低增长"的人口转变，跨入了世界低生育水平国家的行列。中国在生产力不发达的情况下，经过 30 多年走完了发达国家 70 年、80 年甚至 100 年才走完的历程，这一历史性的重要转变，应该说有赖于生育政策发挥的重要作用。

人口转变是人口运动历史中的一个内在组成部分，展现了人口再生产过程从一种类型向另一种类型的转变。一般而言，各种人口再生产类型具有稳定的特征，即便它们被作出相应的修改，以各种所有的生产方式发挥作用，但它们仍然展示出经济体制的同样基础。这也就是说，人口转变过程超越了各种生产方式，其实与一个完整的、包含着更多种生产方式的历史性阶段相一致。现在回过头来看，当时的中国社会经济发展就需要这样的一个阶段。

人口运动保持着一系列具有同样基础的生产方式及其可持续性，在人口再生产的一种类型向另一种类型转变的条件趋于成熟时，这种持续性就会中断。这些条件从自然角度看是包罗万象的。生产力发展的变革构成了人口转变的基础和实现这一转变的里程碑。人口再生产的一种类型向另一种类型转变，首先是逐步打破了人口运动各种行列运行中的平衡，并逐渐形成一种新的平衡，即在经济体系基础的变革与一种新的

① 孙常敏，1977－1981 年本科毕业于华东师大，1982 年考入上海社会科学院。1987－1993 年从瑞士苏黎世大学哲学系获得博士学位后回国，在上海社科院人口与发展研究所从事社会学和人口发展研究，先后担任副所长、所长，研究员。2000 年调任上海市人口计生委副主任。现任上海人口学会会长，上海社科院研究生院教育督导，欧美同学会瑞士分会会长。主要成果包括《世纪转变中的全球人口与发展》《中国的生育政策与人口发展》等。

再生产类型之间，存在着一个或长或短的时间段。在这个转变阶段中，人口运动既类似于旧类型，也会接近于未来的新类型。处在转变阶段中的人口运动以自己特有的方式运作，并具有自己特殊的规律性。我们看看现在上海的人口态势和全国人口发展走向就很说明问题了。

这些规律的运作条件始终是历史性地再现，而且每种情况都不同。因此，人口转变作为人口运动史上一个内在固有的组成部分，其理论表述构成对人口运动规律认识的基础。

一般来说，我们应当在人口实现转变的情况下，理解人口运动中的某种过渡形式，尤其是像人口的迁移和流动，因为我们在大自然和社会的所有各个领域中都会遇到类似的过渡形式，它对于迄今为止的整个运行过程表现出一种中断，在中断中又表现出大自然进程或社会发展进程的某种持续性，并同时宣告这种持续性在一个新的阶段上得以继续。一般而言，要实现从一个旧的运动形式到一个新形式的过渡，通常都要经过一个中间阶段，这一中间阶段具有过渡的特征，并因此被描述为转变阶段。

转变所产生的各种情况以及实现转变所需的各种条件，无论在大自然还是在社会中都必然很复杂而且极其矛盾。因此，在转变阶段中的所有那些运动，特别是人口的运动都具有各自专门的特征、性质和规律。对这些运动形式的研究，由于在转变阶段中旧的状况尚未完全消失和新的状况尚未全面展开，所以就更加困难。这种复杂性在其转变阶段同时包含了瓦解和清除旧品质的过程以及从辩证统一的角度看会产生新品质的过程，转变阶段实质上就是一个实现某种品质上全新状况的过程。

因此，人口转变也不外乎迄今为止整个人口运动进程中的一种持续性得以中断的过程。同时，它也将产生一种新的人口再生产类型的过程以及与之相关的人口运动过程。

这种被简化的人口转变特征还需要进行广泛的理论研究，它们要求人口学家、经济学家、历史经济学家、社会学家、自然科学家，特别是哲学家能够进行紧密的合作。目前，这项研究还处在初始阶段。因此，相对而言还受到一些初始难点的困扰。显然，我们已经缺乏耐心，要么探索一种能够尽快把握人口转变的必然性和相互关联性的研究方法，并迫不及待地得出一些表面化或简单化的研究结果，要么就是简单地否认人口转变。笔者认为：研究历史上的人口运动，其本身就是一个长期的认识过程，人口运动产生于作为一项特殊事件的人口转变，从某种角度上说，属于"正常的"人口运动范畴，并表示出这一运动的持续性中断，人口转变的理论表述根据其复杂性的程度，需要努力和持续地研究，也需要有规范的学术讨论。

针对人口转变提出以下几个理论和方法上的问题：

（1）如果人口转变表示人口运动的持续性，那么就可以解释，在哪些情况下和在哪些必然条件下，持续性将被中断并进入转变阶段。

（2）哪些是人口转变的基本特征？如何区分历史上"正常的"人口运动进程？

（3）人口转变作为人口运动的一种形式，始终受到历史的限定，并且是一个客观的过程。如何解释人口转变的差异性并区分现代人口转变的各种类型？

在回答这些问题时，应当将人口运动看作是一场以历史和客观的生产方式来实现的。

在每一种生产方式中，人口运动从属于一种复杂的具有各种客观规律的体系：这些规律专门针对它们各自的生产方式，具有一个共同的特征，即都是由历史上具体的生产方式的作用机制来予以修正并具体化的。客观的人口运动因而在各种规律的多样化类型构成一个总和体的影响下得以实现，其中人口增长的特殊规律具有重要的意义。当普遍规律表示出一些共同的特性以及显示出人口运动以各种生产方式所揭示的发展趋向并或多或少地构成一个固定不变的要素时，人口运动通过特殊规律获得从一种生产方式转变成另一种生产方式的可变的特征。以某种生产方式进行的人口运动首先是由特殊规律来确定其特征的，这当然并不意味着，历史上所有的人口事件都由这些生产方式或那些生产方式的特殊规律来加以阐述的。

二、完善生育政策和低生育水平

从20世纪50年代"光荣妈妈"鼓励生育的政策到70年代末开始的严格的独生子女政策，再到2015年的单独家庭可以生育二孩，最后到"全面二孩"政策开放的全程演变，充分揭示了我国政府不断探索和完善生育政策，重视生育目标、过程和结果的优化。

我们为什么要调整实行了40多年的独生子女政策，实行"全面二孩"政策，其内涵是多方面的：一是解决中国人口的年龄构成，调节老龄化进程的速度，应对未来可能面对的劳动力人口短缺；二是避免独生子女家庭的各种风险；三是将生育权交还给育龄夫妇，实行生育权方面的人人平等，由家庭按照自己的意愿和经济实力来决定是否要两个孩子；四是逐步缩小城乡差异、地区差异和城市之间的社会差异。

目前独生子女已经成为许多家庭的行动核心和经济重心，一切为了独生子女，几乎每个家庭都是集全家之力为一个孩子创造最好的成长环境。现在突然允许每个家庭都可以生育第二个孩子，适龄夫妇们面对着什么都像是为一家一孩设计的社会，感觉没有把握了，所以很多人信心不足，生育二孩的愿望不强烈。其实，大家知道，现在实施放开生育二孩的政策，它的难度要远远小于当年对独生子女政策的推行。随着生二孩家庭的逐渐增多，社会的各种"配套"必将跟进，市场在这方面的积极性会迅速启动，政府的推动很快跟上。

虽然允许大家可以生二孩了，但不少家庭又不敢生了，担心养不起，大家之所以觉得养不起，主要是因为我们把正常社会里养两三个孩子的钱都用来养一个孩子了，这种畸形的社会教育消费结构，随着二孩家庭数量增多必将被逐步打破。美国养第一个孩子的钱是 100%，养两个孩子的总费用是 160%，养第三个孩子的总费用是 187%，而绝不是什么 300%。

上海作为国家沿海大城市之一，它作为全国最早实行生育政策的城市之一，其生育率的现状在一定程度上可以反映生育政策调整后的我国生育率变动的趋势。目前上海的户籍人口总和生育率总体上趋于增加，由 2003 年的 0.64 增加到 2017 年的 1，其中 2014 年达到最高值 1.13，2016 年也达到 1.10。从这些宏观数据分析可以发现，无论是 2014 年 "单独二孩" 的放开还是 2016 年 "全面二孩" 政策，对上海生育水平都起到了一定的促进作用。但同时也应该意识到未来上海户籍人口生育状况不容乐观。一是总和生育率持续偏低，并且大多数年份不到 1，远远低于国际公认的维持人口新老更替的 2.1 的生育水平，在全世界各个国家和地区中都属于超低的生育水平；二是平均初育年龄不断推迟，由 2003 年的 26.70 岁推迟到 2017 年的 29.81 岁；三是已婚育龄妇女规模持续减少，由 2003 年的 248.40 万人减少到 2017 年的 204.23 万人，减少了近 1/4 （17.78%）。[①]

三、未来需要尽快实行的对策和建议

从 "人口计生委" 到 "卫生计生委"，一直到目前的 "卫生健康委员会" 的成立，它无疑宣告了我们国家计划生育时代的全面终结。

今天我们依然面临着一系列问题：总人口规模、劳动年龄人口和就业状况、人口的流动和迁移，城市人口的集聚和农民工问题，婚姻家庭问题，城乡发展的差异，老年人口、抚养比和老年人长期照护，包括贫困问题等，且这些问题相互叠加，人口数量、质量、结构、分布问题又互相交织，社会转型进程中不稳定因素持续增多，人口与发展问题更趋复杂。我们都清楚地意识到，人口战略是国家整体发展战略的一个重要组成部分，是政府在影响社会经济发展的重大人口问题上给出的明确态度和预期目标。它具有全局性、长远性、前瞻性、稳定性、平衡性和操作性等特征。制定人口发展战略的目的在于帮助协调未来人口趋势和经济及社会发展趋势，是促进经济发展、提高生活质量、增进人权和基本自由的一种重要手段。因此，期待我们各位专家和同仁在这个论坛上展示各自最新的研究成果。

在未来的人口转变进程中，我们需要着眼于：

---

① 相关数据得到上海社会科学院人口和城市研究所周海旺研究员的帮助，在此表示感谢。

1. 我国人口过快增长的问题早已得到缓和

人口的变化有很大惯性，人口老龄化与人口负增长的趋势一旦形成，在短时期内是难以改变的。因此，对人口政策作进一步调整已经刻不容缓，政府主管部门应该尽快做出相关决策，制定新时代的人口发展战略，明确宣布将人口政策转变为实行家庭自主有计划的生育，取消对城乡家庭的生育限制，让生育权重回家庭，并对新时代的生育政策赋予新的内涵。

2. 进一步调整生育政策

新组建的国家卫生和健康委员会与各级政府相应部门今后应该把工作重点坚定明确地转到为家庭计划生育提供优质服务的轨道上来。包括完善母婴健康服务，降低婴儿出生缺陷，切实提高人口素质，降低孕产妇死亡率；帮助育龄夫妇自愿采用避孕药具实现自己的生育计划，避免意外怀孕并降低人口流产对女性造成的伤害；有效地帮助不孕不育夫妇通过辅助生育技术实现生育意愿；进一步改善出生人口性别比；完善计划生育家庭特别扶助制度，对实施计划生育造成的失独家庭、重残家庭进行有效的帮扶救助等；以期提高人民群众的获得感和幸福感。

3. 积极促进生育政策和相关经济社会政策配套衔接，采取切实措施，帮助百姓解决养育子女的实际困难

（1）强化政府责任，明确牵头部门，充分动员社会力量参与，由政府、市场、家庭各方联动，积极完善0～3岁婴幼儿保育体系，建立多样化的托幼机构和保育模式。进一步推进性别平等，增强父亲在养育子女中的责任意识，缓解养育子女对女性造成的负担与压力。

（2）关注育龄妇女面临养育子女和职业发展的两难困境和纠结，加强法律保障，支持妇女生育后重返工作岗位或再就业，加快灵活就业与弹性工作的制度设计与试点。

（3）在税收、社会福利、社会保障等方面建立、完善支持家庭发展的政策体系，减轻养育子女、赡养老人的家庭负担。制定以家庭为单位的税收优惠政策，探索实行合理的产假制度，在教育、医疗、住房等方面深化改革，解决老百姓养育子女的各种实际困难。

中国 70 年减贫事业的世界意义

杨菊华[①]

　　贫困是一个世界性议题，也与人类社会相伴生。在过去几十年中，国际社会一直都致力于把消除贫困作为保障人权的基本目标，通过推动社会发展与国际合作，达到减贫目的。1992 年 12 月，联合国通过 47/196 决议，从 1993 年起，把每年 10 月 17 日确定为"国际消除贫困日"，以提高全球消除贫困意识，唤起各国对因各种原因所引致的全球贫富悬殊族群、国家与社会阶层的注意、检讨与援助；此后每年，联合国为此纪念日订立主题。2000 年 9 月，联合国千年首脑会议通过了《联合国千年宣言》，提出"在 2015 年年底前，使世界上每日收入低于一美元的人口比例和挨饿人口比例降低一半"的目标；继而，在 2015 年联合国峰会上通过的《2030 年可持续发展议程》进一步提出，到 2030 年，消除一切形式的营养不良，消除极端贫困，实现粮食安全，让所有人都达到基本生活标准。

　　作为世界上人口最多的发展中国家，自新中国成立后，党和政府以"共同富裕"为理想，借助强大的国家机器的力量和制度优势，利用综合性手段，走出了一条中国特色的减贫之路，不仅使 7 亿多人口成功脱贫，而且也对全球的减贫事业做出了巨大贡献。然而，尽管部分研究关注了改革开放以来中国减贫的世界意义，但从国际比较视角来看，几乎所有研究只考虑经济贫困，而忽视了社会贫困；同时，几乎所有研究只关注改革开放后中国扶贫成效的世界意义，而忽视了前 30 年的贡献。本文的主要目的是从经济层面和社会层面两个角度，将研究视角向纵深延展和横向延伸，盘点中国的扶贫工作对全球新纪元扶贫目标做出的贡献。为了使研究结论更接近历史的真实，本文尽可能使用世界银行和联合国发布的更为可信的数据，且在对某一议题进行对比时，尽可能使用相同资料数据，增强数据之间的平等对话。

---

　　① 杨菊华，中国人民大学人口学系教授，博士生导师。主要研究领域为社会人口学，关注社会转型过程中不同群体的福祉及公共政策和社会变迁对个体、家庭的影响。主持国家社科基金重大项目和教育部哲学社会科学重大攻关课题。出版多部学术著作、统计学教材和专业教材，在国内外权威刊物上发表论文百余篇。

一、经济减贫的中国贡献

绝对经济贫困有多种测量方式，但最主要的度量指标是贫困线。从全球范围内来看，以贫困线来度量贫困和作为减贫的一种可操作手段并非近几十年的创新；Poverty Line 这个概念早已被提出，尽管更科学、更有依据的贫困线划定约始于 1981 年。

图 1 描述了 1981－2015 年全球和中国的贫困人口数量的变动趋势。按世界银行每天 1.9 美元的标准，1981 年，全球约有 20 亿贫困人口，中国约有 8.8 亿贫困人口，占全球贫困人口的 46%。此后，虽有小幅波动，但中国贫困人口总量和贫困发生率在全球贫困人口中的占比总体呈下降趋势。2015 年，全球还有 7.34 亿贫困人口，中国仅剩 1001 万人。基于此，在这 34 年间，中国共约减少贫困人口 8.68 亿人，年均减贫人口规模超过 2552 万人。

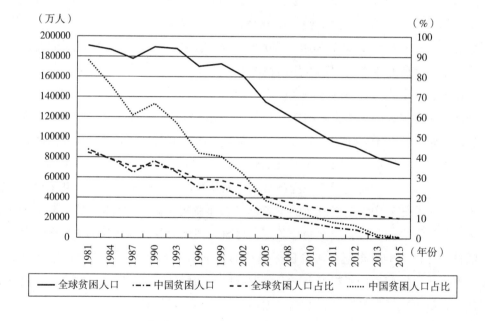

图 1　全球和中国贫困人口及其在总人口中占比的变动趋势

资料来源：世界银行．Povcal Net：The on－Line Tool for Poverty Measurement Developed by The Development Research Group of the World Bank ［EB/OL］．http：//iresearch. worldbank. org/PovcalNet/povDuplicateWB. aspx，2019－02－22.

图 2 展示了 1981－2015 年，中国减贫事业对全球贫困人口减少的贡献率；虽然其趋势波动，但总体趋低。可划分为三个阶段：一是 1981－1996 年的高峰阶段：由

图可知，直到 20 世纪 90 年代中期，中国减贫对全球减贫的贡献率年均都在 300% 以上；二是 1996 - 2005 年的平缓阶段：此阶段，中国的减贫对全球减贫的贡献率介于 200% - 300%；三是 2005 年后，除 2012 - 2013 年以外，中国的贡献在 100% - 200% 波动，而在 2012 - 2013 年，中国的贡献几乎达到 300%。在 2013 - 2015 年，中国的贡献降到 100% 以下。这样的趋势似乎表明，中国减贫对全球减贫的贡献率随着时间的推移而降低，近年尤其如此，但其实不然。透过现象看本质，这一走低趋势衬射出的正是中国减贫工作的巨大成就——贡献率之所以趋降，在于中国贫困人口总量随着时间的推移而极大地减少，可以降低的幅度已然很低。

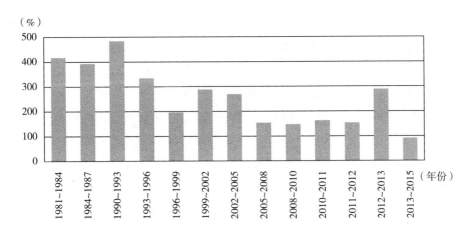

图 2　中国贫困人口减少对全球减贫的贡献率

注：贡献率 =（中国上一年贫困人口 - 当年贫困人口）/（全球上一年贫困人口 - 当年贫困人口）× 100%。图中没有展示 1987 - 1990 年数据。在世界银行公布的数据中，此阶段全球（不包括中国）的贫困人口的减少量很少，仅有 1728 万，但中国的贫困人口减少了 8410 万，故中国减贫对全球减贫的贡献达到 1435%。

资料来源：同图 1。

统观图 1 和图 2，在 1981 - 2015 年，全球减贫人数超过 11.7 亿人，贫困人口占比降低了 61.53%；同期，中国减贫人口超过 8 亿人，贫困人口降低了 98.86%，中国减贫对全球贫困人口减少的贡献率高达 73.91%，几乎每四个脱贫人口中，就有三个是中国人。此期，若无中国在扶贫脱贫方面取得的伟大成就，全球贫困人口数量将比实际情况高出 73.91%。同理，1990 - 2015 年，全球贫困人口约减少了 55%，超额完成了联合国提出的按每天一美元的标准，到 2015 年赤贫人口减半的千年发展规划的预定目标；但是，若不包括中国在内，其他国家在这一时期只减少了 32.7% 的贫困人口。也就是说，在世界各国中，中国率先完成了联合国拟定的贫困人口减半目标。实际上，由图 1 可知，早在 2002 年，中国的贫困发生率就从 1990 年的 60% 以上降至 30% 以下。可以说，若无中国减贫的突出贡献，联合国的千年发展目标难以达成。

因此，无论是从 1981 - 2015 年还是从 1990 年以来看，作为世界上人口最多的发展中国家，经过 40 年的不懈努力，中国消除贫困的努力既让数亿人过上了更有保障的生活，也取得了具有世界意义的杰出成就，不仅直接对世界减贫目标的实现做出了巨大贡献，也为其他国家扶贫工作的推进提供了值得借鉴的经验和标杆，赢得了国际社会的广泛认可、充分肯定、高度评价与赞誉。

二、社会减贫的中国贡献

尽管贫困线是个旧有概念，但可与国际比较的绝对经济贫困的数据主要见于 20世纪 80 年代后，故上一节的绝对贫困比较主要针对近 40 年的情况。然而，贫困是一个多维度概念，其"元内核"远远超出经济的范畴。早在"二战"之后，国际社会就已普遍认识到，除衣食住行等经济或物质以外，贫困还关乎人权、安全、和平等诸多要素。笔者认为，贫困具有多个维度，身心健康、精神支持等，均属于社会贫困的"元内核"的重要构成。若从这一相对宽泛的概念视角出发则可发现，中国社会贫困的缓解对世界而言也贡献非凡。本节仅采用社会贫困的两个核心独立指标，将中国置于全球视域中，比较过去 70 年，中国和全球婴幼儿死亡率及出生预期寿命的变化，挖掘中国在社会贫困减贫方面的国际贡献。

图 3 描述了全球和中国 5 岁以下婴幼儿死亡率以及中国婴幼儿死亡率的降低对全球婴幼儿死亡率降低的贡献。显而易见的是，无论是全球、全球除中国以外的其他国家，还是中国，一个总体趋势是，5 岁前婴幼儿死亡率均持续走低。在新中国成立之初，婴幼儿死亡率与全球水平大体相当；但是，受三年自然灾害的影响，1960－1965年，中国的情况微弱上升；不过，在 1965 年后，该度量持续降低，并于此期开始低于全球平均水平，且差距一直维持在 30～50 个百分点；2015 年，全球 5 岁以下婴幼儿死亡率为 48.15‰，中国仅为 13.53‰。

就中国 5 岁以下婴幼儿死亡率的降低对全球同一指标的贡献而言，在 1950－1955 年、1956－1960 年，贡献分别是 7.31% 和 5.61%；尽管三年自然灾害使得婴幼儿的死亡率大幅上升，但在 1960－1965 年，中国依旧在对全球婴幼儿死亡率的降低做贡献（贡献率为 2.26%）。三年自然灾害后，中国的贡献率持续上升，并于 1985－1990 年臻于鼎盛，达到 7.86%。此后，中国的贡献率逐渐降低。不过，这正如图 2所展示的中国绝对贫困降低对全球的贡献一样，背后的逻辑在于，1990 年后，中国 5岁以下婴幼儿死亡率已经降到 50‰上下，可继续降低的幅度已然很小。当然，也要看到，其他发展中国家强劲的经济增长，医疗、教育和其他社会福利方面投入的加大等，也会带来婴幼儿死亡率的大幅降低。

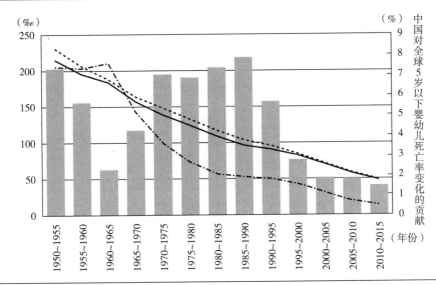

图3 全球和中国 5 岁以下婴幼儿死亡率及中国对全球婴幼儿死亡率降低的贡献

注：贡献率的计算方法同图 1。

资料来源：世界人口展望 ［EB/OL］. https：//population. un. org/wpp/Download/Standard/Population/，2019 – 02 – 22.

同理，出生时的预期寿命也是衡量经济社会发展的重要指标和社会贫困的核心度量。在新中国刚刚成立时，中国的人均出生预期寿命在 35 ~ 39 岁，位居世界最低之列，而图 4 展示了一幅截然不同的图景。中国和全球出生时的人均预期寿命与图 3 具有十分一致的特点和规律。全球人口的平均预期寿命持续上升，但若剔除中国，其他国家出生预期寿命的平均水平则明显降低——剔除中国的全球线总是位于包括中国的全球线之下。就中国而言，在 1950 – 1955 年，出生时的预期寿命低于全球平均水平，且该低水平一直持续到 1965 年。但是，1965 年后，中国的人均预期寿命持续增长，且在 1965 – 1970 年超过全球平均水平，并在此后的 10 年中涨幅较快；1980 年后依旧增长，但涨幅较为平稳。

从贡献率来看，中华人民共和国成立初期，中国人均预期寿命增长对全球平均预期寿命增长的贡献就已达到 1.78 岁；在经过 1960 – 1965 年的低潮后，贡献率又快速上升，于 1975 – 1980 年达到高峰，此后持续走低。此时，全球的平均预期寿命为 60.3 岁，全球除去中国的预期寿命为 57.9 岁，而中国则已达到 65.5 岁，对全球预期寿命增长的贡献达到 2.4 岁。在经济社会发展水平极低的情景下，中国的人均预期寿命取得如此之大的进步，不能不说是一个奇迹，而这与中华人民共和国成立后前 30 年，农村基础设施建设、医疗卫生制度的建立及其条件的改善密不可分，孕产妇和婴幼儿死亡率的快速降低、人们活得越来越长，当然会带来预期寿命的增长。由

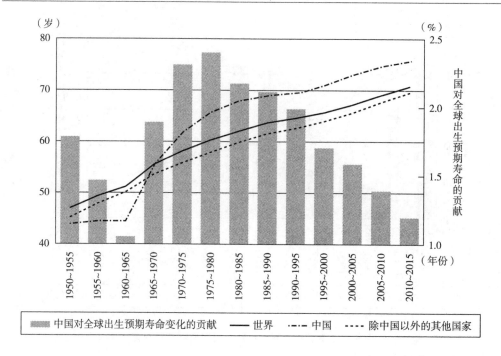

图4 全球和中国的预期寿命及中国对全球预期寿命增长的贡献

注：贡献率的计算方法同图1。

资料来源：同图3。

此也可判断，新中国成立后前30年，不仅的确取得了巨大的社会发展成就，而且此时的成就也为后续时期中国社会贫困的降低和同期全球的健康减贫工作提供了经验和基础。

三、简短结语

中华人民共和国成立70年来，中国共产党和各级政府一直致力于推动发展生产、消除贫困的工作，实现全体人民的共同富裕。尽管大规模、有组织和有计划的减贫工作主要是在改革开放后进行的，但在新中国成立后的前30年，救助式扶贫和生产性扶贫也持续进行中。道路和农田水利基础设施建设、农业科学技术的推广、农村地区教育和医疗卫生制度的建立与改善等，不仅极大地推动了社会贫困的削减，而且也为改革开放后经济贫困和社会贫困的缓解奠定了扎实的基础。在过去的40年里，中国的扶贫政策和减贫模式根据经济社会发展水平而进行调整，经历了从"救济式扶贫"到"开发式扶贫"，从"区域性扶贫"到"县域瞄准""整村推进""入户扶贫"到"精准扶贫"的发展历程；同时，贫困标准与国际贫困线一样，也随着经济社会发展而不断上调，与国际贫困线越发靠近。

通过从绝对经济贫困和社会贫困指标的分析可知，中国的减贫事业具有重大的世界意义。就前者而言，在 1981 - 2015 年，按世界银行每人每天 1.9 美元的标准估算，中国共减少了 8 亿多贫困人口，对同期世界贫困人口减少的贡献率超过 70%，率先完成了联合国拟定的、在 2015 年之前将贫困人口减半的千年发展目标，对全球落实联合国 2030 年可持续发展议程及其 17 个可持续发展目标贡献巨大。从社会指标的视域来看，中国的贡献亦不逊色。在新中国成立之初，中国的人均预期寿命低，而在 1965 年后，超过全球平均水平，并在 1975 - 1980 年，对全球预期寿命的贡献率达到 2.4 岁。与基于收入划定的贫困线不同，出生人口的平均预期寿命是个有限的区间指标——收入可以在短期内得到快速提升，但寿命却不可能。然而，在较短的时间内，中国人的预期寿命得到很大改善，并在一个 5 年的时间内，将全球预期寿命提升了 2.4 岁，这不能不说是一个伟大的成就。同理，5 岁以下婴幼儿死亡率和孕产妇死亡率也都快速降低，并降至很低的水平，对全球同一指标的贡献在 1985 - 1990 年臻于顶峰，达到 7.86%。若无中国减贫的突出贡献，联合国的千年发展目标或难以达成。正如 1996 年联合国开发计划署所言，"世界上没有任何国家像中国一样，在扶贫工作中取得如此巨大的成功"。

第二次世界大战后，国际社会普遍认为，贫困绝非单纯的经济问题，而是关乎经济、人权、安全、和平等重要领域的多面性问题；减贫也不仅是贫困人口自身的问题，而且也是各国政府对其人民必须承担的、不可推卸的一项基本责任。国与国之间在政治、经济上互相依存的全球化时代，减贫事业向深度和广度上的推进也越来越具有国际性。正如习近平主席在 2015 年联合国减贫与发展高层论坛上的主旨演讲时所倡议的，未来需要"着力加快全球减贫进程"，需要"着力加强减贫发展合作"，需要"着力实现多元自主可持续发展"，也需要"着力改善国际发展环境"。贫困的削减不仅是单纯的经济问题，而是需要从过去以解决温饱为主要目标转入巩固温饱成果、改善生态环境、增进身心健康水平、提高发展能力和缩小发展差距等多元化面向发展。

纵观 70 年的扶贫工作，中国对全球减贫的贡献，不仅表现在贫困人口规模及其占比的减少、婴幼儿死亡率的降低、出生时预期寿命的延长等具体指标上，还体现在治贫模式与致贫经验的总结、凝练与贡献上。中国实现了"政府包揽""多元共治""救济式扶贫""开发式扶贫"的扶贫模式转换，从单一的物质帮扶到物质帮扶与扶志扶智多元并进的转变；在从区域瞄准到个体瞄准、大水漫灌到精准滴灌的转变过程中，也探索出了既具有中国特色，也具有普适意义的扶贫减贫的优秀模式。举世瞩目的治贫经验，为其他发展中国家的减贫工作形成了良好的示范效应。可以说，中国不仅为全球贫困人口减少做出了巨大贡献，也为全球减贫模式的发展贡献了中国智慧、中国方案和中国道路。

中国人口发展的新形势、新趋势与新战略[*]

陈友华[①]

一、引言

人口是人类社会存续的基础与前提条件，人口变迁与国家和民族的兴衰紧密相连。人口问题始终是人类社会发展必须面对的基础性、全局性和战略性问题。中国自20世纪70年代初实施计划生育以来已近半个世纪，与计划生育政策实施之初相比，当前中国的人口形势已经发生了根本性的变化。伴随着社会经济发展与计划生育工作的实施，中国妇女生育率早在1991年就下跌至更替水平以下，进入21世纪后，更是下降至超低水平，并已经掉入"低生育率陷阱"。

中国的人口问题早已由人口增长过快等人口数量问题转变到人口结构失衡问题。有鉴于此，党中央、国务院高瞻远瞩，分别于2013年和2015年实施"单独二孩"和"全面二孩"的政策，这对阻止生育率进一步下降、增强人口可持续发展能力无疑具有重大意义。然而，"单独二孩"与"全面二孩"政策相继实施后的生育率经过短暂回升后又很快回落。中国人口发展呈现的新形势、新趋势和新问题再一次引发了社会各阶层对中国人口未来趋势、超低生育率、过快老龄化等问题的担忧（陈友华、苗国，2015；王广州、王军，2019）。在此情况下，科学研判当前人口形势与未来发展趋势，不仅有助于认清中国人口正在或即将经历的重大转折，认识到长期低生育率所蕴含的巨大风险，也有利于及时修订人口发展战略，继续调整优化人口及相关政策，尽早应对即将到来的新的严峻人口问题的挑战（王广州、王军，2019）。

---

    * 本文系国家社会科学基金重大项目"实现积极老龄化的公共政策及其机制研究"（17ZDA120）的阶段性研究成果。

    ① 陈友华，南京大学社会学院副院长，教授，博士生导师。南京大学河仁社会慈善学院院长。中国人口学会常务理事，中国人口学会人口社会学专业委员会主任。江苏省老年学会副会长。

二、人口发展的新形势

1. 超低生育率早已形成

虽然在 2013 年末实施"单独二孩"与 2015 年末"全面二孩"的政策，但生育人数大大低于预期。国家统计局历年《国民经济和社会发展统计公报》显示，2013－2018 年全国出生人数分别为 1640 万人、1687 万人、1655 万人、1786 万人、1723 万人与 1523 万人，除"单独二孩"与"全面二孩"新政实施当年的出生人数较新政实施前一年略有回升之外，从新政实施第二年开始又转而呈下降之势，特别值得关注的是，2018 年出生人数竟然比 2017 年整整少了 200 万人，并激发了整个社会对生育问题的关注。

有专家估计，受生育政策调整而导致的政策性补偿生育因素的影响，仅仅生育新政实施当年的生育率回升至 1.7 左右，随后又回落至 1.5 以下的超低水平（王广州、王军，2019），并重新跌入"低生育率陷阱"。这充分表明：中国育龄人群在生育观念与生育行为方面早已经发生了根本性的变化，超低生育率在中国早已形成。某些政府部门对中国育龄人群在生育观念与生育行为的理解与认识上出现长期的严重的系统性偏差，以至于中国妇女生育率被长期高估，误导政府与社会，影响政府决策。

2. 人口增长接近尾声

在不考虑迁移因素影响的情况下，持续低生育率与未来人口负增长紧密相连。中国妇女生育率自 1991 年跌破更替水平，进入 21 世纪后更是下降至 1.5 以下的超低水平。综合包括联合国在内的多家机构对中国人口发展趋势的预测，中国人口增长行将结束，中国人口将在 2025 年前后达到顶峰，随后将转而呈加速减少之势。主要原因在于：一是自 20 世纪 90 年代以来，中国妇女生育率下降并维持在低水平，出生人口逐渐减少，这意味着未来相当长一段时间内育龄人群基数将持续减少；二是中国已经送走了想多生孩子的祖辈，当时的年轻人是想少生孩子的父辈，未来迎来的是更想少生孩子的子辈。我们有足够的理由相信，子辈们的生育意愿与生育行为比其现在的父辈更低，生育人数将更少。育龄人群基数减少与生育意愿和生育行为下降两者叠加在一起，这就决定了中国在未来相当长一段时间内的出生人数将呈持续减少之势。与此同时，老龄化与高龄化意味着死亡人数将逐年增加。出生人数减少与死亡人数增加两者叠加在一起，中国未来人口一旦停止增长，加速负增长将不可避免。

3. 老龄化程度不断加深

持续低生育率、死亡率下降和平均预期寿命延长，必然导致人口老龄化。由于中国的生育率与死亡率的下降速度与已经达到的低水平均超出预期，导致中国人口老龄化速度比预期的还要快，对此，中国不仅要有充分的思想准备，还必须做好充足的物质与精神准备。

4. 婚姻挤压效果加速显现

生育率下降导致倒金字塔型人口结构与"男大女小"的婚配模式，两者同方向叠加必然导致男性婚姻挤压现象的出现，而长期的出生性别比的严重偏高，致使中国的男性婚姻挤压问题更为严重。由于生育率下降、出生性别比例失衡与所导致的婚姻后果呈现至少有20年的时间差，因而20世纪80年代中国出生性别比例开始出现失衡时我们就曾发出"狼来了"的预警，进入21世纪后逐渐变成了事实，人口迁移流动与城市化、梯度婚配效应，使得中国边远贫困地区的底层男性普遍陷入择偶难的窘境，数以千万计的适婚男青年暂时甚至永远找不到女性配偶已经成为无法改变的客观事实，由此导致的社会后果是十分严重的，长期一贯的"鸵鸟心态"式的刻意回避不仅没有出路，而且还会延误应对与问题消解的时机。

5. 人口迁移流动更加活跃

自由迁徙权的长期缺失，不仅导致民众权益受损，而且出现概念与认识上的严重偏差。在中国，流动人口实际上指人户分离人口。国家统计局公布的流动人口是指离开户籍地半年以上的人口。国家统计局统计数据显示：中国流动人口规模已在2014年达到顶峰，从2015年开始转而呈缓慢下降的态势，并据此认为，未来流动人口规模将会继续走低。笔者认为上述判断是完全错误的，是概念的误用所导致的。实际上，中国现在统计的流动人口属于非制度性人口迁移范畴。伴随着社会的广泛变迁与社会制度变革，人口迁移流动将更趋活跃。无论是流动人口规模还是迁移人口规模在未来一段时间内还将持续增长。所不同的是，乡城迁移流动人口可能会减少，但由中小城市向大城市迁移流动的城城迁移流动人口将会不断增加。

三、人口发展的新趋势

1. 超低生育率仍将持续

低生育率一旦形成，将持续较长时间。生育率一旦下降至超低水平，会跌入"低生育率陷阱"。对此，西方国家的历史与现状能给我们很多的启示。2013年与2015年生育政策的连续调整，以往积存的政策性补偿生育潜能，也仅仅使生育新政当年的生育率回升了0.2左右，新政实施的第二年又回落至以往的水平，由此足见中国民众的生育热情之低，中国的生育率已经失去弹性，政策松动对生育率的影响是短暂的"昙花一现"，那些总认为中国人喜欢生孩子的固有观念早已过时，超低生育率仍将持续一段时间。

2. 人口负增长即将来临

在不考虑人口迁移的情况下，持续低生育率与未来人口负增长因果相连。在中国，从1991年生育率下降并维持在更替水平以下，到2025年前后人口停止增长，转而进入人口负增长需要35年左右的时间。由于在发展水平、计划生育强度、文化习俗等方面存在显著的地区差异，进入低生育率的时间与所达到的水平以及人口迁移流动情况也因地而异，故而人口负增长将由点到面、由局部向全国各地逐渐蔓延开来。例如，全国计划生育红旗县江苏省如东县1997年就开始出现人口负增长，至今已持续20多年，只是地方知名度小，因而未引起外界的足够关注。又如，自1993年开始上海户籍人口自然负增长持续至今，也曾一度引起社会的巨大反响。与2016年相比，2017年北京、天津、辽宁、吉林、黑龙江、上海六个省、市的常住人口均出现了不同程度的负增长。未来一段时期内，我国将会有更多的省份步入人口负增长行列，全国人口负增长也将在2025年前后到来，中国一旦人口转入负增长，将会出现加速减少之势，人们臆想的"缓慢人口负增长"只可能是"一厢情愿"。

人们早已习惯于人口增长，习惯于扩张型人口与城市规划。实际上，伴随着中国人口增长接近尾声，并在数年后转入人口加速负增长时代，中国越来越多的城市与地区正在或即将陷入"人口负增长陷阱"，因人口缩减而出现的"城市废墟"甚至"新城废墟"与被遗弃的村庄已经开始涌现，未来将不断增多，缩减型人口与区域规划将成为下一步中国多数区域的必然选择。

3. 劳动力短缺将愈演愈烈

生育率下降使得倒金字塔型人口结构在中国早已出现，而教育扩张推延了新增劳动力进入市场的时间，并引起劳动参与率的下降，这导致劳动力数量转而呈减少之势。国家统计局统计数据显示，2012 年中国 15～59 岁组人口比 2011 年减少 345 万人，自此，中国 15～59 岁劳动年龄人口呈持续减少之势。劳动年龄人口减少与劳动参与率下降导致劳动力呈加速减少之势。与西方国家类似，劳动力短缺与劳动力老化在中国已经开始出现，且愈演愈烈，并将对中国的人口与社会经济发展带来广泛而深远的影响。

与此同时，出生人数的持续减少与高等教育的扩张，使中国的劳动力供给结构也发生了根本性变化，"低素质人口"最早开始出现短缺，并愈演愈烈。例如，2004 年初，东南沿海一带首次出现了招工难，并逐渐在全国蔓延开来，已经对劳动密集型企业的正常经营造成越来越大的影响，中国的产业转移与劳动力市场形势变化密切相关。

4. 社保基金亏空将迅速扩大

人口老龄化不仅使得养老负担加重，而且最终会导致劳动力短缺，并倒逼社会劳动力成本提升，反过来不仅加剧社会保障压力，而且令经济增长缺乏动力和活力，养老与医疗保险支出大幅增长在所难免，进而对社保基金支付构成越来越大的压力，社保基金亏空不仅在所难免，还会迅速扩大，代际矛盾与冲突因此也将不断增多。负担只可能转移，不会自行消失。因此，划拨国有资产充实社保基金或者扩大社保统筹面与覆盖面，只能解燃眉之急，而非长久之策。

5. 人口对资源环境压力将持续减轻

一国或一地人口对资源与环境的压力，不仅取决于人口的数量、质量与结构，也与人口的空间分布密不可分，更与全球范围内的资源利用程度紧密相关。尽管中国人口数量仍在缓慢增加，但因为人口迁移流动与城市化以及国际资源的广泛利用，中国人口逐渐集中于城市。从空间分布上来看，中国城市面临的人口对资源与环境的压力可能有所增加，由于广大农村地区大量人口流出，农村人口密度大大减小，其对农村资源与环境的压力持续减轻。总体而言，进入 21 世纪以来，中国人口对资源与环境的压力是逐年减轻的。那种认为"尽管人口增长率在持续下降，但人口对资源和环境的压力却与日俱增"的观念实际上是完全站不住脚的。

6. 计生机构迅速弱化

2013 年 3 月，撤销"国家人口和计划生育委员会"，组建"国家卫生和计划生育委员会"。2018 年 3 月，撤销"国家卫生和计划生育委员会"，组建"国家卫生健康委员会"，自 1981 年以来，国务院组成部门中第一次没有"计划生育"名称。2018年 6 月以来，多个省份纷纷出台政策鼓励生育，如辽宁省率先提出奖励生育，陕西省建议适时全面放开生育。

伴随着生育政策的持续调整，一度非常强大的计划生育机构迅速解体与转型。"树倒猢狲散"，原先的计划生育工作与计划生育工作人员均面临十分尴尬的局面，也出现了急剧的转型。在此背景下，计生机构弱化甚至快速衰败在所难免。尽管新组建的"卫生健康委员会"内部仍保留有计划生育业务部门，但主要责任已经演变成：一是处理计划生育历史遗留问题，二是继续为育龄群众提供生殖健康与避孕节育服务。尽管现在仍实行限制性生育政策，但实际上多处存在无人监管状态。

四、人口发展的新战略

1. 人口发展理念转变

中国计划生育的理论依据是新老马尔萨斯主义，但新老马尔萨斯主义存在的价值在于警示作用。新中国成立以后，本该实施计划生育而未实施计划生育，错过了很多机会，限于当时的认识水平实属"情有可原"。20 世纪 70 年代初实行"晚稀少"的生育政策，现在看来非常合时宜，得到民众的欢迎与拥护。但始于 1980 年的独生子女政策，由于违背了绝大多数人的利益而受到广泛抵制，不得不从 1982 年开始对独生子女政策进行一定的调整，即"开小口堵大口"，生育政策要求与群众生育意愿之间的尖锐矛盾与冲突在一定程度上得以缓和，此时的生育政策仍属于"严酷"类型。虽然 2013 年与 2015 年中国先后两次对生育政策做出调整，但由于生育率已失去弹性，响应者寥寥，出现了严重的"遇冷"（陈友华、苗国，2015）。计划生育过去被视为利国利民的基本国策，今天却面临重新评价。

孔德认为，"人口就是国家的命运"，年轻人口更是一国生存与发展的战略资源。2017 年以来各省份"抢人"大战正是基于上述理论。因此，面对新形势，要加快人口发展理念的转变，推动生育政策由限制向鼓励的转变。

2. 生育政策调整

生育率维持在更替水平附近，是人口自身可持续发展的基础与前提条件，也是社会经济可持续发展的基础与前提条件。中国自 1991 年以来生育率就下降至更替水平之下，进入 21 世纪以来更是下降至超低水平，已经陷入"低生育率陷阱"。长此以往，必将对中国的人口、经济与社会的可持续发展带来严重的负面影响。因此，尽快取消限制性生育政策，并转而实施鼓励生育政策，促使生育率回升至更替水平附近，是当下中国的不二选择。

当然，生育原本就是公民的基本权利，长期对公民生育权进行限制显然不利于人的全面发展。因此，从公民权利保护视角考量，尽快取消生育限制政策，还权于民，是以"人民为中心的发展思想"的集中体现。现在有一种论调认为，"全面二孩政策已经满足了绝大多数家庭需求"，因而没有取消生育数量限制的必要，这实际上是错误的。生育数量是否限制与究竟生育几个孩子是两个不同的概念，自由生育权是公民的基本权利，继续对其限制本身就是对公民权利的某种侵犯，至于生育限制政策取消后，公众究竟生几个孩子则是自己的事情。与此同时，现行生育政策环境下，我们鼓励民众生育两个孩子，但同时又对生育多孩者给予处罚，两者之间存在着逻辑上的悖论。

3. 建设生育友好型社会

"谁获益，谁担责"是社会政策制定时必须遵循的基本原则。传统社会，生育外部性不甚明显，孩子是准私人产品，家庭是生育的主要获益者，同时也是生育责任的主要承担者。现代社会，生育具有外部性，孩子演变成为准公共产品。宏观上的国家与微观上的家庭是生育的主要获益者，因而生育与养育的责任主要应由家庭与国家来承担。在中国，国家责任长期缺失，常常通过公权力将生育与养育的责任转嫁给家庭与用人单位，实际上是存在严重问题的。

全面二孩政策调整没有达到预期的效果与缺少生育的社会支持密不可分。因此，要尽快建立完善生育与养育成本的社会补偿机制，适度减轻家庭的育儿负担，促进生育率回升至更替水平附近。为此，中国应加快建立生育成本的社会补偿机制，国家、市场、家庭和个人合理担责，构建生育友好型社会。特别是国家应该给生育的家庭与妇女实施经济支持、提供托幼服务、女性就业便利和就业促进等政策措施，具体包括直接或间接对新生儿家庭给予经济奖励或补贴，完善育儿休假制度，充实和完善社会保育设施等。

4. 社会保障制度变革

（1）逐步延长退休年龄。人的健康长寿不应仅仅理解为享受的时间更长，而且意味着要更长久地工作，否则，依靠他人与社会赡养的时间也就越长，社会负担也就越重。人的工作年限与退休年龄必须与平均预期寿命相匹配，伴随着平均预期寿命的提高，退休年龄也应该相应地提高。

伴随着平均预期寿命的提高，逐渐推迟退休年龄已经成为一种世界潮流。中国现行退休年龄规定是1978年制定的，距今已经有整整40年的历史，在此期间中国人口平均预期寿命有了很大提高，40年前的退休年龄规定已经严重不合事宜。逐步延长退休年龄是一个应然问题，而不是一个民主问题，似无必要征询百姓意见，更不需要公民投票表决。鉴于人的自利本性，逐步延长退休年龄必然会遭致民众反对，欧洲许多国家已经遭遇此境遇，不足为怪。目前中国最应该做的是严格退休年龄，女性退休年龄逐渐向男性退休年龄靠拢，并严格限制早退现象的出现，同时要加强对社会的宣传。

延长退休年龄主要有如下两大功效：一是增加养老保险收入，相应减少养老保险支出，进而增强社保基金的持续支付能力；二是缓解劳动力不足。

（2）适度保障水平。社会保障过度与不足在中国长期并存。例如，尽管企业社保缴费很高，但保障水平不高，农村社保缴费很低，保障水平也很低，而机关事业单位职工名义上社保缴费很高，实际上多不缴费，但保障水平很高。碎片化与差异巨大是中国社会保障制度存在的最突出问题。鉴于福利刚性，在今后一段时间内，缓慢增加甚至冻结社会保障过度者的社会保障水平，适度提高社会保障不足者的社会保障水平，进而逐步缩小不同群体间社会保障水平之间的差异，是中国未来一段时间内社会保障制度变革必须面对的问题。

五、对中国人口发展的几点思考

1. 人口数量的重要性

人口数量是人类社会一切的基础，也是国家或地区综合国力的核心构成要素，人口的结构、素质与分布都建立在人口数量的基础之上，没有一定的人口数量，讨论人口的结构、素质与分布等意义不大。在中国，我们越来越强调人才的重要性。实际上，人口是人才的基础，人口的"质"建立在人口的"量"的基础之上，人才数量与人口数量两者间高度正相关。以往我们对人口与人才及其两者之间关系的理解与认识是错误的，必须尽快加以纠正。

2. 福利与生育

鼓励生育的政策措施，仅仅考虑其对生育的正向激励效用，而没有考虑到对生育的负向替代效用，甚至可能给百姓以错觉："夫妇生与国家养"，把养育责任更多转嫁给政府。生育的直接受益者是微观上的家庭与宏观上的国家，因而家庭与国家理应承担各自的责任。

从微观上来看，生育福利增加可以减轻家庭负担，但从宏观上来看，生育福利增加会加重纳税人的负担。生育福利负担过重会影响劳动者创造财富的热情，进而影响经济增长，并动摇生育福利的物质基础。生育福利负担不会减轻，只可能会转移。因此，福利与生育之间更多呈"倒U型"形态。

3. 人口政策预见性的重要性

人口是一个惰性十足的慢变量，虽然短期的人口变动（出生、死亡与迁移）对人口自身与社会经济发展的影响甚微，以至于人类很难观察或感受到，但长期的日积月累，其影响则是基础性或决定性的，具有"温水煮青蛙"之功效。隐蔽性、渐进性、累积性、周期性、广泛性、流动性与长期性是人口问题区别于其他社会经济问题的显著特点。人口问题一旦出现，特别是后果一旦显现，消解是十分艰难的，甚至是无解的，因而只能应对。因此，人口政策的制定与完善主要不是化解今天的人口问题，而是避免未来出现严重的人口问题。正因如此，人口政策的预见性十分重要。

参考文献

[1] 陈友华，苗国. 意料之外与情理之中：单独二孩政策为何遇冷 [J]. 探索与争鸣，2015（2）.

[2] 王广州，王军. 中国人口发展的新形势与新变化研究 [J]. 社会发展研究，2019（1）.

中国 70 年人口城镇化的均衡与非均衡发展

朱宝树[①]

新中国成立 70 年来，人口城镇化经历了曲折的发展过程。本文主要利用关于城镇化和经济增长的统计数据，分析计划经济时期和改革开放以来东、中、西部地区人口城镇化的均衡与非均衡发展的区域差异，并讨论有关问题。

1. 计划经济时期的城镇化均衡发展和非均衡变化

从 20 世纪 50 年代初到 70 年代末，我国采取了区域经济均衡发展战略，"即以内地为投资建设的重点，以缩小沿海与内地之间的差距，实现社会主义生产力的均衡布局为基本目标，追求地方经济的同步发展和自成体系"。区域经济均衡发展战略的实施取得了巨大的成就，改变了不合理的生产布局。从东部沿海地区在全国生产总值中的占比看，1952 – 1978 年由 48.61% 波动状地缓升至 50.22%，1960 – 1970 年曾经由 51.58% 下降为 48.85%。城镇化的发展经历了较大的起伏变化，1952 – 1960 年，全国城镇化率由 12.46% 迅速提高到 19.75%，此后出现了倒退和停滞，1970 年下降为 17.38%，1978 年为 17.92%。东、中、西部的城镇化率，在 1952 – 1960 年分别年均上升 0.62 个、1.01 个、1.19 个百分点，在 1960 – 1970 年分别年均下降 0.33 个、0.03 个、0.34 个百分点。1970 – 1978 年，东部和中部的城镇化率分别年均上升 0.14 个、0.18 个百分点，而西部则年均下降 0.12 个百分点。1978 年，东、中、西部的城镇化率分别为 19.35%、19.89%、13.98%（如表1、图1所示）。

---

① 朱宝树，华东师大社会发展院人口所研究员，曾获国务院特殊津贴。主编并主要执笔《人口生态学》《从离土到离乡》《劳动力再转移与城市化再推进》等。"农村人口向小城镇转移的新态势和新问题""上海产业结构高度化演进中的劳动力转移新态势和新问题""我国经济体制改革中的城镇就业问题研究"三项成果曾获得省部级优秀成果一等奖。

表1　1952－2017年我国分区域城镇化率　　　　　单位:%

地区＼年份	1952	1960	1970	1978	1980	1990	2000	2010	2017
全国	12.46	19.75	17.38	17.92	19.39	26.41	36.22	49.95	58.52
东部	16.57	21.53	18.25	19.35	20.36	33.01	45.28	59.44	66.13
中部	10.72	18.76	18.42	19.89	20.55	24.83	32.24	44.96	54.42
西部	8.85	18.37	14.95	13.98	16.87	19.54	28.25	40.96	50.91

资料来源:《新中国六十年统计资料汇编》《中国统计年鉴》。

区域发展的均衡或非均衡评判是一个非常复杂的问题，本文的简单分析只是主要基于以下指标:一是区域城镇化率比较指数（以全国城镇化率为1.00，a）;二是区域人均GDP比较指数（以全国人均GDP为1.00，同各区域GDP占比与人口占比之比值，b）;三是区域城镇化与经济水平关系的比较指数，即城镇化率比较指数与人均GDP比较指数两者之间的比值（c＝a/b）。如表2所示，1952－1978年，东、中、西部的城镇化率比较指数分别由1.33、0.86、0.71波动状地变为1.08、1.11、0.78，人均GDP比较指数分别由1.25、0.93、0.74变为1.38、0.88、0.68，城镇化率与经济关系的比较指数分别由1.06、0.92、0.96变为0.78、1.26、1.15。可见，三地带的城镇化率都在不同程度上发生了接近于全国平均水平的变化，而三地带的人均GDP及其与城镇化水平的关系都在不同程度上发生了偏离于全国平均水平的变化。也就是说，东、中、西部之间的城镇化率差距有所缩小，总体来看，发生了一定程度上的均衡化转变;然而，从人均GDP水平及其与城镇化的关系来看，却发生了非均衡化而且带有逆转性（东部的c值从高于中西部逆转为低于中西部）的变化。

2. 改革开放以来的城镇化非均衡发展和均衡化转变

改革开放40年来，我国区域经济发展战略经历了从非均衡向均衡发展的转变。20世纪70年代末，理论界、中央决策层开始反思中华人民共和国成立后30年区域经济均衡发展战略的经验教训，80年代初期，以对外开放为特征的非均衡发展战略率先在东部沿海地区实施。非均衡发展战略的实施使我国在80年代整个国民经济超过12%的速率增长，90年代也未低于8%，而这主要得益于东部地区更高的增长水平（中国财经报网，2004）。非均衡发展战略的实施取得了巨大成就，同时也加剧了区域发展不平衡。进入20世纪90年代，我国开始谋划"新均衡"战略，90年代末明确提出西部大开发战略，成为改革开放以来我国区域经济发展战略转变的重要标志。

随着区域经济发展战略的转变，我国城镇化发展的空间格局发生了新变化。1978－1990年、1990－2000年、2000－2010年、2010－2017年，从全国来看，城镇化率的

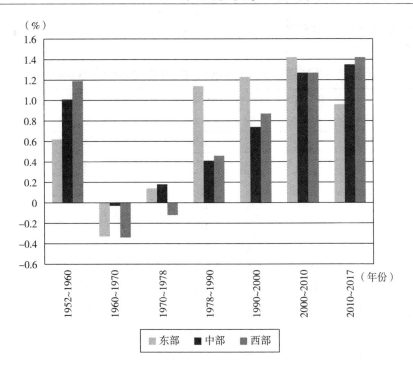

图1 各时期分区域城镇化率年均变化

年均增长分别为0.71个、0.98个、1.37个、1.22个百分点;在东部分别为1.14个、1.23个、1.42个、0.96个百分点,在中部分别为0.41个、0.74个、1.27个、1.35个百分点,在西部分别为0.46个、0.87个、1.27个、1.42个百分点。可见,2010年以来,东部沿海地区的城镇化速度比过去减缓,而中、西部的城镇化速度则继续加快并反超东部。2017年,东、中、西部的城镇化率分别为66.13%、54.42%、50.91%。

1978-2000年,东部的人均GDP指数由1.38提高到1.47,而中、西部分别由0.88、0.68下降为0.78、0.61;城镇化率比较指数,在东部由1.08提高到1.25,在中部由1.11下降为0.89,在西部基本稳定于0.78;城镇化与经济关系的比较指数,在东部和西部分别由0.78和1.15提高到0.85和1.28,中部由1.26下降为1.14。可见,分别从人均GDP和城镇化率来看,在改革开放后的头20年里,东、中、西部基本上都出现了越来越偏离于全国平均水平的非均衡变化;从人均GDP和城镇化率之间的关系来看,东部和中部出现了接近于全国平均水平的均衡化转变,而西部则呈现出偏离于全国平均水平的非均衡化转变。进入21世纪以来,人均GDP指数在东部和西部都出现了向1.00接近的均衡化转变,而在中部则变化不大;城镇化率比较指数在东、中、西部都出现了向1.00接近的均衡化转变;城镇化与经济关系的比较指数,东部基本上稳定在0.85,中部表现为由1.14提高到接近1.20的非均衡化转变,西部则呈现由1.28下降到接近于1.20的均衡化转变(如表2所示)。总体来看,改革开放以来,东部与中西部之间人均GDP和城镇化率的差距,在不同程度上都呈现先拉大、后缩小的均衡化转变趋势。

表2　1952－2017 年东中西部的人均GDP 和城镇化比较指数

		1952 年	1960 年	1970 年	1978 年	2000 年	2010 年	2017 年
人均 GDP 比较指数	全国	1.00	1.00	1.00	1.00	1.00	1.00	1.00
	东部	1.25	1.3	1.26	1.38	1.47	1.39	1.34
	中部	0.93	0.91	0.94	0.88	0.78	0.76	0.78
	西部	0.74	0.67	0.71	0.68	0.61	0.69	0.73
城镇化率 比较指数	全国	1.00	1.00	1.00	1.00	1.00	1.00	1.00
	东部	1.33	1.09	1.05	1.08	1.25	1.19	1.13
	中部	0.86	0.95	1.06	1.11	0.89	0.9	0.93
	西部	0.71	0.93	0.86	0.78	0.78	0.82	0.87
城镇化率/ 人均 GDP 比较指数	全国	1.00	1.00	1.00	1.00	1.00	1.00	1.00
	东部	1.06	0.84	0.83	0.78	0.85	0.86	0.84
	中部	0.92	1.04	1.13	1.26	1.14	1.18	1.19
	西部	0.96	1.39	1.21	1.15	1.28	1.19	1.19

资料来源：《新中国六十年统计资料汇编》《中国统计年鉴》。

3. 人口城镇化均衡发展问题思考

（1）人口城镇化与经济协调关系问题。本文以表征全国经济发展水平的人均GDP 与城镇化率相协调为假设前提，采用区域城镇化率比较指数与人均 GDP 比较指数两者之间的比值来评判城镇化与经济之间的均衡或协调关系，显然有着很大的局限性，但也不无意义。在以往的城镇化研究中，关于我国城市化是否滞后于经济发展的讨论屡见不鲜，通常是以国民生产总值与城市化率对应关系的国际经验进行参照比较，虽然其主流意见是改革开放以后我国的人口城镇化发展很快，但仍滞后于经济发展。其实，比城镇化率是否滞后于经济增长多少个百分点更重要的问题在于真正意义上的人的城镇化滞后，而解决这种滞后虽然需要制度层面的深层次改革，然而也在很大程度上有赖于经济发展水平的提高。如表2 所示，东、中、西部的城镇化与经济水平关系的比较指数分别为0.84、1.19、1.19（2017 年），既可解释为东部的城镇化相对滞后于经济发展水平、中西部的城镇化相对超前于经济发展水平，也可解释为东部经济发展超前于人口城镇化，从而更加有利于支持高质量的城镇化。显然，我国城镇化水平的东西差距，不仅体现为城镇化率的高低，同时也表现为城镇化质量的高低。东部发达地区要率先加快推进高质量的城镇化，并以此带动中西部地区的高质量城镇化，以实现区域均衡的高质量城镇化。

（2）人口由高增长向低增长转变中的城镇化均衡发展问题。新中国成立70 年来，全国人口总量持续增长，进入 20 世纪 70 年代以后，随着计划生育的大力推行，人口再生产类型实现了由"高出生、低死亡、高增长"向"低出生、低死亡、低增长"的历史性转变，这个转变可谓 20 世纪中国最重大的人口事件，与城镇化发展密切关联。新中国成立后头 30 年里城镇化的起伏波动，虽然反映了经济社会大环境变化的深刻影响，但是人口快速增长带来的压力也是不可忽视的影响因素。从中华人民共和国成立之初到 1963 年，按市、县分别计算的自然增长率，前者一直超过后者（胡焕庸、张善余，1984）。这个因素与 1958 年出现的"大跃进"失误相互叠加，导致城镇人口增长过猛、国民经济比例严重失调，国家严格控制乡—城迁移的一系列方针政策，在很大程度上即发端于此。然而，城市化既是一剂最好的社会"避孕药"，也是降低城乡人口压力的"降压灵"。改革开放以后城市化的快速推进，为生育率下降提供了强大支持，也为最大限度地变人口负担为人口红利提供了重要机遇。要以高质量的城镇化推动高质量的经济发展，进一步挖掘高质量的人口红利。

（3）未来全国总人口负增长背景下的城镇化均衡发展问题。在新中国成立 70 周年之际，展望未来 70 年，将要迎来的是一个被称为中国"21 世纪最重大人口事件"的人口负增长时代。诺贝尔经济学奖获得者、美国经济学家约瑟夫·斯蒂格利茨（Joseph Stiglitz）把中国的城镇化与美国的高科技并列为影响 21 世纪人类发展进程的两大关键因素。未来中国城镇化发展问题必须进一步放在人口负增长的背景下加以深入考量。尽管 21 世纪末中国将会减少到怎样的规模尚待进一步深入研究，但大数量减少是没有疑义的。有关人士认为，中国城镇化还有 10% ~ 20% 的上升空间。假如未来中国城镇化率将基本稳定于 75% ~ 80%，并且总人口将会减少到 7 亿 ~ 8 亿人，其时城镇人口总量将为 6 亿人左右，相当于 2017 年全国城镇人口的 3/4 左右。也就是说，与过去中国城镇化每增加一个百分点就要增加大量城镇人口不同，未来可以在城镇人口容量不扩增的情况下提高城镇化率。当然，不同区域、不同规模和发展水平的城市，其未来人口变化将会呈现很大的差异。因此，应实施区域均衡的高质量城市群发展战略，促进人口均衡分布。在未来中国人口负增长背景下，胡焕庸线东西两大半壁的人口密度将会同时下降，但东密西疏相差悬殊的基本格局不会改变，并且可能出现西半壁人口过量东移以致密度过稀的变化。为了避免这种可能倾向，西半壁必须更加注重高质量的城镇化发展，以增强人口和人才的集聚力。

参考文献

［1］新中国区域经济发展战略的演变［EB/OL］．中国财经报网，2004 - 07 - 15.

［2］胡焕庸，张善余．中国人口地理［M］．上海：华东师范大学出版社，1984.

城市化改造传统农民

石智雷[①]

流动空间的开放和流动权利的赋予到底对中国农民有着怎样的意义？有过外出务工经历的农民，经过城市的洗礼和重塑，回到农村后，自身能力发生了哪些变化？我们把这些问题放到历史的长河中，放到轰轰烈烈的城市化大背景下，去审视传统农民向现代农民的转变，思路会逐渐变得清晰和开阔。

虽然人生来不是现代性的，但他们的生活经历可以使之现代化。城市化为农村劳动力创造的外出务工机会，是推动传统农民向现代农民转变的核心路径。伴随着城市化的发展，城市创造出大量的就业岗位，吸纳农村剩余人口。农业人口在向城市迁移过程中，逐渐接受城市现代性的生活方式和行为方式，人力资本、社会资本和思想意识发生明显提升，如果这部分农民返乡后继续从事农业生产或者从事非农就业，相比于未外出务工农民来讲具有更高的现代性，并且实现了农民内部的劳动分工和农业专业化的发展，推动了一批高技能、会经营、懂管理的高素质现代农民的产生。传统农民向现代农民转变的核心内容是能力发展。

1. 城市化推动传统农民向现代农民转变

几千年的中国传统社会导致农民一直依附于土地，被封固在农村，多少次的改朝换代和改革变法，都没有改变乡村社会的封闭与落后，没能改变传统农民的发展轨迹。而城市化的发展带来的大量劳动力需求，以及自由流动空间的释放，为传统农民向现代农民转变提供了难得的契机。城市化的核心内容是人的城市化，是人口从农村迁往城市，大量农民转变为城市居民，劳动力从第一产业转向第二、第三产业。但是在城市化进程中还存在一股潜流，大量农民进城务工一段时间后，又重新返回农村。我们将此界定为劳动力城乡双向流动。

自由流动空间与自由流动生产要素的出现，对农村发展和农民能力的影响将远较以往任何一次变迁复杂和深远。城乡间的自由迁移改变了小农经济原有的发展空间，

---

① 石智雷，中南财经政法大学公共管理学院教授，人口与健康研究中心主任。中国人口学会常务理事。主要从事人口迁移与健康经济等方面的研究。在《管理世界》《社会学研究》、China Review 和 Habitat International 等国内外权威期刊上发表论文90余篇，出版学术著作8部。

农民与外界的联系日益密切，就业、交换和生活方式逐渐趋于多元化和社会化。在这个过程中，对于那些处于封闭逐渐向开放状态转变的村落来说，农村劳动力的外出务工与回流起到了至关重要的作用。已有研究更多地关注农村迁移劳动力往家乡汇款的作用，而忽略了就业流动对流动者本身的价值。虽然农村劳动力外出务工寄回了大量的汇款，但留守农村的家庭成员只会将这些钱用于包括食物和衣服等在内的日常支出、修建房屋等消费性用途，很少将它们投入到那些能创造收入的生产性活动，如创业、农业生产和教育健康等，对输出地经济发展并未产生明显的正面作用。已有文献给了我们一个重要的启示，农村经济的发展需要的不仅是资金，更为重要的是能够有效利用这些资金和农村已有资源的人。

中国有两个社会分层体系，一个是城市社会的分层体系，另一个是农村社会的分层体系。长期以来，这两个体系几乎是独立运转的，相互之间并不交融。数量巨大的迁移劳动力群体流动于城市和农村之间，重构了这种几乎失去的城乡连续体。今天的迁移劳动力市民化不仅仅是职业身份的转变、居住空间的转移和角色内涵的转型，而且是要在两个不同时代和不同社会之间实现这种转变与跨越，还要面临现代性转向和后现代来临的挑战。近些年，大批农村迁移劳动力离城返乡，对于农村和农业的发展产生了重要影响，他们自身就是农村劳动力的组成部分，这在很大程度上影响着未外出劳动力的生产和生活方式。农村劳动力外出务工不仅实现了经济资本和人力资本的积累，而且还扩展了社会资本，回流后还会增加农业生产的投资。农村劳动力外出务工后回到农村，为农村经济发展带来了所需要的"企业家精神"，并且相比较没有外出务工经历的农村劳动力，迁移劳动力回流后可以更好地利用农村已有的资源。

外出务工经历使农村劳动力个人能力得到了提升，既积累了工资，获得了技能，又开阔了视野，增长了见识，扩展了社会网络。能力发展也是回流劳动力影响农村发展的主要途径。能力发展的意义在于扩展自由，尤其是个人发展可选择性的自由。外出务工经历对农村劳动力能力的影响主要体现在劳动力返乡后的就业选择上，包括就业多样性、职业转换、社会流动、创业参与等方面。一方面，外出务工经历促进了农村劳动力在农村向非农产业转换，尤其是在农村自主创业，不仅实现了回流劳动力的自我就业，还带回了技术，带动了非农产业的发展并创造了大量的就业岗位，有力地推动了中国农村地区的城市化和工业化进程；另一方面，外出务工经历还会提高农村劳动力的个人生产效率和收入，促进农业技术的改进和新生产技能的传播，促进农村和农业生产的全面发展。劳动力外出务工后，不仅实现了非农就业能力的增长，即使是返回农村重新从事农业生产，也会提高农业的劳均产出效率。当迁移劳动力回流农村后，从事农业生产的投资回报也会高于没有外出经历的劳动者。

2. 外出务工是推动传统农民向现代农民转变的重要路径

外出务工经历通过人力资本积累效应、家庭禀赋效应和社会资源整合效应，导致农村劳动力的能力发展。

外出务工经历导致农村劳动力人力资本的积累，进而影响他们返乡后的就业选择、职业转变和自主创业，改变了农村劳动力的发展空间和就业市场格局。农村劳动力在乡—城迁移过程中通过城市工作经历积累了一定的工作经验和职业技能等人力资本，有利于其提高就业概率。农村劳动力在城市就业流动累积时间越长，不仅可以学习到新的职业技能，还可以提高现有的职业技能和能力，增强人力资本储备。人力资本储备越高，越有利于农村劳动力选择较高层次的职业。对我国广大农村而言，农业依然停留在小农耕种的低生产效率水平，包括当地企业务工和自主创业等多种非农就业形式有着远高于农业就业的收入，那么在外就业流动累积时间越长的农村劳动力返回家乡后，由于在外出务工期间储备的人力资本越高，选择在当地非农就业的可能性就越大，也越有可能从返乡前产出较低的农业转向返乡后产出较高的非农产业。进一步分析发现，相比行业类型中的其他类型，建筑业对由务农转为在当地企业务工有正向影响，而对由务农转为自主创业有显著的负向影响。在外为一般的服务人员，回流后更容易进入当地企业务工，但是对自主创业没有发生影响；相反，在外经商的回流后一般还是会选择在家乡自主创业，而不会选择进入当地企业务工。农村劳动力外出务工经历带来了理念上的改变，不仅对非农业产生了影响，也对农业生产过程中的技术采纳行为产生了显著影响。外出务工时间越长体现了农村劳动力在外务工期间人力资本和社会资本积累越多，同时也反映转变观念的沉淀时间越长，进而他们回流农村获得农业新技术的积极性也会越高。

回流劳动力利用和转换家庭禀赋的能力也会影响家庭禀赋效应的发挥。如果有些个人或家庭初始获得或可以接触的资源较多，并充分利用和转换这些资源，使其收入、财富处于一个较高水平。而有些个人或家庭，由于种种原因，没有很好地转换和再生产这些资源，则无法实现其家庭的可持续发展。所以，个人或家庭能否有效使用、转换或再生产这些资源，是发挥家庭禀赋效应的一个关键环节。农村劳动力外出就业，收获的不仅是资金和技术，而且还开阔了眼界，增长了见识，提高了他们对资源的获取和利用能力。家庭经济资本为迁移劳动力返乡创业提供了最初的资本积累。和未外出务工的劳动力相比，当迁移劳动力回流农村后，他们能够有效地利用家庭人力资本和社会资本。家庭自然资本仍然是从事农业生产的必备资源，分配土地越多的家庭，其成员越倾向于从事农业生产，非农就业的概率也就越低；但是回流劳动力却可以将家庭土地资源转换为创业的资本，家庭土地资源越多的家庭，回流劳动力选择自主创业的概率就越高。

外出务工经历会提高农村劳动力在创业过程中的社会资源整合能力。外出务工经历提升了农村劳动力的人力资本、社会资本和经济资本，从而使劳动力个人的社会资源整合能力得到了发展，为创业提供了基本条件。社会资源整合能力发展的意义就在于在自主创业过程中，农村劳动力能突破原有的资源限制，利用自身积累的知识经验和广泛的社会支持获取更多的货币、信息、政策、人脉等资源。而社会资源对农村劳动力自主创业的影响主要体现在劳动力的创业意愿上，尤其对于回流劳动力来说，社会资源的增加对于提升其创业意愿有显著影响。由于农村劳动力是风险厌恶者，而社会资源来源的广泛性降低了创业风险，因此，对于农村劳动力创业意愿的影响相对于其他创业者更明显。对于有外出务工经历的农村劳动力，社会资源对创业意愿的影响更显著。尤其是信息、政策和人脉资源在未外出务工劳动力模型中对创业意愿的影响均不显著，而且政策和人脉资源对其创业甚至可能起到反作用。劳动力外出务工不仅发展了个人能力，更拓宽了各种社会资源来源渠道，使其返乡后获得足够的物质和精神支持从事自主创业。外出务工劳动力返乡创业模式验证了美国创业学之父杰弗里·蒂蒙斯（Jeffry A. Timmons，1942－2008）关于创业资源两个特性的阐述：创业资源具有稀缺性和开放性。由于创业资源的稀缺性，返乡创业者必须充分利用自有及家庭的一切资源进行创业投资；第二个特性由第一个特性衍生而来，创业资源的稀缺性导致返乡创业者在创业过程中必须保持开放，以充分整合各种社会资源。后者既体现了创业模式，也体现了返乡劳动力的创业能力。

外出务工经历和家庭禀赋的结合在一定程度上突破了在农村就业发展和创业过程中的资源约束，但同时也反映了农村市场机制的不完善和社会支持的不足。进一步研究发现，回流劳动力具有更强的社会资源整合能力，一方面，他们利用社会网络与城市保持联系获得最新资讯和就业、创业机会；另一方面，外出务工也增强了他们的社会交际和公关能力，可以更有效地和当地政府进行沟通，争取地方政府的政策支持。

3. 重新认识中国城市化

城市往往被人们认为是一个剥削农村劳动力，造成农村凋敝的源泉，但我们的研究发现，城市化是推动中国传统农民向现代农民转变的重要的结构性力量，城市为农村非农产业的发展培养了现代工人和企业家精神，农村家庭禀赋为迁移劳动力返乡创业提供了最初的资本积累，两者的有效结合为农村产业化提供了内在动力和要素支撑。一方面，迁移劳动力回流创业实现了自我就业；另一方面，还带动了非农产业的发展并创造了大量的就业岗位。在当前中国城市化大肆扩张的同时，迁移劳动力的回流为我们的新型城镇化建设提供了另一种发展思路——城乡协同发展。这既有效避免当前单一发展大城市策略带来的城市化经济、社会、环境成本的急速膨胀，也可以激发乡村创新与创业的活力，为农村产业化和农业现代化发展提供新的契机。

1949年以来我国人口研究
主题和重心的变化

童玉芬[①]

虽然中国在古代就出现了一些人口思想的萌芽，如孔子、墨子、管子等主张增长人口，而韩非子等则主张节制人口，但比较公认的中国人口学研究是从20世纪20-30年代开始的。随着西方人口学的传入，中国人口学研究开始兴起，代表人物及成果如1918年陈长衡的《中国人口论》、1920年马寅初的《计算人口的数学》、1930年许仕廉的《中国人口问题》，以及1935年胡焕庸提出中国人口的瑷珲—腾冲县（胡焕庸线）等，这些是我国早期人口学专门研究成果的代表。

1949年，中华人民共和国成立，经过长期战乱以后，百废待兴的新中国进入恢复期，人口在很长一段时间内并没有成为社会问题，相反，社会主义建设需要大量的劳动力和人口，对于人口问题的认识和关注，也主要停留在人越多越好的认识上。直到1957年，马寅初发表了《新人口论》，认为中国人口过多会给社会主义建设带来严重的负担，并提出了相应的解决办法，然而马寅初先生的观点却因此而受到批判。从此，中国人口学研究很长时间内成为了一个禁区，这种状况一直持续到20世纪70年代中后期改革开放以后才结束。从那以后，中国人口学研究进入了百花齐放的新时代。也可以说，中华人民共和国成立70年以来，中国人口学研究的历史与改革开放40年的历史更为重合。

作为一门社会科学，中国的人口研究从一开始就与其产生的社会问题或国家发展重大社会问题的解决紧密联系在一起。每当人口的某方面出现问题，则对这方面的研究就开始涌现，这也符合社会学问题研究的一般模式。概括起来看，新中国的人口研究，经历了一个从关注人口规模变动，到关注结构和空间变动的演变过程，这个过程随着人们对人口问题认识的不断深化，以及人口本身的变化规律而呈现了一个比较明显的演化过程。

概括来说，中国人口研究的领域和研究热点，大致经历了以下四个阶段，体现为不同的特点：

---

① 童玉芬，法学博士，首都经济贸易大学教授、博士生导师。《人口与经济》杂志主编。兼任中国人口学会副会长、北京市人口学会副会长等。

1. 第一阶段（1995 年之前）：以人口规模变动及生育研究主题为重心

自中华人民共和国成立以来，中国人口规模经历了较长时间的增长过程，新中国成立之初，估计人口规模只有 4 亿人，然而 1953 年第一次人口普查显示，中国人口实际达到了 5.4 亿人，1957 年增加到 6.46 亿人。其后经过三年自然灾害，中国先是在 1959 - 1961 年经历了人口的大幅度下降，然后在 1962 - 1970 年经历了高速增长，到改革开放之前的 1977 年，中国的总人口已经达到 9.5 亿人，比中华人民共和国成立初期翻了约 1 倍。而这种增长全部是由于自然增长而形成，换句话说，是在高出生率和低死亡率的双重力量作用下的产物。妇女总和生育率在 1965 年一度达到了 6.3，到 20 世纪 70 年代，平均每个育龄妇女生育孩子数在 4 个左右。与此同时，中国人口密度也快速增加，平均人口密度从 1953 年的 61.03 人/平方公里变成了 1978 年的 99.92 人/平方公里，尤其是我国东南部地区，人口密度增加得更为明显，从 1953 年的 134.29 人/平方公里增长到了 1978 年的 219.86 人/平方公里。

这种人口增长现象，是由当时的社会经济发展水平和发展方式决定的，是相对落后的生产力水平、人们的传统婚育观念和较低的城市化水平等因素共同作用下的产物。当然，人口的这种增长速度和规模反过来也对社会经济发展造成一定程度上的不利影响，例如，带来了粮油食品和其他生活消费品的压力、人口与资源环境矛盾，以及较大的就业压力等。改革开放极大地释放了生产力，改变了生产方式，农村劳动生产率得到很大提高，这样一来人口既多又快的增长显然难以适应社会经济发展和改革开放的要求，甚至成为当时巨大的人口负担。庞大的人口规模和过快的增长速度成为当时较为严峻的社会问题。因此，在 20 世纪 80 年代以后很长一段时期内，人们研究的焦点主要聚集在人口规模及其增长方面。根据知网查阅结果，按照文章题目分类分析，发现中国人口数量和规模以及增长的研究文章，从 1978 年之前的每年不到 10 篇，到 1979 年以后增加到每年 100 篇以上，1988 年达到 204 篇，此后也一路增长，2010 年篇数逐渐上升到 400 篇以上甚至突破 500 篇。

在 20 世纪 90 年代中期之前，人们主要关注人口规模的增长，以及规模变动背后的原因——生育分析。一方面，在我国长期的户籍制度限制下，人口流动不活跃，死亡率水平自中华人民共和国成立后不久即保持在一个比较稳定的低水平；另一方面，生育作为三个导致人口规模变动的直接成因之一，迅速成为人们关注的焦点，加上人口政策主要是生育方面的政策，因此，有关生育方面的研究从 1979 年就突破了每年 100 篇，此后数量也在迅速上升，到 20 世纪 90 年代中期，已经达到每年 685 篇，而其他人口学研究主要领域论文总数的比重却从改革开放之初的 90% 降到 50%。

这一时期，仅人口规模和变动以及生育方面两个领域的研究论文就占到一半以上，其他人口学领域的研究成果都比较少。例如，死亡、健康、流动迁移、空间分布、老龄化、人口与经济、人口与资源环境、少数民族人口等合计还不到一半，比重最多的也仅占5%及以下。

2. 第二阶段（1995-2000年）：人口流动与迁移研究异军突起，人口可持续发展研究成为热点

改革开放以后，我国人口迁移流动逐渐增多，尤其是20世纪90年代之后影响巨大的民工潮的发生和发展，更是引起了人们对这一重要人口现象的重视。随着农村土地承包责任制的实施和推广，农村释放出了巨量的剩余劳动力，与此同时，国家出台相关政策，农村人口可以自理口粮在城镇打工。于是，越来越多的农民走向城镇，最终于90年代中后期形成了巨大的民工潮。据有关统计，1995年我国流动人口规模已经达到7073万人，2000年进一步达到10175万人。这一新的人口现象，不仅改变了我国人口空间分布的格局，也对社会经济和城市化发展产生了巨大的影响。对于人口流动迁移，以及流动人口在这一过程中的各种问题的关注和研究，很快成为了人口学研究的热点。根据知网查阅结果统计，从1994年开始，人口流动和流动人口方面的研究开始突破每年100篇，并且快速增长，到2007年突破每年1000篇，2013年达到每年1724篇，近年来略有下降，但依然维持在每年1000篇以上。

几乎在同一时间，随着国际上可持续发展理念的传入和影响，中国政府和学术界开始了对可持续发展问题的关注和研究，政府也于1994年出台了《中国21世纪议程》，向全世界庄严宣告中国坚持可持续发展道路的决心与措施。人口与可持续发展有着十分密切的关系，从20世纪90年代中后期开始，人口与可持续发展的研究开始成为新的热点，1995年这方面成果迅速突破100篇，以后逐年增长，1997年突破200篇，以后每年基本上都保持在200篇左右。研究内容包括人口变动对我国资源环境的影响路径、机制以及后果评价，资源环境对人口增长等的约束——即环境资源对人口的承载力研究，以及大量的人口资源环境协调发展系统研究等，甚至在这个基础上形成了一个新的交叉学科——人口、资源与环境经济学。但是，从2012年以后，人口与资源环境关系的研究文章无论是总篇数还是比重都有明显下降的趋势。这与国际上和我国政府要求有一定的差距，究其原因，可能与这方面研究领域本身跨度过大，过于宏观和理论化有一定关系。

3. 第三阶段（2000-2010年）：人口老龄化研究飞速发展，人口流动迁移方兴未艾，生育研究呈现下降趋势

经过短短二十多年的计划生育政策以及国家社会经济的快速发展，20世纪90年代以后，我国人口出生率已经降到了较低水平，总和生育率已经较长期地低于更替水平，总和生育率低到1.6~1.7，且有比较稳定的持续下降趋势。从人口结构上来看，1999年中国65岁及以上老年人口比重已经接近联合国人口老龄化7%的标准，在21世纪初，中国进入了人口老龄化国家行列。中国作为一个发展中国家，经济发展水平

总体不高，地区差异较大，人口老龄化导致未来养老压力不断增大，这无疑给中国政府在人口未来趋势的判断以及如何迎接这一挑战敲了警钟，学者们敏锐地捕捉到这一变化，关于人口老龄化研究开始受到越来越大的关注。从此开始，国内关于人口老龄化研究成果不断涌现，人们不仅从人口学角度关注人口老龄化的特征，变动趋势以及可能的问题，而且有越来越多的学者开始关注老年人本身的问题，并在此基础上形成了一门新的交叉学科——老年人口学。国家也在 1999 年成立了老龄委员会，专门针对我国老年人问题出台相应政策，以期解决发展过程中的人口老龄化问题。人口老龄化和老年人口问题研究依然方兴未艾，随着人口老龄化的继续发展，这一领域依然有着非常广泛的研究前景。据统计，有关人口老龄化的研究文章，从 1999 年开始突破每年 100 篇，此后一直连年增长，到 2010 年已经超过每年 300 篇，2015 年后超过了每年 600 篇。从现在和今后一个时期来看，人口老龄化方面的研究将成为较长时期的重点研究领域和热点领域。

与此同时，人口流动和迁移研究在这一段时期依然处于增长中，有趣的是，无论是篇数还是比重，都与生育研究接近，甚至有时候超过生育研究文章，成为人口研究成果最多的领域。据统计，2000 年人口流动与迁移文章接近每年 300 篇，2007 年达到每年 1000 篇以上。

4. 第四阶段（2010 年至今）：人口空间研究崭露头角，人口研究领域进一步多元化发展

2010 年以来，我国人口研究领域的重点和热点分布格局并没有出现十分明显的变化，依然表现为：虽然生育研究开始萎缩，但依然占据前两位，人口流动和迁移研究热度不减，规模已经接近生育研究总量，成为数一数二的重要研究领域。人口老龄化研究继续呈现上升趋势，未来必将取代生育研究成为主要的研究热点。

一个值得关注的现象是，有关人口空间方面的研究开始逐渐受到关注，尤其是人口空间分布和集聚方面的研究，研究数量和质量都有明显的提升。虽然我国著名人口地理学家胡焕庸早在 1935 年就在《地理学报》上发表文章《论中国人口之分布》，提出了一条连接黑龙江瑷珲和云南腾冲，刻画人口分布东西差异的人口地理分界线，后被称为"胡焕庸线""瑷珲—腾冲线"和"黑河—腾冲线"，开创了人口空间研究的先河，但是直到 2000 年之前，关于人口空间格局研究论文每年不到 30 篇。而此后增速明显，在 2012 年已经突破了每年 200 篇，2016 年突破了每年 300 篇，这反映了学术界对这一问题关注热度的上升趋势。虽然总量上不能与人口流动迁移、生育甚至人口老龄化方面研究相比，但是与其他如死亡、健康、少数民族人口、女性人口研究等方面相比，其规模较大而且有明显的增长。

从长远来看，作为典型的交叉学科的人口学研究，也必将继续呈现百花齐放的局面，今后关于人口老龄化、流动人口、人口健康、生育政策、女性人口、民族人口、

劳动力人口等亚人口群体变动及其面临的现实问题，也依然会成为未来中国人口学研究的重要领域和重要组成部分。然而，哪些研究在其中将成为焦点或重点领域，则由两个方面因素决定：一个是人口本身变化的规律以及问题所在；另一个是政策关注问题以及发挥作用的空间所在。此外，国际人口学研究的动态和趋势也会对我国人口学研究重点领域产生很大的引导作用。

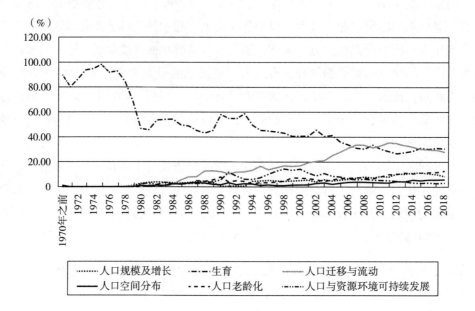

图1　人口学论文不同研究主题的比重变化

辩证看待中国 70 年的人口变迁

原 新[①]

纵观中国 70 年的人口发展历程，人口变化走出了"三峰两谷一落坡"的大起大落到惯性缓慢增加的轨迹。看待我国人口变动必须秉承如下原则：一是客观性，尊重人口自身发展的规律性，任何超越人口发展规律的人口后果的主观臆断，无论褒贬，都是不可能实现的。二是公正性，任何一项社会公共政策都是利弊兼收的。计划生育政策也不例外，既要坚持一分为二的认识观，又要坚持历史唯物主义，还原到政策产生时代的历史环境与特殊国情下评判。三是科学性，对于人口发展的任何言论必须经过严谨的科学研判和分析，言之有据，言之有理，不可信口开河。四是长期性，人口事件是长周期事件，对每个阶段人口现象和效果的认识要有足够长的观察期，要有大尺度的时间观念和视野。

一、计划生育时代之前，人口自发增长的"两峰一谷"

人口数量快速增加是这个时期人口发展的基本特点。

1. 第一次出生人口高峰

中华人民共和国的成立结束了近半个世纪的战争和社会动荡，社会和平，经济恢复，生活稳定，人们开始了补偿性的生育。1949 - 1958 年，妇女总和生育率高位徘徊在 5.7 ~ 6.5，出生率水平一直高居 30‰以上，年均出生人口 2064 万人，形成了自中华人民共和国成立以来的第一次人口出生高峰。同一时期，死亡率快速下降，从 20‰降至 11.98‰，尤其是婴儿死亡率从 200‰以上跌到 107.64‰（1955 年），新出

---

① 原新，经济学博士。南开大学经济学院人口与发展研究所教授、博士生导师。南开大学老龄发展战略研究中心主任，天津市南开大学老龄战略研究基地主任。国家完善人口发展战略研究专家组专家、国家应对人口老龄化战略研究专家组专家。中国人口学会副会长，中国老年学和老年医学学会常务理事，中国区域科学协会区域人口发展专业委员会副主任，天津市人口学会常务副会长。曾获国家人口科学领域最高奖项"第八届中华人口奖""全国优秀教师称号""新世纪优秀人才入选者""首届全国十佳中青年人口学者奖"。

生人口的存活率大幅度提高。出生人口减去死亡人口，年均自然增加人口为 1209 万人，也创造了第一次人口增长高峰。

2. 第一次出生人口低谷

在 1959－1961 年"三年困难"时期，妇女生育率水平大幅度下滑，1961 年最低为 3.29，几乎是 20 世纪 50 年代平均生育率水平的一半；相应地，出生率跌至 18.02‰。与此相反，死亡率止跌反弹，1960 年升至 25.43‰，出生与死亡相抵，1960 年成为中华人民共和国成立以来唯一的人口负增长年份。"三年困难"时期年均出生人口为 1411 万人，年均死亡人口 1203 万人，年均自然增加人口仅为 208 万人，不足第一次人口增长高峰均值的 1/6。

3. 第二次出生人口高峰

"三年困难"时期刚过，生育率迅速反弹，按照出生人口规模判断，形成了 1962－1975 年的第二次出生人口高峰，每年的出生人口规模保持 2000 万人以上，年均出生人口为 2583 万人，1963 年更是创造了中华人民共和国成立以来出生人口的最高值 2959 万人。这个时期，为了尽快抑制人口的快速增长，从 20 世纪 70 年代初期开始在全国范围推行计划生育政策，且政策迅速奏效。人口出生率从 1971 年之前的 30‰ 以上，快速降至 1975 年的 23.01‰；总和生育率从 60 年代平均 6 以上，1972 年降至 5 以下，1975 年进一步跌至 3.57。因为死亡率持续下降，并稳定在 7‰ 左右的低位，这个阶段的人口自然增长远远超过第一次人口增长高峰，年均增加 1923 万人。

事实上，出生人口的第一次高峰和第二次高峰，就是一个长周期出生人口高峰，被"三年困难"时期外力阻隔，一分为二。大尺度考察，这个时期同属人口转型的前期阶段：出生率保持高位，死亡率快速下降并在低位稳定，人口数量因为多生和存活率提高而快速增加。

依据 1953 年全国第一次人口普查资料推算，1949 年全国人口总量为 5.42 亿人，1954 年超过 6 亿人，虽然经历了"三年困难"时期的短暂减速，1964 年达到 7 亿人以上，净增加 1 亿人口用时 10 年。紧接着，1969 年总人口超过 8 亿人，1974 年超过 9 亿人，平均每 5 年净增加 1 亿人口，比前一时期用时缩短一半，成为我国历史上人口增长速度最快的阶段，空前绝后，人口数量"爆炸式"增长呈现出完全失控的局面。

一个社会，追求经济社会发展与人口发展的适应和协调是基本规律。与人口规模失控膨胀期相伴随的是受"文化大革命"冲击几近崩溃的经济形势，政府必须在恢复生产与控制人口之间做出决策。限于当时革命高于一切的政治气候，不可能在短期内恢复经济生产和社会秩序。然而，严格的计划经济体制和整齐划一的政治思维和热情，为控制快速增长的人口提供了可能，国家只能选择后者，设法尽快改变人们的生育行为，不仅让人们少生，还要人们迅速地少生，快速减少生育数量和降低生育率水平，抑制人口过快增长。于是，从 20 世纪 70 年代初期开始在全国范围内推行计划生育政策。

在时间轴上，当时人口与经济社会关系最大的挑战，就是经济发展水平长期低迷和人口"爆炸"式增长形成的强烈反差，促使政府下定决心用调节家庭生育孩子数量的方式，迅速改变延续几千年的生育行为和观念，以实现控制宏观人口增长的目标。展望未来，当时的两次"婴儿爆炸"为改革开放之后的"劳动力爆炸"积累了巨大的能量，这是生育高峰蕴藏的最大的潜在机遇。

二、计划生育时代，"一谷一峰一落坡"

"种瓜得瓜，种豆得豆"是一个浅显的道理，人口增长与人口增长问题因果相证，过去的人口变化成就了今天的人口现状，而今天的人口状况又是未来人口变化的基础，这就是人口发展的规律性。

1. 计划生育促使生育率短期内快速下降

计划生育政策从"晚（晚婚、晚育）、稀（拉开间隔）、少（少生）"开始逐渐趋紧，1980 年"提倡一对夫妇只生一个"，1982 年确定计划生育为一项基本国策，1984 年修正为"城镇一孩、农村一孩半、部分普遍二孩、少数民族更加宽松"，成为执行时间最长的生育政策基本面。计划生育政策从开始推行就迅速显效，总和生育率在不到 10 年的时间下降一半以上，1980 年为 2.31，形成了计划生育时代的生育低谷，出生人口减至 1787 万人，人口自然增长率下降到 11‰ ~ 12‰，构成了中华人民共和国成立以来的第二个生育低谷。

2. 人口惯性规律形成了第三次出生人口小高峰

伴随第一次和第二次出生人口高峰队列进入生育年龄，尽管有严格的生育政策约束，还是形成了第三次出生人口高峰，虽然此时的出生率只有 16‰ ~ 23‰，远不及前两次出生高峰时期的出生率水平，而且生育率水平不到前两次生育高峰的一半。但是，由于育龄妇女基数增大，使 1981 - 1997 年的年出生人口数量一直回升到 2000 万人以上，年均出生 2206 万人，形成了又一次出生人口峰值。

3. 低生育率时代人口稳定减速增加

1992 年总和生育率水平降至更替水平，此后一直在更替水平之下缓慢走低，开启了低生育率时代。年出生人口规模步入了下降通道，从 1992 年出生 2015 万人，1998 年开始少于 2000 万人，年均出生人口数量在"十五"（2001 - 2005 年）为 1931

万人，"十一五"（2006-2010年）减至1594万人，之后伴随放弃生育间隔、单独二孩、全面两孩等生育政策放宽，"十二五"（2011-2015年）和"十三五"（2016-2018年）前期的年均出生人口有所回升，分别为1644万人和1677万人。与此同时，因为人口老龄化加剧导致死亡人口逐年增加，两者相抵，年自然增长人口从1000万人以上降至2018年只有530万人，形成了长达25年以上的出生人口和自然增加人口递减的"缓坡"。总人口以年增量递减的方式减速惯性缓慢增加，控制人口快速增长的目标终于达成。

这个时期的人口优势在于两方面，人口死亡率保持低位，出生率快速下降，总人口增速缓解的人口转变后期阶段。按照人口发展规律，人口转变前期阶段的"婴儿炸弹"进入了劳动年龄阶段，人口年龄结构从年轻型步入成年型，开启了"两头小、中间大"的人力资源型的人口机会窗口，创造了有利于经济增长的绝佳的人口基础，劳动力规模巨大且不断增加，抚养比降至低水平，人口素质不断改善。改革开放以来经济社会发展道路的一系列探索与创新，如对内改革，创建劳动密集型产业、劳动力自由流动、坚持充分就业策略、促进男女平等参与、实施健康中国战略和科教兴国战略；对外开放，兴办经济特区、积极吸引外资、主动融入世界经济体系等，发挥人口优势，充分实现了人口机会向经济收益的转变，成功激发和收获了人口红利，创造了中国经济奇迹。

人口发展的挑战在于两方面：一是低生育水平孕育了人口负增长能量，必然在日后的某个时期启动总人口负增长过程。根据人口预测，我国总人口大约在2028年前后达到最高峰值，然后开始人口负增长时代。二是启动了人口老龄化的步伐，而且是跑步进入老龄社会，这是计划生育政策推动的生育率和死亡率快速双降的规律性结果，不可避免，难以逆转（如图1所示）。

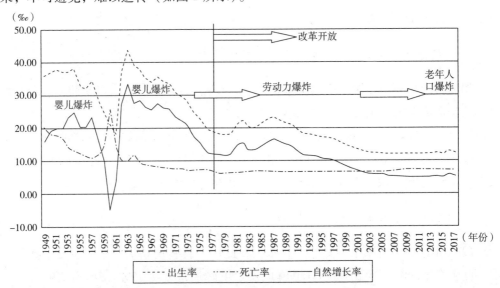

图1　中国人口转变过程与人口年龄结构变化

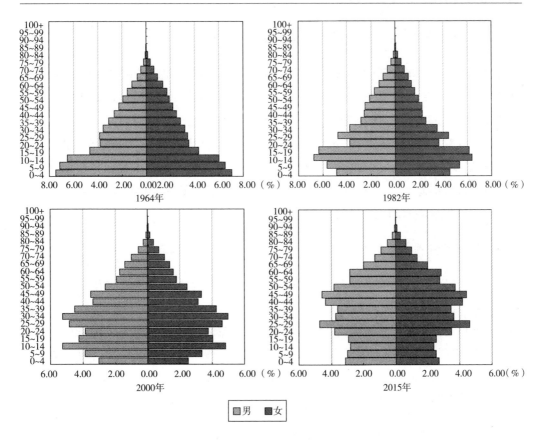

图1 中国人口转变过程与人口年龄结构变化（续）

资料来源：《中国统计年鉴》（2018）；历次全国人口普查资料；2015 年全国 1% 人口抽样调查资料。

三、后人口转变时代的人口景象

我国已经完成人口转变，进入了后人口转变时代，国家发展的人口基础正在发生重大变化。

1. 人口基数庞大

人口转变完成，进入低生育水平时代，人口增长速度减缓，标志着人口增长的压力缓解，但是总体人口规模巨大的基本国情没有根本改变，2018 年末总人口为 13.95 亿人，依然稳居全球首位；2028 年达到峰值 14.5 亿人左右，退居全球第二，2050 年为 13.5 亿人上下，2100 年依然保持 10 亿人以上，依然是人口大国。这是认识我国一切人口问题的基点，是规划未来经济社会发展的先决基础。

2. 人口老龄化进程快、规模大、水平高

改革开放以来的"劳动力爆炸"人口队列伴随年龄增加，最终将形成"老年人口爆炸"。我国在 1999 年进入老龄化社会，人口老龄化在 2010 年起开始加速，这是 20 世纪三次人口出生高峰的惯性写照。从现在到 21 世纪中叶，老年人口数量和老龄化水平将双双"翻倍"，其中，60 岁及以上老年人口将从 2.49 亿人倍增至 2053 年峰值 4.87 亿人；相应地，老龄化水平从 17.3％升至 34.9％，跨入世界重度老龄社会国家行列。人口快速老龄化是我国社会主义现代化建设的基本人口国情，是"两个十五年"国家发展战略的人口基础。

3. 劳动年龄人口数量进入下降通道，但是规模依然巨大

15～59 岁的劳动年龄人口规模在 2011 年达到峰值 9.4 亿人，之后开始减少，21 世纪 20 年代早期依然在 9 亿人以上，40 年代早期在 8 亿人以上，2050 年还有 7.2 亿人。如果把退休年龄逐步延迟至 65 岁，又可以释放老年人力资源 1 亿人左右，2050 年 15～64 岁劳动年龄人口规模将达到 8.2 亿人，比 1978 年改革开放初期的劳动年龄人口数量多 45％以上。中国劳动力短缺说的人口学基础并不成立，反而是劳动就业压力将长期伴随经济社会发展。

4. 人口综合素质大幅度改善，人力资本是经济社会发展的原动力

改革开放 40 年，基本国策提出的"提高人口素质"的任务亦大获成功，第一，健康状况大为改观，2018 年平均预期寿命达到 77 岁，婴儿死亡率和孕产妇死亡率分别下降到 6.1‰、18.3/10 万，优于世界中高等收入国家的平均水平。第二，受教育水平大幅度提升。截至 2015 年，累计受过高等教育的人口规模达到 1.71 亿人，居世界第一位，占总人口的 12.4％；6 岁及以上人口的平均受教育年数达到 9.08 年；新增劳动力平均受教育年数为 13.3 年，相当于大学一年级；普通高校大专、本科和研究生毕业人数已经跨入每年 800 万人时代。为未来科技创新、中国创造奠定了雄厚的人力资本基础。

人口是经济社会发展的长期性、全局性、基础性战略要素。改革开放 40 年来，人们生产方式和生活方式发生巨变，从根本上改变了我国人口的发展方式和轨迹。"控制人口数量，提高人口素质"的基本国策，通过生育政策调节国家人口发展的速度、数量、素质、结构、分布、流动迁移等，是促进人口长期均衡发展，进而实现人口与经济社会、资源环境可持续发展而制定的国家方略，对于修正人口总体失衡发挥了重要作用。人口转变是一个动态过程，后人口转变时代决定了未来的人口机会窗口的性质正从人力资源主导型转向人口老龄化加速、人力资本积淀厚实、人力资源规模巨大的综合型人口优势，人口机会窗口更加开放，这是一个基本判断。当然，"两个十五年"新时代发展战略周期所面临的经济社会持续发展的各种挑战和困难，会比改革开放以来的 40 年更多、更严峻。继续坚定不移地深化改革开放，促进经济发展动力转型、产业升级和质量提升是收获新时代人口红利的必由之路，对此要有充分的认识。

中国人口迁移流动管理体系演变

张　力[①]

　　主要依托户籍制度的人口迁移流动管理体系是我国治理体系和治理能力现代化的重要组成部分，在配合政府主导的发展战略、调控人口分布和加强社会管理等方面发挥着重要作用。为适应社会经济发展需要，体系本身也历经多轮改革，从暂住证、居住证到积分落户，从限制人口流动到认可人口流动对发展的积极作用，从严格"限权"到扩大"赋权"，尽管社会个体的权利得到了更多的尊重，但与公众期待的自由迁徙和自由定居，仍有改革空间。

　　在中国语境下，迁移与流动是两个不同但相关的概念，户口登记状态是区分两者的核心。迁移泛指从一地到另一地的永久性户口登记变动（户口迁移），而流动主要指不涉及户口登记变更的居住地或工作地的变动，是市场导向下的迁移行为。

一、人口迁移的调控

　　户籍制度是调控人口迁移的行政工具。在行政实践中，户籍迁移被赋予"行政许可"而非"行政确认"的地位。"行政"指户籍登记具有证明公民身份、确定公民个人法律地位的效力。"行政确认"指行政机关对相对公民的身份、权利、义务的明确和证明，透视的是将社会服务放在首要位置的价值取向。"行政许可"是指必须经由行政主体审查并且以许可的方式才能赋予行政相对方某种资格或实施行为的权利，透视的是将社会秩序放在首位的价值取向。包括常住、暂住、迁出、迁入等项的人口登记的户籍迁移的行政许可性质，体现的是对人的自由的约束。

　　计划经济时期，户口迁移类型有以下四种：一是无条件确保的"计划迁移"，即按国家经济发展计划的招工、招生、毕业分配、复员退伍转业等，以及压缩城市规模引起的人口迁移；二是基本保障的"调动迁移"，即上级主管部门在权限范围内对下

　　① 张力，中山大学学士，伦敦经济学校硕士，美国华盛顿大学（西雅图）博士。2000－2008年在中国香港中文大学工作。现任复旦大学社会发展与公共政策学院教授，博士生导师，复旦大学人口研究所所长。

级人员的调动；三是妥善办理的"安置迁移"，例如，支援边疆建设农林牧业新基地的人口迁移、被征地农民的安置等；四是逐一审批的"投亲迁移"，包括异地通婚且长期两地分居的人口；未成年，或长期病残、生活难以自理的投亲靠友者。

在计划调控下，户口迁移率长期低于10%，有很多年份更低于3%，基于个人利益的人口迁移受到严格控制，基于国家利益的人口迁移成为迁移的主流。户口迁移门槛高、准入程序复杂、轮候时间长，申办证明材料多、实际执行人为干扰因素强，对很多人的命运和生活轨迹影响深刻，社会上负面评价不断。

二、人口流动的调控

社会主义市场经济发展的阶段，不改变常住户口登记地的人口流动已经成为当今社会经济发展中的新常态，构成中国人口变动与发展的重要内容，"流动人口"或"外来人口"成为社会和政策领域的高频词。人户分离、流动人口总量、外出农民工总量、常住人口城镇化率等指标从不同的侧面显示出人口流动性的活跃。相应地，人口流动的行政管理，经历了以"暂住证"制度为核心、从严格控制为主向以"居住证＋积分"为平台的管理和服务并重的转变，人口的"流动"地位与"迁移"地位可以接轨，只要满足一定条件和累积到足够分数，就具备在现住地登记常住户口的可能。没有落户资格，只要申办了居住证并累积到一定的积分，也可以享受某些基本公共服务。

居住证制度和积分落户实践始于上海。2004年，上海就出台了针对上海高校非沪籍毕业生的积分落户政策。每年毕业季，根据市政府对户籍人口机械增长调控的要求，上海市高校毕业生就业工作联席会议办公室确定非沪籍毕业生留沪就业申请"上海市户口的基本资格分"（即标准分）。来自外地、在上海高校毕业、已经获得正规就业机会的应届毕业生，如果其要素综合评分超过标准分，允许办理上海户口。低于标准分办理上海市居住证。根据当时政策，没有设立居住证转常住户口的通道。

广东省是全国首个推出面向所有流动人口的积分落户政策的省份。改革开放后，由于经济高速发展，广东成为外来人口的聚居地。尽管外来人口为广东经济发展做出了贡献，但在社会保障和社会福利等方面却无法享受到与本地户籍人口同等的待遇，引发争议。作为人口流动管理的改革，在借鉴国内外相关的移民甄选经验上，首先，广东省在2009年选择中山市做积分落户的试点；其次，在全省其他城市推广。广东的城市积分落户政策除了设立一些大多数人都可以获得积分的常规项目之外，还设立了导向性明显的加分和减分项目，例如，申请人做义工的行为、见义勇为的行为可以折算成相应积分；申请人的违法违规行为将会导致减分，甚至丧失落户权利。这样的做法有利于城市政府从规模庞大申请者中，相对容易地淘汰掉大部分申请人，减轻落户规模的压力。广东的模式为其他城市设计积分落户政策提供了模板。

2009 年，上海市政府出台了上海市居住证持有人员凭积分申办常住户口的条件，在居住证与常住户口之间建立转换的通道。持有上海居住证者如果满足一定的条件并累积达到一定的分值，便具备申请常住户口的资格。这些条件包括：持有《上海市居住证》满 7 年；持证期间按规定参加上海市城镇社会保险满 7 年；持证期间依法在上海缴纳所得税；在上海市被聘任为中级及以上专业技术职务或者具有技师（国家二级以上职业资格证书）以上职业资格，且专业需要与工种对应；无违法犯罪记录及其他不良行为的记录等（沪府发〔2009〕39 号文）。虽然申办条件严苛，落户人数也受到年度配额控制，但毕竟为居住证持有者通过满足资格来改变他们的居留身份设置了一个通道。继上海之后，全国不少大城市都实施积分落户。

在居住证制度下积分落户政策的具体设计涉及三个考虑：一是按照权利与义务对等的原则，确定落户资格以筛选出落户人选；二是按照一定的门槛，确定满足条件的人选以一定的速率进入等待落户的排队队列；三是以一定的落户速率，把进入排队队列的候选人口转化为户籍人口。综观各地的实践，基本模式是：居住证和个人贡献是必要条件，个人贡献通过对在政府部门有备案的合法稳定就业年限、合法稳定居住年限、缴纳税收年限、缴纳社会保障年限等基本要素的分数累积的形式量化。积分由基本分与附加分构成。年龄越年轻、学历越高、专业技术职称和技能等级越高，缴纳个税与社保的年限就越长，基本分总积分越高；紧缺专业或工种，或对城市做出特殊贡献者可以获得附加分；违法违纪则导致减分，甚至丧失落户权利。众多指标中，教育水平和工作技能占了很大权重。这种落户模式延续人口流动行政调控的思维，以"政策"加"指标"的方式控制户籍人口规模变动的上下限。但也不可否认，在某种程度上，改变了外来人口在城市中的落户机会和发展预期。

作为体现社会公正原则、保障外来人口权益、进一步规范人口管理的重大举措，针对无法在城市落户的外来人口，2015 年 10 月，国务院发布了《居住证暂行条例》，在全国范围内全面实行居住证制度。条例明确持证公民在现居地可以享有"三种权利、六种服务和七项便利"。"三种权利"指参加劳动就业的权利，参加社会保险的权利，以及缴存、提取和使用住房公积金的权利。"六种服务"包括义务教育、基本公共就业服务、基本公共卫生服务和计划生育服务、公共文化体育服务、法律援助和国家规定的其他基本公共服务。"七项便利"是指异地办证，即在常住户口登记地以外的地方办理各类日常生活需要用到的证件：按照国家有关规定办理出入境证件，按照国家有关规定换领、补领居民身份证，机动车登记，申领机动车驾驶证，报名参加执业资格考试和申请授予职业资格，办理生育服务登记和其他计划生育证明材料，以及国家规定的其他便利。居住证制度体现出公共资源公平分配在一定程度上的进步。

三、人口迁移流动管理体系的时代作用和历史局限

人口迁移流动的行政管理是在特定历史条件下，实施优先发展重工业、通过计划体制动员和集中各种社会经济资源、使剩余资本向工业和城市倾斜的发展战略的衍生产物。其有效实施是对在短缺经济条件下，为了巩固社会主义政权、稳定社会秩序、形成整体资源动员能力和促进重工业优先的国家提出的经济发展战略，且发挥了重要作用。这一并不完善的制度，在与世界经济体系基本隔绝的计划经济时代，从客观上帮助处于社会主义原始阶段的中国以低成本完成了促进工业化的资本原始积累。在市场经济的发展过程中，对中国经济的高速但不平衡的增长贡献巨大，直接促进中国成为"世界工厂"以及中心城市群的迅速现代化，也避免了在快速城市化过程中"城市病"（交通拥堵、贫民窟、环境恶化等）的失控。过去 5 年，城镇化率平均每年提高 1.2%，8000 万农村居民成为了城镇居民。城市化也改变了农村面貌，6000 多万农村贫困人口稳定脱贫，贫困发生率从 10.2% 下降到 4% 以下。

从"迁移"类的人口调控演变到"流动—迁移"类的人口调控，中国正在形成一个以居住证制度为基础的人口迁移流动管理框架。从暂住证、居住证到积分落户，意味着外来人口服务有所升级，意味着户籍制度对人口迁移流动的控制进一步放松。首先，从人口管理的角度来看，暂住证突出"外来"的概念，居住证强化"居民"的意识。居住证制度既有户籍制度的人口流动调控的功能，也有从户籍制度中剥离出部分市民权利、将其有条件地赋予外来人口的功能。外来人口对城市的贡献、自身的素质、责任的承担，与其可以获得的公共资源的多寡、落户的概率相关联。其次，虽然积分落户条件多、要求严、门槛高、难度大，但其毕竟在现有基础上，新增了一条可以获得城市户口的渠道。

随着市场经济体制的发展，人口迁移流动的行政管理也日益暴露其弊端。一是人口迁移流动的行政调控并不能确保预期目标的实现。在计划经济体制和高速工业化战略下，资源的初次分配和再分配都长期偏向城市，形成了城乡二元体制和城乡发展严重不均衡。城乡差距的持续和扩大，产生人口从农村向城市迁移的政治经济压力。在资源不断向城市集聚、城乡差别加剧的环境下，限制农村人口向城市迁移的政策是基于政府利益的考虑，对其服从要靠自觉而非市场。由于违反市场规律和个人利益，农村人口只是被动而非积极服从，自发性的人口流动很难杜绝。以上海市为例，无论哪个年代，一直都有不少人没有通过户口迁移的途径而事实上移居到上海。计划经济时代，虽然政府一直采取各种措施减少城市人口，包括动员退休工人、职工家属、社会闲散人口回乡和外地职工留沪家属迁往职工所在地，但数据显示，1953－1967 年的

各个年份的实际人口规模，均突破了政府想要控制的目标。1978－1980年，全国城镇非农业人口增加的指标是56.6万人，但实际增加达到127万人。

二是就目前的现实而言，个人自由迁移的权利、公共资源的均衡分配仍然有很大提升空间。居住证制度与积分落户，都是从行政的角度对户籍含金量高的大城市的人口总量和结构实行严格控制。公开资料显示，很多采用积分制的城市，一年中通过积分制仅开放数千个户口，与符合积分落户条件的申请人数量相比，可谓是杯水车薪；与城市流动人口的总量相比，更是寥寥可数。在外来人口超过800万人的上海市，根据主管积分落户工作的部门"人力资源和社会保障局"官网披露的数据，2018年，有21922人（含随迁亲属9996人）成功通过积分落户。天津市是所有实行积分落户的大城市中落户名额最多的，但每年的落户指标被控制在不超过2万个，仅占外来人口总量的0.4%。再有，基本公共服务和积分落户并不覆盖城市中的非正规就业人口，而这些人口不仅在城市外来人口中占了一个很大的比重，而且他们提供的服务，覆盖到政府公共服务难以覆盖的地方。在目前政策下，个人享受基本公共服务的资格通过对在政府部门有备案的合法稳定就业年限、合法稳定居住年限、纳税年限、缴纳社会保障年限等基本要素的分数累积的形式确定。尽管非正规就业人口的存在对于城市发展有积极意义，但城市显然并不愿意动用自身的公共资源接纳他们。

三是人口迁移流动行政管理导致城市化滞后。目前我国存在两组城市化水平。2018年底，按城镇常住人口计算的城市化率为59.58%，按城镇户籍人口计算的城市化率只有43.37%，两者之间的差别持续多年。这两组城市化率的差别，反映的是城市化与市民权之间的鸿沟，也反映出控制城市人口，特别是城市户籍人口增加的政策效果。统计上，城市常住人口包括流动人口。过去40年，我国城市化率（城市常住人口占总人口比重）每年平均增速为1%，但在城市新增加的人口中，持"流动"而非"永久"身份的人口占有相当高的比例。当城市政府在配置基本公共服务资源时，对流动人口的需求考虑仍不充分。

人口迁移流动的现行改革，既带来一些利益分配和社会管理上的新变化，也依然存在着户籍制度中的一些饱受诟病的局限。虽然在基本公共服务的提供上有一些新的举措，但仍然继承着户籍制度对人口流动管理的计划经济思维，在控制城市人口总量的同时，一方面，按照政府利益和计划指标引入一部分城市发展所需的人口；另一方面，向大部分外来人口设置不同的市民权限制。在严格意义上，并没有从根本上淡化户籍制度对基本公共服务享受资格的阶层划分和权利的差序格局，还没有提供实现自由迁徙的终极可能。居住证制度与常住户口"连线"，在某种程度上提高了阶层流动的可能性，但聚集了众多优质资源的大城市极为有限的常住户口开放程度，又反映出政府扩大基本公共服务范围的进步速度低于民众预期的进度。

中华人民共和国成立以来，人口迁移流动对解决"人民群众物质文化需要与落后生产力之间的矛盾"做出了积极贡献。破解"人民群众对美好生活需要与发展不平衡、不充分之间的矛盾",需要正视人口迁移流动产生的问题。新时代对未来人口迁移流动的行政管理提出如下要求:一是从"迁移"到"流动",需要针对人口的流动性促进经济增长与公平两者之间的合理平衡;二是工业化程度和城镇化水平步入中后期发展阶段,新型城镇化效应的释放需要公共财政改革和社会管理创新;三是"坚持以人民为中心",强调"不断促进人的全面发展、全体人民共同富裕",不仅要促进物质福利需求的增长,还需要利民为本的人口流动政策安排。总体而言,深化人口迁移流动管理的改革,需要正确处理经济增长与公平两者之间的平衡,以"治理"思维取代此前的"管理"思维,构建更具包容性、利民为本的人口迁移流动治理体系。

第二部分　新中国的人口发展和人口政策

1949 年以来人口发展的历史变化和主要特点

任 远[①]

一、人口发展的三个阶段

从 1949 年到现在，我国大陆人口从 5 亿人左右，增长到 2018 年的 13.95 亿人。不过，1949 年的人口究竟是多少呢？这实际上也是一个历史公案。由于在战争期间缺乏细致的人口普查，长期以来我们一直都说，中华人民共和国成立之初有四万万五千万同胞，是 4.5 亿人。但是实际上经过 1953 年第一次人口普查的推算，当时的人口其实是 5.4 亿人，比我们想象的要多一点。这也在一定程度上说明了在中华人民共和国成立之后的若干年内，对于国家的人口数量实际上是没有一个准确的估计和判断的，宏观决策对于人口变动也没有什么干预性的政策。随着现代国家人口普查制度更加完善，国民经济和社会发展的整体管理更加细致，人口发展和政策有条件得到展开。

1949 年以来，我国人口维持增长态势。在 20 世纪 80 年代后期以后，我国人口增长的速度开始逐步放缓，但是总人口数仍然在增长。从 1953 年的 5.8 亿人增加到 2018 年的约 14 亿人，另外，港澳台地区的人口有 3000 万左右（如图 1 所示）。

对我国 70 年来的人口变动，如果作一个整体的观察，能够很好地用人口转变来加以归纳。中国实际上是完成了标准意义上的从"高出生率、高死亡率"到稳定的"低出生率、低死亡率"的人口转变。这固然是由于人口转变具有的相当大的客观规律性，同时人口转变的这一理论在 20 世纪 60 年代、70 年代以后进入中国以后，也

---

① 任远，复旦大学社会发展与公共政策学院教授，博士生导师。教育部新世纪人才（2012 年）。曾担任复旦大学人口研究所副所长等。受聘为上海市人口与发展专家咨询委员会委员等。美国布朗大学富布赖特访问学者（2015–2016 年）。研究领域聚焦于人口发展和城镇化相关联的社会问题和政策研究。近年来完成的著作包括《未来的城镇化道路》（2017 年）、《后人口转变》（2016 年）等。

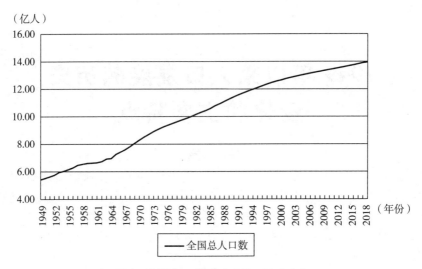

图1　中国人口变动（1949－2018年）

事实上成为主导中国人口发展和人口政策实践的基础理论，形成了理论推动的人口转变实践。因此，在20世纪70年代以后，宏观的人口政策重视降低生育率和促进中国的人口转变。所以在这样的人口变动的内在规律和有意识地促进人口转变的人口政策的共同作用之下，中国70年的人口发展变化表现出了非常标准的人口转变（如图2所示）。

图2反映了70年的人口出生率、死亡率和自然增长率，人口的出生率减去死亡率就是人口的自然增长率。我们可以看到，在1959－1961年，人口发生了巨大的波动。可以看到，三年困难时期对中国的人口发展产生了剧烈的影响，在人口发展历史上形成了一个非常强烈的波动。对于这一波动有比较多的研究，以至于它成为社会的热点。三年困难时期，中国究竟死亡了多少人口？对这个问题，不同学者有不同的研究结果，无论是国内还是国际的学者都有非常多的专门论述，有的认为是1700万人（蒋正华，1986；1988），寇尔认为比较高，达到了2700万人（Coale，1984），还有一些学者甚至认为更高，是3400万人，曹树基（2005）的研究利用了一个人口平衡公式，推算出中国的死亡人口是3200万人，甚至还有人认为是4000万人。这样的一些研究结果非常之多，但是基于中国的统计部门看法，而且根据多种研究综合来看，我们可以基本判断三年困难时期中国非正常死亡的人口大约是1700万～1800万人。三年困难时期还带来出生数量减少，大约是1700万人。我们可以看到出生率也显著地下降了。基本可以认为，三年困难时期的非正常死亡的人口大约是1700万～1800万人，另外一些现实的情况是，由于饥荒带来了出生的减少，而减少的出生很快地在灾害以后，通过补偿性的生育出现了生育的增长，1962－1975年出现人口高出生的时期。

为了避免1959－1961年三年困难时期的人口波动性对研究人口历史变动的妨碍，我们去掉这几个数值，基本上可以看到1949年以来的人口变动，可以分为三个时期（如图3所示）。

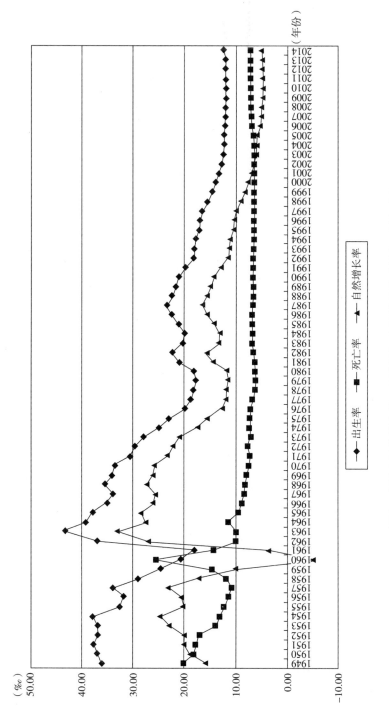

图 2 中国人口的出生率、死亡率和自然增长率（1949 - 2014 年）

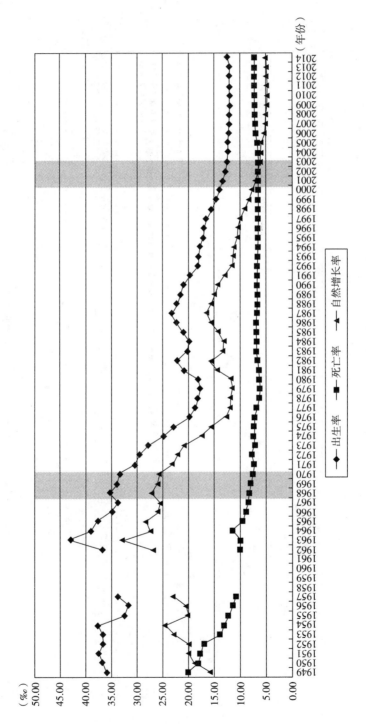

图 3 中国人口转变的历史分期（1949－2014 年）

二、死亡率下降驱动的人口转变

20 世纪 70 年代似乎构成了中国人口变动的一个重要的关节点。我们可以看到，在这个时期之前，死亡率有着明显的下降，但是出生率的水平却维持在 30‰~40‰ 的高位。在 20 世纪 70 年代以前，人口的总和生育率基本维持在 5 和 6 的水平，而人口的死亡率则从 20‰下降到了 10‰以下。这也构成了第一个时期的人口转变：由于死亡率的下降所带来的人口转变，构成了标准意义上的人口转变的第一个时期。

我们应该认识到，中国的人口转变并不是从 1949 年开始，班尼斯特等（2004）提出，实际上在 20 世纪的前期，也就是中华民国时期，死亡率的下降就已经表现得非常明显。中国的人口转变是在 20 世纪之初就开始进行的。而那时由于战时的死亡率相对较高，使得战后的死亡率转变表现得更为明显，并且由于战后的人口数据相对完善，使得我们观察这 70 年的人口数据往往更为系统。

在人口转变的第一个时期，主要是由于死亡率的下降带来的人口变动。由于出生率水平维持在较高的水平，死亡率不断地下降，带来了人口在这一时期的快速增长。通过人口出生率减去人口死亡率，可以看到人口自然增长率的快速提高，人口出现快速膨胀，乃至于人口爆炸的结果。这样的结果引起了社会相应的担心。例如，在 1958 年时，马寅初已经开始重视到人口快速增长对经济发展的压力，但是这样的担心并没有引起国家政策的足够重视。一方面是对于人口与发展的规律本身认识得并不透彻，而且将人口问题政治意识形态化也限制了对这个问题的解决。另一方面是在 20 世纪 70 年代，至少在 60 年代以前，国家对于人口的生育控制基本上也没有什么良好的办法。因为缺乏现代避孕节育技术，在这种情况下，虽然在 20 世纪 50 年代后期时，毛泽东也提出了计划生育的最初想法，国家成立了计划生育办公室，但是基本上对于人口本身的直接控制是无能为力的，因为并没有足够的技术手段进行控制。而且如梁中堂（2014）所说，虽然最初的计划生育概念是毛泽东提出的，但是毛泽东却并没有把这样的想法落于实践。因为作为具有相对较强的人民群众意识形态的领袖，他对于对人口加以管控的一个想法，事实上在心底里是觉得难以实施的。

第一个时期的人口转变是以死亡率的下降为代表的中国人口变动，在这样的背景下，中国人口的快速增长对经济发展构成了非常尖锐的挑战。这样的尖锐挑战表现得如此突出，实际上才是三年困难时期的实质。三年困难时期实际上不是简单的三年自然灾害，三年困难时期在一定程度上是由于人口和经济发展的严重不平衡造成的。由于三年生产力水平的极其低下，使得经济增长没有办法支持快速增长的人口。主要表现在粮食生产的水平不足以支撑人口的增长，因此，带来了粮食生产量根本上的较低，是三年困难时期的最根本原因。另外，由于中苏的交恶，或者说由于工业化占用农业余粮等一些看法，实际上都可以作为一个侧面的注脚，人口与发展的根本困难是粮食生产能力不够。粮食生产能力不够和人口快速增长之间的矛盾表现得如此之尖锐，以至于到了 20 世纪 60 年代后期、70 年代最初时期，对于人口必须要采取非常紧急的处置措施，才能够应对中国发展所面临的客观危险。

三、生育率下降驱动的人口转变

20 世纪 70 年代之前是中国人口转变的第一个阶段，它还是一个以死亡率下降为代表的中国人口格局的变化。而到了 70 年代之后，死亡率已经到了较低的水平，中国人口则表现出生育率水平的快速下降，它极大地改变了中国人口的基本国情，改变了中国人口的基本面貌。我们可以看到出生率水平很快从 30‰下降到 20 世纪 80 年代的 20‰，以及 2000 年的 10‰左右。如果看人口的总和生育率，可以看到 70 年代的人口总和生育率是 5～6，意味着一个妇女一生中生育五个到六个孩子；到了 90 年代初期，1992 年左右，人口的总和生育率就已经下降到 2.1，达到了更替水平以下，并且继续保持较低的水平；到了 2000 年以后，虽然对人口的总和生育率数据有着不同的看法，但是普遍认为已经降到了低生育率的状态（如图 4 所示）。

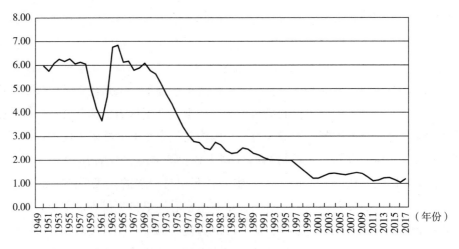

图 4　我国总和生育率的下降

资料来源：根据国家统计局历年总和生育率数值绘制。

在 1970－2000 年，人口的转变是非常剧烈的。人口生育率快速地下降，形成了快速的人口转变和超前的人口转变。这两个词是我在 2004 年的一篇文章中，对于中国人口转变的一个总结（任远，2004）。所谓超前的人口转变，就是说中国的人口转变相对于世界平均的社会发展水平，事实上转变是更快的，而且是更早的。中国的生育率水平相对于世界平均的经济发展水平，生育率的水平是更低的。虽然社会经济发展总是会降低生育率，但是中国生育率水平的下降似乎比经济发展的作用更快。

这当然可以理解为计划生育的有效率的实施，对于中国生育率下降的贡献是显著的。陈卫（2008）的研究提出在 20 世纪 90 年代之前，计划生育的行政管控对于生育率下降发挥主要作用。而在 90 年代之后，中国的生育率下降，其中一半是由于社会经济发展，一半是由于行政性的计划生育。

计划生育作为人口政策的一个工具，它在相当大程度上获得了巨大赞扬。因为中国从极端的人口与发展不平衡的状态，转变到了一个良好的人口与发展相协调的环境。计划生育作为一个基本国策，在 20 世纪 80 年代被写入宪法，被认为支持了中国的人口转变，具有重要的历史贡献。当然在现在，对于计划生育有着日益增长的批评。在 2000 年，从中央到地方对于计划生育基本国策总体有着相当的共识。一个常用的说法中国由于实行了计划生育，所以少生了 4 亿人口，对于国家发展有极大的贡献。这个 4 亿人口显然是过分夸大了，但是我们仍然要相信历史地来看计划生育政策，有着它的积极作用。

自 20 世纪 70 年代以来，计划生育政策其实是采用不同的方式执行的。70 年代时采取的是"晚、稀、少"的生育政策，也就是说采用的是一种非强制的方式，生育得晚一点，生育间隔长一点以及生育得少一点，从而来降低生育率。70 年代生育率的快速下降，表现得非常明显，以至于现在人们评价 70 年代的生育政策事实上可能比 80 年代的生育政策更为有效、更为合理，认为行政强迫的生育政策，并不一定是最优的。人们普遍怀念良好的、没有民众抗议、没有公众意愿反弹的"晚、稀、少"的计划生育政策的实施。

20 世纪 80 年代以后计划生育的实施为什么会采取非常严苛的、强迫性的生育政策，也有非常多的解释。其实是对于高生育率和高人口增长的国情，使执政者非常担心。以及对于理想的中国人口数量的研究和规划，实际上塑造了中国的人口政策。正如梁中堂非常强烈地批评由于信任一些"科学的"分析，认为中国要在 2000 年左右把人口控制在 12 亿人以下，需要将中国人口的生育率水平下降到极低的水平，这样的极低的水平只有通过严格的一孩化才能实现。因此，中国政府采取了严格的"科学决策"，即用科学来指导国家的发展，基于这样的科学主义的盛行，确定了非常严格的人口政策。

但是无论如何，对于 20 世纪 70 年代以来的计划生育制度和提倡一孩的政策，应该进行历史的评价，一方面应认识其必要性，另一方面也应认识其局限性。我与当前部分的对于计划生育的"批评派"的观点还是有一定的不同，我认为还是应该历史地来看待这一政策，它对于中国的人口与发展的平衡是有积极作用的。对于"什么是计划生育"这个问题，事实上不少人的理解是有偏差或是错误的。我们现在理解的计划生育，是对于生育进行行政干预的计划措施，事实上这并不是计划生育本来的意义。当然很多政策执行者是这样理解计划生育的。但是计划生育从最初 20 世纪 60 年代在中国落地，其接续的东西是家庭计划（Family Planning），就是说对家庭生育的一个公共政策，这是从 20 世纪初以来，在世界上形成的一个社会运动。在这个意义上，只能说中国的计划生育是有中国特色的家庭计划而已。如果从这个角度来理解中国的计划生育，它是世界上成功的 Family Planning，由于有了家庭计划，妇女的地位提高了、妇女的健康增加了。这里我们可能就会想到林巧稚，林巧稚是协和医院妇科的医生，她也跟马寅初一样，非常强调对于生育的控制和避孕节育。她的出发点就是计划生育事实上是保护妇女的，是基于家庭夫妇具体需求的。确实我们可以看到计划生育的实施，对于妇女的健康，对妇女地位的提高是有极大作用的。如果没有计划生育，中国妇女的地位可能就不会像现在这样高。这样从计划生育发展历史来进行理解，它仍然是非常重要和非常有价值的。

最近国家对计划生育的名称进行改革，改为卫生与健康委员会，而且取消了所有计划生育的部门，当然计划生育工作的内容仍然是分解到计划生育协会以及卫健委的职能厅局。但是我们其实也需要担心在把"计划生育"这个概念扔掉时，可能也把 Family Planning 的积极成分丢失了，即把污水泼掉时，把污水中的孩子也一块泼掉。计划生育在中国形成中国的特色是与 20 世纪 60 年代缺乏社会经济发展的市场机制相联系的，但随着社会经济制度环境的变化，计划生育的实施手段、服务方式应该变化，对于生育行为、间隔和实施的公共服务实际上仍然是需要的，也就是计划生育需要通过改革走向新生。

回到 20 世纪 80 年代。80 年代以来的中国的人口变动，一直到 90 年代，它体现为人口生育率下降所推动的人口转变。在 90 年代，生育水平已经下降到人口的更替水平以下，人口的总和生育率下降到低生育率的水平。普遍认为到 2000 年左右，中国基本完成了人口转变。当时有几篇文章开始讨论这个人口转变，李建民（2000）较早地写了一篇文章，就是讨论后人口转变的。对于后人口转变，我们可以有两种意义的理解，一种是当人口转变之后，就是 Post Demographic Transition；还有一种就是后期的人口转变，即人口转变的最后一个时期。无论怎么样来理解这件事情，普遍认为在 2000 年以后，我国人口发展完成人口转变，进入了一个新的阶段。从 2000 年以后一直到现在，基本上都是在完成了人口转变之后的中国人口变化。

在完成人口转变之后，事实上在最近的这两个十年来，人口变动仍然发生着极大的变化。这样的变化就是人口的生育率水平维持在较低的水平，甚至低到了令人担心的程度。生育政策也在 2013 年和 2015 年底分别作了"单独二孩"和"全面二孩"的调整。人口转变之后的人口问题，出现了一些更复杂的局面。生育率的问题、老龄化的问题，以及日益增长的人口迁移的问题，使得当前的人口发展的面貌表现出了多样性、多元性，面临的挑战也更为尖锐。

简单地来看，对于中国人口变动的历史，我们可以基于人口转变的框架分为三个阶段，时间节点分别是 1970 年、2000 年。在 2000 年以后，我们的人口转变是完成了，但是我们的生育政策是在 2013 年底和 2015 年底时才进行相应的调整，而且调整非常的谨慎，人口政策的调整还没有完全到位。客观地加以判断，在 2000 年到 2010 年，我国的人口政策调整其实是缓慢的，而且是滞后于人口转变的。人口政策调整的滞后，有多种多样的原因，其中一种原因就是对于中国人口数据存在着相当大的争论。当然这体现专业的人口分析很重要。对于中国 2000 年以来的生育水平究竟是多少？"单独二孩""全面二孩"以后我国生育水平的真实情况如何？一群学者在这中间不停地进行争论，使得政府自我解释说不知道人口生育率水平究竟是多少。这可能是人口政策调整缓慢的一个原因。但是不管什么原因，2000 年以后我国人口政策调整过缓，现在来看其带来了一些不利的影响。

四、人口发展的基本特点

最近 20 年来的人口表现出了更加复杂的特征：老龄化问题日益严重，人口迁移和流动问题已经成为影响人口变动的主体，同时生育率非常低，出现进入"低生育率陷阱"的危险。这些都是值得关注的。

1. 一系列的转变

如果我们进一步来看中国人口的变化，历次的人口普查实际上勾勒出了人口转变的基本过程。这样的人口变动，如果我们把它解开来看，其实包括了一系列的转变。例如，生育率的转变，生育率的水平从 6 和 7 左右，在 20 世纪 70 年代以后开始快速下降，到现在的 1.6 左右。最近的统计数据表明，这一时期的总和生育率是 1.04，中国人民大学调整计算了人口的总和生育率在 1.5 ~ 1.6 之间左右。

生育率的转变是人口转变的一个侧面，人口转变同时包括家庭结构的转变。随着人口的低生育率，家庭的规模也在逐步地缩小。按照第六次人口普查，每个家庭户的规模基本上也只有三个人左右（如图 5 所示）。

与生育率下降相关联，家庭规模发生转变，死亡率也发生转变。死亡率在 20 世纪 70 年代之前转变得更快，20 世纪 70 年代以后死亡率已经到了极低的水平。死亡率的函数表明预期寿命的提高。我们也可以看到从中华人民共和国成立到 1965 年左右，女性的预期寿命从 46 岁增加到了 65 岁。预期寿命的提高其实是非常迅速的。在 70 年代之前的预期寿命提高和死亡率的下降，其实是受到了公共健康卫生体系发展的

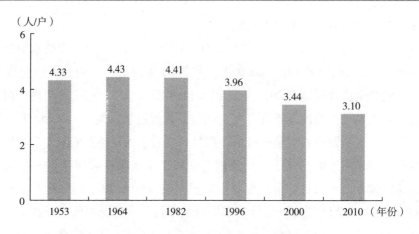

图5 我国家庭户平均规模的变化

影响。也就是人们通常所说的赤脚医生，深入到农村基层的公共健康体系，它事实上对于死亡率的下降和预期寿命的提高发挥了积极的作用。另外则是溺婴现象逐步减少，事实上也降低了死亡率，提高了人口的预期寿命。当然战争之后的和平，也是预期寿命提高的最主要原因之一。在1965年以后，预期寿命相对稳定的增长。班尼斯特等提出90年代以后的市场化，对于公共医疗健康体系带来了不利的影响，但是他们的研究也同时说明经济发展的进步，对于健康的促进，抵消了健康公共体系的退步（Banister and Hill，2004）。它带来良好的支持，使得预期寿命仍然在继续增长，死亡率仍然在继续下降。

死亡率的转变是人口转变的一个侧面。人口的年龄结构也在发生转变，由于生育率下降和死亡率下降带来年龄结构的变动。死亡率率先下降和生育率随后下降，这样的年龄结构的变动带来了少年儿童比重的下降，以及带来70年代以后的老年人口比重的上升。这样的年龄结构的变化，使得人口金字塔出现了从1953年到2010年逐步向上的移动，带来了日益增长的老龄化和日益减少的少年儿童人口的比重，少年儿童比重下降，老龄化比重上升。

我们也可以看到人口的平均年龄在提高，整个社会人口老龄化的程度在不断加深。更主要的是在人口年龄结构上，表现出不仅老龄化程度在加深，而且老龄化的速度也是很快的。从20世纪70年代到21世纪50年代，我国老龄化程度的年增长率都快于世界的平均水平，使我国老龄化问题表现出更快的老龄化。人口年龄结构也表现出了人口抚养比的上升，人口抚养比的上升是人口红利逐渐减弱的直观表现（如图6所示）。

人口转变的另外一个特点则是人口素质的提高。因为生育率的下降往往是与教育水平的提高相联系的，而且死亡率的下降带来预期寿命的提高，这些是人口素质的提高。因此，人口素质的提高构成中华人民共和国成立以后人口转变积极的侧面。而且我们可以看到，中国的人口素质和教育程度的提高是如此的明显，已经远远好于印度

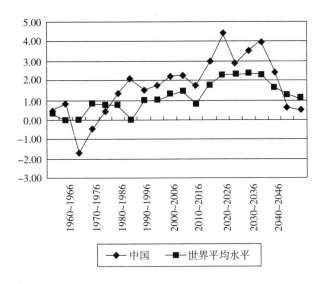

图6　中国的老龄化速度比世界更快

资料来源：根据联合国人口部门（2008）对于人口趋势预测数据计算绘制。

等发展中国家。恰恰是人口素质的进步，支持了相对有质量的劳动力，是中国经济发展很重要的原因。正如别人对中国发展奇迹的赞叹，世界上没有一个国家像中国的劳动力这样努力，没有像中国的劳动力这样低的工资，而且劳动者的基本素质是如此之好。因此，在这种情况下，中国经济的增长是不用怀疑的，至少到目前为止（如图7、图8所示）。

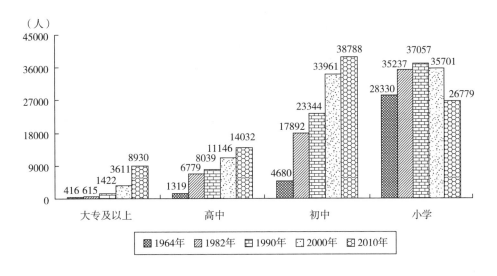

图7　每十万人口不同教育程度人口数的变化

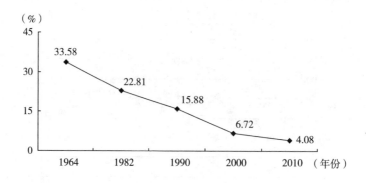

图8　历次普查人口文盲率的变化

作为人口转变的另一个方面，是人口的迁移。因为不同地区的人口死亡率和城乡不同地区人口的死亡率和生育率的差别，推动了不同地区不同人口转变，因此，带动了迁移，而且带动了城镇化。人口迁移，某种意义上是内生于人口转变的过程中。我们可以看到中国的城镇化在 20 世纪 80 年代以后快速增长，从 20% 增加到现在的 58.5%。这样的人口转变带来了从乡土社会进入到城市社会，中国的城市人口已经超过农村人口，如图 9 所示。随着农村剩余劳动力在现有的农业劳动生产率下已经基本吸纳完成，人口迁移流动也在发生转变，进入 2010 年以来，我国人口迁移出现从乡城迁移到城城迁移的转变，人口迁移流动的空间方向也随着不同人口地区的人口年龄结构变化、不同地区的社会经济发展机会的变化而变化，带来城镇化发展的空间格局的变化。

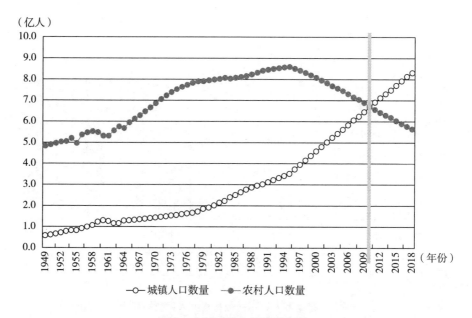

图9　中国城镇化的发展态势

生育率的转变、死亡率的转变、家庭转变、流行病转变以及迁移流动的转变等构成了中华人民共和国成立 70 年以来的人口发展变化。

2. 人口发展的特点

如果我们看 1949 年以来人口的变动，总结一些基本的特点，我认为第一个特点是人口的波动性。70 年以来的人口变化，表现出了很强的人口的波动性。不仅人口总量是波动的，而且每一年的出生人口数也存在着波动性。以出生 2000 万人口为衡量标准的话，从 1962 - 1975 年，事实上有第一次的人口出生高峰；从 1984 - 1996 年，这十年间出现了第二次人口出生高峰。第二次人口出生高峰显然受到第一次人口出生高峰的推移性的影响。因为第一次人口出生高峰的育龄妇女到了育龄阶段，往往会带来第二次人口出生高峰。但是也看到第二次人口出生高峰比第一次人口出生高峰的峰值更低了。预想中的第三次人口出生高峰事实上并没有出现。即使是到现在，人口的年出生数量也就在 1650 万人到 1700 万人。因此，人口的波动性在减少。但是人口的波动性在历史上是非常显著存在的。人口波动性事实上是理解中国人口变化的一个基础。我曾经说过中国的一些巨大的社会和经济变迁，事实上是可以从人口的波动性中间找到根源。例如，上山下乡，再如，教育的扩招。为什么 2002 年教育开始扩招，这是由于 1984 年以后的出生高峰，他们到了 2002 年 18 岁开始进入大学，于是为了这个第二波人口出生高峰，就会引致教育扩招。实际上，教育的扩招并不是代表现在学生的知识水平提高了，有更多的人上了大学。其实只不过是国家为了避免适龄学生因为上不了大学和无法就业，因此，扩大了大学这样的一个机构来作为一个托儿所一样的地方把学生放在这里，当然这显然是大学教育的悲衷，但是"扩招现象"背后有着人口学的根源（如图 10 所示）。

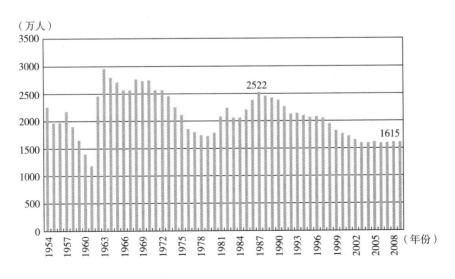

图 10　出生人口的波动性（1954 - 2008 年）

人口变动的第二个特点是非常明显的人口的不均衡性。中国是一个幅员辽阔的国家，出生率、死亡率、迁移率存在非常显著的不均衡性，同时，正如胡焕庸线揭露的一样，中国的人口密度也存在空间不均衡。人口的出生率、死亡率是非常不平衡的，因此，人口自然增长率也并不平衡。在西部地区人口自然增长率更高一点，而东部地区的一些城市，如上海，从 1992 年以后，已经出现了 15 年的人口自然负增长。总和生育率对于国家来说也是不均衡的，老年人口比重、出生性别比都是不均衡的。中国总体的出生性别比日益增长，在中部地区甚至达到了非常极端的 130 以上的高度。这样的一些不均衡还包括，迁移是不均衡的，城镇化率是不均衡的，老龄化程度和变化速度也是不均衡的，整个不均衡性构成了 70 年来人口变动的第二个特点。但是我们也可以看到人口不均衡性总体上是在降低的。例如，虽然中国的预期寿命是不平衡的，但是各个省份之间的预期寿命的不平衡性是降低的。人口的生育率是不均衡的，但是不同省份之间的总和生育率的差额事实上也是在减少的。

这是我们对于 70 年的一个基本观察。如果我们做一个基本总结，即从 1949 年进入 21 世纪以来，我国的人口发展完成了人口转变，也就是说从高出生、高死亡的阶段，进入到了稳定的低出生、低死亡的水平。人口总量还在增长，但是人口的增长速度开始减慢。人口的年龄结构变动的少年儿童比重、劳动适龄人口比重、老年人口比重也出现了分阶段的变化。而且整个人口转变，包括了与人口相关联的整个人口过程、人口结构和空间分布的整体转变。在人口转变完成以后，生育死亡都表现出一些新的特点，人口的迁移流动已经成为当前影响我国人口发展最重要的人口过程。生育率已经非常低，死亡率也非常低，人口的变动越来越受到人口迁移流动的影响。当然这并不意味着出生跟死亡就没有什么东西来研究了，但是显然人口迁移流动是更为重要的人口过程。

20 世纪 60－70 年代人口的总量对于国家发展是至关重要的，而且影响非常巨大，人口的结构性因素（即老龄化或者是结构性的不平衡）对于中国发展的影响会更为突出，并且人口素质相对于人口数量，对于中国发展问题的影响也更加显著。

中华人民共和国成立以来人口发展还表现出显著的人口波动性，但是人口的波动性在减少；人口发展也表现出显著的不均衡性，这种不均衡性也在减少，当然这是非常积极的现象。同时我们也可以发现，制度因素对于中国的人口发展具有很强烈的影响。国家的人口政策和制度，在一个强政府的社会中，无论是对生育行为发生影响的计划生育，还是与死亡相联系的公共健康体系，以及与迁移相联系的户籍制度，这些制度对于中国的人口发展具有更加强烈的而且持续的影响。

五、中国人口的未来变动

如果我们看一下当前的人口数据，可以看到中国的人口是 13.9 亿人，人口的出生数是 1723 万人，实际上 2017 年的出生人口数甚至比 2016 年还更低一点，因为在 2016 年是 1780 万人左右。这样的人口出生水平，远远低于最初的设想——认为在"单独二孩"和"全面二孩"之后，会使出生人口有着较大增长，实际情况是并没有出现这样的人口出生的反弹。当时对于人口出生补偿性的反弹，有一些研究团队甚至有极端的估计，认为在"全面单独二孩"和"全面二孩"之后，每年会增加 4000 万的人口出生数。当然现在现实已经证明了，这样的预测其实是错误的。在 2014 年"单独二孩"之后，我也写过一篇文章做了预测，现实证明我对新增出生人口数的预测相对是准确的（任远，2014）。

中国当前的人口出生性别比从 2009 年后开始下降，现在已经到了 113.5 的水平。从 2009 年到现在已经连续九年下降，但是出生性别比仍然还是偏高的，而且我们可以看到在有些地区的出生性别比还是很高的。

就城镇化的水平，当前城镇的人口已经超过了农村的人口，占到了 58.5%。它固然反映了城镇化的发展速度，但是我们也可以看到城市化内部有部分人口，事实上并没有充分彻底地城镇化，流动人口相当大程度上被排斥在城市体系之外。现在大量流动人口的数量是 2.44 亿人。如果对于流动人口进行观测，最近几年，我们可以看到全国的流动人口数量保持稳定，甚至有着略微的下降。这略微的下降意味着劳动力市场发生着一些变化，值得我们进一步观察和研究。流动人口总量的下降，伴随着中部地区和西部地区的跨省迁移率的下降，也就是说，中部和西部地区的劳动力更少地向东部地区转移。但是也可以看到我国的城镇化水平继续增长，这也就是说城镇化的增长主要是中部地区和西部地区的人口在本省内的人口迁移率提高，向省内城市人口集中的结果。人口的回流迁移现象表现出更大的规模。同时，在人口转变过程中，我国少年儿童的比重还在下降，老年人口的比重还在提高。这些延续着进入 21 世纪的后人口转变，是我们看到当前的人口的基本状况。

1. 人口总量的预测

关于对未来的人口进行预测，实际上任何预测都是相当不准确的，而且预测未来的人口就像预测未来的股票市场一样，从来没有准确过。当然人口学家可能可以骄傲地说，对于人口的预测比预测股票市场显然是要准确得多。正是由于社会经济体系的复杂性，预测从来都是一个很难完成的工作。人口预测很大程度上是基于人口过程的一些基本变动率对未来的发展判断。由于社会经济因素和人口过程的复杂性和不确定性，未来的中国人口变动，它有着相当的不确定性。对于未来的人口是 17 亿人还是6 亿人，其实在 2100 年都有可能出现。当然利用奥地利应用系统研究所的概率预测方法，我们可以相对有更大的概率来认为可能会出现一个什么样的结果。根据联合国的人口预测，基本可以认为我国人口在 2050 年左右会下降到 13 亿人。当前中国的人口仍然会继续增长，基本上在 2025－2030 年左右会达到顶峰，这个顶峰的数值是14.25 亿人左右；以后人口会持续下降，基本上到 2050 年会下降到 13 亿人，到 2100年下降到 10 亿人左右。印度的人口在 2020 年左右就会超过中国，而且印度的人口会继续上涨，将会在 21 世纪中叶以后达到 17 亿人左右的高峰，然后再开始下降（如图11 所示）。

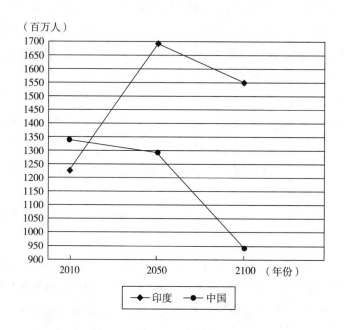

图 11　中国和印度的人口变动展望（2000－2100 年）

资料来源：转引自联合国人口展望（2010）。

　　固然对于未来的人口预测具有相当的不确定性，因为人口过程受到诸多社会经济因素的影响，但是仍然有相当大的把握可以认为，近一二十年内的人口预测仍然是比较可靠的。因为最近一二十年内的人口发展，本身是现有人口的推移的结果，也就是说现在的 10 岁组的人口，事实上就决定了 2030 年左右的 20 多岁的人口组的人口。因此，在人口发展的近期预测上具有相当大的确定性。

　　对我国未来的人口变动开展预测，可以看到中国人口变动面临着一个非常显著的转折。在整个世界历史上，从公元零年到目前为止，整个中国以及整个东亚社会，从来都是世界上人口密度最高的地区。在公元零年的时候，整个世界的人口是 2 亿人，而中国的人口基本上是 3000 万人左右。中国在长期历史上保持着 6000 万人到 1 亿人。这实际上也就是说，中国一直是世界上人口密度最高的国家和地区。这倒也并不是因为中国地大物博，而是实际上在整个人类史上，在最近的数千年来，东亚和中国就是人口最密集的地区。

但是基于对未来人口变动的预测，我们可以看到，2025－2030 年，中国人口将会转头向下，极端的估计将会下降到 6 亿人。当然我们觉得这个估计可能过于耸人听闻。如果按照联合国预测，中国人口会达到 10 亿人，到了 2100 年时，整个世界的人口基本上是 100 亿人，中国的人口就占世界的 10%。发生这样的转折，固然我们依旧要强调人口预测是有相当大的不确定性，但是仍然可以看到中国的人口格局的变动，在未来 100 年中会发生显著的变化。这个转折是在整个中国数千年历史上都没有出现的一个新的情况，它必然会引发出 21 世纪的中国人口和以前完全不一样的一系列的特征和变化（如图 12 所示）。

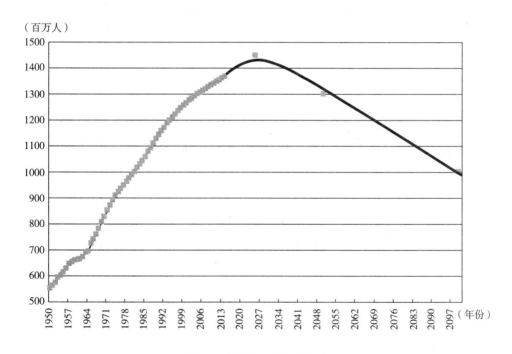

图 12　中国人口变动的概览

2. 人口结构的预测

中国的人口年龄结构在未来的 50 年和 100 年中会进一步老龄化并很快将进入老龄社会。我们会看到少年儿童的比重仍然会继续下降，而老龄化的比重会继续增长。15－64 岁的劳动年龄人口的比重将会下降（如图 13 所示）。

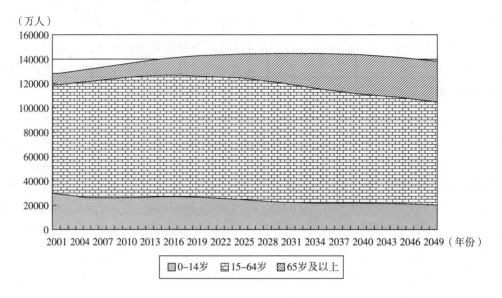

图 13　人口年龄结构的未来变化

　　年龄结构的变化将会使中国未来出现劳动年龄人口比重日益下降的情况。这种下降事实上从 2010 年到 2011 年就已经开始发生，15－69 岁的人口（按照现有的退休制度的劳动适龄人口和劳动适龄人口总量），从 2011 年以后已经开始下降。即使是按照 65 岁的口径来看，劳动适龄人口的比重也已经开始下降（如图 14 所示）。

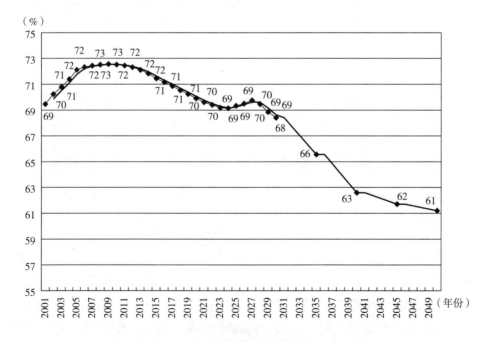

图 14　劳动力总量和结构的未来变化

但是基于劳动力人口比重的下降而担心未来的中国劳动力不足，实际上也是一种杞人忧天，是一个不必要的担心。因为实际上我们可以看到人口总量的下降即使是到 2030 年以后，开始下降得更快一点，但是在 2030 年之前，总人口的 70% 以上仍然是劳动力。这意味着在 13 亿人的总人口之上，未来中国仍然有着 10 亿左右的劳动力。即使是到了 2050 年，13 亿人的 60% 的人口仍然是有 7 亿以上的劳动力。如果有 7 亿~10 亿左右的劳动力，无论怎么来说，认为劳动力出现短缺这未必是说得过去的。因为即使是现在的美国，总人口就是 3 亿人，也就是 2 亿多的劳动力。因此，中国未来确实是出现了劳动适龄人口比重的下降，但是认为劳动适龄人口比重下降到了劳动力不足的局面，我觉得这样的判断未必客观。

未来的人口变化也会出现持续的老龄化。老龄化的增长实际上是不可避免的。我已经多次说明了这样的观点，认为希望扭转老龄化，这是一个太天真的想象，而且我并不觉得老龄化水平下降是好的事情，因为老龄化的提高实际意味着社会进步，意味着人的死亡率下降和活得更长。因此，这个社会如果出现老龄化，其实是不用担心，而且应该为之欢呼的，老龄化代表的是经济与社会的进步。所谓的希望提高人口生育率来降低老龄化的想法，作用是微乎其微的。研究也说明，即使是按照"全面二孩"的办法希望让生育率提高一点，2050 年的中国 60 岁以上老年人口的比重可能也仅仅下降 3%。如果我们考虑当"全面二孩"政策实施以后，事实上总和生育率仍然是达不到 2 的水平，那么，到了 2050 年的老龄化水平可能还下降不到 3%。也就是说，老龄化的趋势实际上是不可避免的，而且老年人口中的高龄人口的比重也会增长。在相当大程度上我们很难扭转老龄化，而需要准备的是如何来适应人口老龄化过程，建设我们未来老龄社会的生活形态（如图 15 所示）。

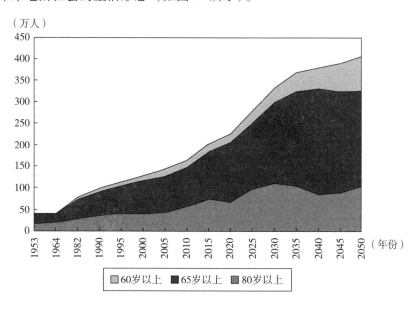

图15 人口老龄化的未来变化

在长期低生育率的判断基础上，少年儿童人口的数量和比重按照预测也会继续下降。现在少年儿童人口的比重在16%，少年儿童人口比重总体上会下降到12%左右。这意味着从当前开始要尤其重视少年儿童的教育促进，毕竟教育是提高未来一代劳动者劳动生产率的关键因素。

3. 人口城镇化的预测

根据对未来城镇化的预测，城镇化水平还会继续提高。对城镇化水平的继续提高，是建立在对于发展的信心基础上的。因为实际上城镇化也是发展的结果，发展的水平越高，城镇化水平就会越高。希望出现城镇化水平下降的逆城镇化，实际上是一个过于违反常理的假设。在人类历史上从一个整体国家的尺度来看，出现逆城镇化，其实都是国家经济发展出现不利影响的表现。因此，我们可以有充分的理由相信，只要经济社会在进步，我国的城镇化仍然会继续发展。但是城镇化的水平将会达到多高，不同学者也有不同的预计。例如，世界银行认为，中国的城镇化程度在2020年就会达到80%。这样的想法可能是过于夸张了。但是，我们也有比较大的把握相信未来的城镇化水平在2020－2030年会达到65%左右，这是我主持的另外一个研究项目，也已经发表的一个模拟结果（任远等，2014）。过高估计未来的城镇化水平可能也会引发投资在城乡之间的配置失衡。

人口预测是对未来人口变动的概率性预测，对未来的人口展望未必就成为现实，因为人口预测本身是一个或然性的和不确定性的工作，但是我们仍然有相当的把握认为未来中国的人口将会出现一系列新的转变：人口总量的转变、人口年龄结构的变化、人口迁移的继续转变。我国人口将会从改革开放以来的劳动适龄人口比重日益增长的时期，过渡到一个新的劳动适龄人口比重逐步下降的时期。人口迁移流动的动态性仍会保持较高水平，人口的城镇化的水平将会继续提高，这些都会塑造中国未来的基本人口面貌。

参考文献

［1］曹树基. 1959－1961年中国的人口死亡及其成因［J］. 中国人口科学，2005（1）.

［2］陈卫. 改革开放30年与中国的人口转变［J］. 人口研究，2008（6）.

［3］李建民. 后人口转变论［J］. 人口研究，2000（4）.

［4］梁中堂. 中国计划生育政策史论［M］. 北京：中国发展出版社，2014.

［5］任远，谭静，陈春林等. 人口迁移流动与城镇化发展［M］. 上海：上海人民出版社，2014.

［6］任远. 从降低生育率到稳定低生育率：自然负增长背景下的生育率影响因素及生育管理研究［J］. 市场与人口分析，2004（1）.

［7］任远. 单独二孩实施效果和改革策略［J］. 探索与争鸣，2015（2）.

［8］Banister，Judith，and Kenneth Hill. Mortality in China 1964 – 2000［J］. Population Studies，2004，58（1）：55 – 75.

毛泽东时代的人口政策与人口转变[*]

李建新[①]

历史是不能假设的，因为无法改变或无法重新选择，但历史是值得反思的，因为人们总是希望吸取经验教训把握现在憧憬美好的未来。回顾书写中华人民共和国成立后70年的人口变迁历史，是希望以长远宏大的历史视野，更好地构建我国人口发展战略。如何回看历史，或许苏轼那首名诗会有启发："横看成岭侧成峰，远近高低各不同。不识庐山真面目，只缘身在此山中。"事实上，不同学科角度会看到同一事物的不同面向，而眼界远近的不同则看到了不同景象。后两句也许是"事后诸葛亮"优势的最好注释，"事后诸葛亮"是后来者走出"山中"能看清全貌的优势。历史是什么？英国史学家爱德华·霍列特·卡尔（Edward Hallett Carr，1892 – 1982）在其《历史是什么?》中这样回答："历史是历史学家与历史事实之间连续不断的、互为作用的过程，就是现在与过去之间永无休止的对话。"[②] 对于书写人口历史，"永无休止的对话"也是必然，因为人口现象和人口变迁过程的充分展示为今天学者提供了更多更全的"素材"，这是我们与"过去"不断"对话"的基础，也是后来者的优势。固然对于相同的人口历史已是无法改变的"客观"了，但不同的学者会有不同的认知和解读，甚至可能会有相当的主观成分；所以，从这个意义上讲人口历史又是主观现在和客观过去之间永无休止的对话。作为回顾人口历史，与其说是历史人口学，不如说是人口历史学。历史人口学与人口历史学既紧密相关，又有区别。历史人口学主要集中在获取准确的历史人口信息，为人口历史的研究提供基础。人口历史学不仅关注过去人口变动的过程，而且注重与变动紧密相关的一系列社会、经济、政治、文化和环境因素。[③] 所以本文是一种立足历史人口学的人口历史学视角，以中华人民共和

  ＊ 本文得到北京大学管理科学数据中心智库类课题《我国人口发展战略再思》的研究支持（项目批准号：2018KEY07）。

  ① 李建新，人口学法学博士。北京大学社会学系、社会学人类学研究所教授。主要研究方向为人口学、人口社会学、老龄健康等。著有《转型期中国人口问题》《中国人口结构问题》《中国人口之殇》《中国人太多了吗?》（合著）等。

  ② ［英］爱德华·霍列特·卡尔. 历史是什么［M］. 北京：商务印书馆，2014：115.

  ③ Zhongwei Zhao (2008), Historic Demograthy, in Demography［Ed. Zeng Yi］, in Encyclopedia of Life Support Systems（EOLSS），Development under the Auspices of the UNESCO, Eolss Publishers, Oxford, UK［EB/OL］. http：//www.eloss.net.

国成立之后相对准确而全面的人口统计事实为基础，再回到历史的场景中还原历史事件，描述呈现中华人民共和国成立后 70 年人口政策和人口转变的历史。

一、毛泽东人口论述及其人口思想

全面回顾和把握中华人民共和国成立以后我国人口政策及人口转变历史，必须先从完整地了解毛泽东关于人口的论述及其思想开始，因为这一切深刻地影响了我国人口政策和人口转变过程。而要准确理解毛泽东关于人口的论述及思想，则首先要回到历史巨变的情境之中。毛泽东第一次较系统地论述人口无疑是在 1949 年中华人民共和国诞生前夕。1949 年中华人民共和国的成立正是以摧枯拉朽之势打倒旧政权建立新世界之时，而美国所支持的国民党政权岌岌可危，这时美国国务卿艾奇逊发声断言：因为"中国在 18 - 19 世纪里人口增加了一倍，因此，使土地受到不堪负担的压力。人民的吃饭问题是每个中国政府必然碰到的第一个问题。一直到现在没有一个政府使这个问题得到了解决。"言下之意，共产党领导的新中国也不例外地会碰到人口吃饭问题，也会因为解决不了人口过多，而会不断引发革命。针对美国国务卿艾奇逊以马尔萨斯人口论为依据质疑即将诞生的中华人民共和国新政府，1949 年 8 月，毛泽东写就了《唯心历史观的破产》。在这篇雄文中，针对艾奇逊这种马尔萨斯人口决定论的悲观论调，毛泽东以解放区的事实进行了有力的批判："'一直到现在没有一个政府使这个问题得到了解决'吗？西北、华北、东北、华东各个都解决了土地问题的老解放区，难道还有如同艾奇逊所说的那种'吃饭问题'存在吗？在人民政府下，只消几年工夫，就可以和华北、东北等处一样完全地解决失业即吃饭的问题。"毛泽东继续说："中国人口众多是一件极大的好事。再增加多少倍人口也完全有办法，这办法就是生产。西方资产阶级经济学家如像马尔萨斯者流所谓'食物增加赶不上人口增加'的一套谬论，不但被马克思主义者早已从理论上驳斥得干干净净，而且也被革命后的苏联和中国解放区的事实所完全驳倒。""世间一切事物中，人是第一个可宝贵的。在共产党领导下，只要有了人，什么人间奇迹也可以造出来。我们是艾奇逊反革命理论的驳斥者，我们相信革命能改变一切，一个人口众多、物产丰富、生活优裕、文化昌盛的新中国，不要很久就可以到来，一切悲观论调是完全没有根据的。"① 对于中国人口问题，毛泽东在这篇著作里不仅充分体现了以人为本思想，而且还提出了著名的"革命加生产"论断，也就是说，要解决旧中国的人口问题，要改变旧中国贫困落后的面貌，首要的是打破半封建半殖民的旧制度，建立社会主义

---

① 毛泽东. 毛泽东选集（第四卷）[M]. 北京：人民出版社，1991：1512.

新中国，然后积极发展经济、发展生产。可以说这是一篇针对性很强、比较能反映毛泽东人口观和人口思想的宏文。

毛泽东第二次重要的人口论述是在中华人民共和国成立之后，社会主义事业蓬勃发展的 1957 年。一方面，我国社会主义建设取得了巨大成就，超额完成了第一个五年计划，人民安居乐业，生活水平日益提高；另一方面，1953 年我国实施了第一次人口普查，随着普查数据陆续公布，人口统计事实的结果如总量超过 6 亿人，大大超乎了以往对中华人民共和国成立之初的人口估计，同时我国人口死亡水平迅速下降，人口呈快速增长态势，如人口每年大约要增加 1200 万－1500 万人。1956 年国内外还发生了许多重大事件，1956 年下半年国内经济出现了生产资料和生活资料供应紧张，一些社会矛盾比较突出；国际方面，首先是 1956 年上半年苏共二十大召开，其次是下半年波兰和匈牙利事件。"经过长时间的观察和思考，在总结一年来国际国内发生的重要事件的经验教训基础上，毛泽东关于正确处理人民内部矛盾的思想逐渐成熟。在他看来，这是在新的历史条件下，指导全局工作，解决国内政治、经济、思想文化等领域的一切问题的总方针。"[①] 1957 年 2 月 27 日至 3 月 1 日在中南海怀仁堂召开了最高国务会议扩大会议，会议规模空前，出席会议的各方面人士共有 1800 多人。2月 27 日下午毛泽东做了题为"如何处理人民内部矛盾"的讲话，讲话内容丰富，涉及面广，共有十二个问题，其中第七个问题是在"统筹兼顾、适当安排"一节中涉及人口计划生育，毛泽东说道："我们这个国家有这么多的人，这一点是世界各国都没有的。它有这么多的人，六亿人口！这里头要提倡节育，少生一点就好了。要有计划地生产。我看人类自己最不会管理自己。对于工厂的生产，生产布匹，生产桌椅板凳，生产钢铁，他有计划。对于生产人类自己就没有计划，就是无政府主义，无政府，无组织，无纪律。（毛泽东这个话引起全场大笑）这个政府可能要设一个部门，设一个计划生育部好不好？（又是一阵大笑）或设一个委员会吧，节育委员会，作为政府的机关。人民团体也可以组织一个，组织个人民团体来提倡。因为要解决一些技术问题，设一个部门，要想办法，要做宣传。"[②] 在这里毛泽东首次提出了"计划生育"的想法，也提出了建立计划生育部门的设想。事实上，这些讲话也成为后来我国启动和全面推行计划生育工作的重要依据。不过，毛泽东这篇著名的讲话在经过充分听取各方面意见和多次修改后，最终于 1957 年 6 月 19 日在《人民日报》以"关于正确处理人民内部矛盾的问题"全文发表时，此前在"统筹兼顾、适当安排"一节中涉及明确提倡计划生育的部分删去了，变为较为中性的表述。[③]

毛泽东第三次有影响的人口论述当属 1958 年。1957 年 11 月毛泽东第二次访问

① 逄先知，金冲．毛泽东传（上）［M］．北京：中央文献出版社，2003：619.
② 逄先知，金冲．毛泽东传（上）［M］．北京：中央文献出版社，2003：625.
③ 毛泽东．毛泽东选集（第五卷）［M］．北京：人民出版社，1977：387.

苏联，也就是在那次访问中，成形了"赶英超美"想法。1958年新年伊始，回顾中华人民共和国走过的八年历程，毛泽东乐观地展望今后的发展"现在要来一个技术革命，以便在十五年或者更多一点时间内赶上和超过英国"。① 这是一个社会主义建设"大跃进"到来的年代。1958年4月毛泽东看到了河南省封丘县县委给他写的一封信，在这封信里介绍了该县"应举农业生产合作社"依靠集体力量，苦战两年，战胜自然灾害，改变落后面貌的事迹。"应举社"的故事令毛泽东非常兴奋，欣然奋笔写了《介绍一个合作社》，并作为《红旗》创刊号的首篇文章全文发表。毛泽东写道："'一个苦战两年改变了面貌的合作社'，这篇文章值得一读。共产主义精神在全国蓬勃发展。广大群众的政治觉悟迅速提高。群众中的落后阶层奋发起来努力赶上先进阶层，这个事实标志着我国社会主义的经济革命（生产关系方面尚未完成改造的部分）、政治革命、思想革命、技术革命、文化革命正在向前奋进。由此看来，我国在工农业方面赶上资本主义大国，可能不需要从前所想的那样长的时间了。除了党的领导之外，六亿人口是一个决定的因素。人多议论多，热气高，干劲大。从来也没有看见人民群众像现在这样的精神振奋、斗志昂扬，意气风发。……中国六亿人口的显著特点是一穷二白。这些看起来是坏事，其实是好事。穷则思变。要干，要革命。一张白纸，没有负担，好写最新最美的文字，好画最新最美的图画。"② 在全国人民大干快上赶英超美的背景下，毛泽东发表这段人多力量大的鼓舞人心士气的讲话也是必然的，这是毛泽东以人为本相信群众依靠群众思想的体现。也正是这段"人多力量大"的观点成为后来批判马寅初新人口论的有力武器，进而成为毛泽东"出尔反尔"的根据。

可以说这三次重要的讲话代表了毛泽东的主要人口论述和思想。毛泽东在《唯心历史观的破产》论著中第一次比较全面系统地阐述了其人口观。可以看到在这篇论著中不仅体现了充分尊重人的价值，而且给出两种认识和解决中国人口与发展问题的思想和方法，其一是制度革命推翻旧制度，建立新制度，其二是发展经济。放在当时特定的历史语境下，来理解毛泽东上述充满革命激情的、充满革命乐观的、针对艾奇逊人口悲观论的论断，毫无疑义是完全正确的，而且也极大地鼓舞了中国人民革命和建设的热情。实际上，中国革命成功本身就以铁的事实证明了马克思主义在中国革命实践的胜利和马尔萨斯人口决定论的破产。至于后来在我国工业化现代化进程中遇到挫折和人口转变释放出的人口增长而产生的人口与发展的矛盾并不能否定毛泽东在解决中国人口问题上所体现出的智慧。

自200多年前马尔萨斯发表《人口论》以来，关于人口与发展问题（人口与贫困、人口与经济增长、人口与资源环境等）的认识以及解决相关人口问题之道就争

① 逄先知，金冲．毛泽东传（上）［M］．北京：中央文献出版社，2003：762.
② 毛泽东．介绍一个合作社［J］．《红旗》创刊号，1958（3）.

论不休。在以往和当代的论争中，主要有三种认识观点：第一种是以新老马尔萨斯主义为代表，坚持认为人口增长是导致人类贫困和苦难的根本原因；第二种是以马歇尔新古典经济学派为代表，认为人口增长不是问题而是人类进步的一个原因，因为历史记录证明当世界人口增长时，人类的福祉也在提高；第三种是以马克思主义为代表，认为人类贫困和苦难与其说是人口增长引起的，不如说是由社会制度和经济安排的运作而引起。正因为在人口与发展问题上有着不同的认识和看法，所以，也相应地产生了三种解决人口与发展问题的对策，这就是"减少刀叉派"（马尔萨斯主义主张），"增大馅饼派"（马歇尔新古典经济学派主张）和"制度改进派"（马克思主义主张）。第一派的认识主张是，人类赖以生存的物质（如食物）是有限的，制作的"馅饼"不足于养活增长的人类人口，所以需要减少人口以解决人类贫困发展问题；第二派的认识主张是，不是"馅饼"有限不能养活人类，而是"馅饼"做得不够大，问题的本质是要把馅饼做得更大；第三派的认识主张是，不是"馅饼"不够也不是非要把"馅饼"做得更大，而是"馅饼"的分配不公，需要对"馅饼"公平再分配。① 所以，面对中国人口问题，毛泽东的首要"处方"是发展经济做大"馅饼"，建设新制度分配好"馅饼"。

事实上，毛泽东这些人口观并不仅仅停留在对艾奇逊的批判上，其以人为本、民生为本的人口思想更体现在后来的实践中。诺贝尔奖获得者阿马蒂亚·森在其《以自由看待发展》一书中涉及中国人口问题时，列举了一个非常富有启发的例子：即毛泽东时代给我国留下宝贵人口遗产的事例。中华人民共和国成立之后，虽然我们在控制人口数量方面批判过马寅初的主张，但是在人口素质即教育和健康上比起广大的发展中国家如印度却大有收获，毛泽东时代的全民教育普及和全民医疗的"赤脚医生"制度使全民人口素质得到了极大的提高，20世纪70年代末，中国人口平均预期寿命和教育普及率大大高于同等经济发展水平的发展中国家及印度就是一个明证（见表2、表4），从表中数据可以看到，20世纪50年代，我国人口的平均预期寿命与广大发展中国家在同一个起点上，到70年代末，我国人口平均预期寿命高出发展中国家10岁之多；人口教育水平也在20世纪70年代末达到较高的初中普及，而这一切又为20世纪70年代末期的改革开放储备了丰厚的人力资源，打下了良好的人口基础。阿马蒂亚·森指出，毛泽东本人也许并没有考虑到他领导下的这些社会变革会有这样一种特定效果。但是这里存在着一种普遍性的联系，因为这些社会变革（普及识字、基本的医疗保健和土地改革）确实能增强人们享受有价值和更有保障生活的人类可行能力。② 中华人民共和国成立30年的人口实践充分体现了毛泽东以人为本解决人口问题的大战略。即使在60—70年代我国人口快速增长形势下全面实施计

---

① 李建新. 三种认识和解决人口问题的途径［J］. 人口研究，2002（6）.
② 阿马蒂亚·森. 以自由看待发展［M］. 于真等译. 北京：中国人民大学出版社，2002：260.

划生育时，也始终没有突破以人为本和依靠群众、尊重群众意愿的底线。

20世纪70年代末，我国对人口问题的认识发生了根本性转变，对于人口与发展问题的认识和主张，再次陷入马尔萨斯人口悲观论的"泥潭"之中，偏离了以人为本的原则，以"人多是负担"的价值导向制定实施相关的人口政策，一味追求"减少刀叉"的"控制数量"。1980年全面实行史上最严厉的广大群众根本无法接受的"独生子女政策"，如今随着"独生子女政策"问题的不断出现，越发证明当初出台此政策时的狭隘和短视；放在今日全球化及日益开放的大时空背景下，越发显示出了毛泽东人口思想的深谋远虑。毛泽东的人口观和人口思想全面而丰富，首先反映的是无产阶级政党所持有的"以人为本"的基本原则以及为人民服务的革命宗旨；① 同时还包含着全面解决人口与发展问题之道的思想，即制度改进和发展经济以及符合群众路线群众意愿的计划生育。

二、马寅初《新人口论》被批与平反

回顾毛泽东时代的人口政策与人口转变，一位学者一本书是无法绕开的，那就是马寅初先生及其《新人口论》。从1957年马寅初《新人口论》发表到1958年马寅初被批再到1979年为马寅初平反历时20多年。而1979年为马寅初平反标志着对过去30年毛泽东人口论述和人口政策以及人口转变历史的否定。所以，同样先梳理马寅初"新人口论"被批历史事件始末也是我们能够很好地正视和还原中华人民共和国成立以后30年那段人口历史的开始。

2015年初中国发展出版社出版了梁中堂教授的著作"马寅初考"。梁中堂是20世纪70年代末80年代初我国人口生育政策转向"独生子女政策"时的亲历者、反对者和研究者，这些年他一直都在致力于研究中华人民共和国成立之后的人口计划生育历史。在研究这段历史时，梁中堂发现，过往文献和人们头脑中的马寅初以及"新人口论"都有不少建构的成分，是一个"虚幻的神话"。所以，梁中堂试图还原历史，让马寅初从神坛回到人间。在这本书的自序中，梁中堂开门见山地概括了"马寅初神话历史"的建构过程：首先，马寅初早在20世纪50年代党和政府还没有提出控制人口的政策之前，就已经深入地研究了社会主义人口问题，主张计划生育了。毛泽东曾经把马寅初接到中南海，倾听他的"新人口论"，并接受了马寅初建言；1958年毛泽东发动"大跃进"，鼓吹人多力量大，又反悔批判了马寅初。马寅初面对康生、陈伯达的批判和迫害，表现出铮铮铁骨，不惧淫威，发出誓言："我虽年

---

① 梁中堂. 中国计划生育政策史论［M］. 北京：中国发展出版社，2014：28.

近八十，明知寡不敌众，自当单枪匹马，出来应战，直至战死为止，决不向专以力压服而不以理说服的那种批判者们投降。"其次，批判马寅初造成了严重的人口学后果。由于错批了马老的计划生育主张，中国人口从6亿人猛增到9亿人多，付出了沉重的代价，带来了后来的一系列人口问题，正所谓"错批一人误增三亿"。20年后，实践宣布了公允的裁判：真理在马寅初一边。① 所以，在这样的历史构建过程中，马寅初在人口学方面的形象就树立起来了。

历史真相到底是怎样的呢？梁中堂在其著作里给出了新的答案。

首先，关于谁先提出控制人口计划生育思想，是马寅初还是毛泽东？正如上述历史文献梳理的一样，1957年2月27日毛泽东在最高国务会议的讲话中，首次提出了计划生育的思想。在毛泽东发表这次谈话之后，从1957年3月开始，国内相关学者纷纷发文，支持毛泽东关于计划生育的主张。《人民日报》于1957年3月17日和19日，分别发表了政协委员钟惠澜的"必须有计划地节制生育"和邓季惺的"计划生育符合社会主义利益"；《文汇报》于1957年4月26日、5月4日和5月11日分别发表了叶元龙的"论最适当的人口数目"、陈长衡的"谈谈过渡时期的中国人口问题"和孙本文的"八亿人口是我国最适宜的人口数量"；《新建设》于1957年第3期和第5期分别发表了吴景超的"中国人口问题新论"和陈达的"节育、晚育与新中国人口问题"。1957年7月3日马寅初在第一届全国人民代表大会第四次会议上做了"新人口论"的发言，《人民日报》于同年7月5日全文发表。② 不可否认，马寅初"新人口论"比较系统地论证了控制人口数量的必要性，并明确提出了计划生育的主张。所以，这段历史是这样的，1957年2月，在毛泽东发表计划生育的谈话之后，出现了学者们热议人口计划生育这个议题，包括后来有影响力并遭到批判的马寅初的"新人口论"。

其次，康生和陈伯达到底参与批判马寅初了没有？梁中堂给出与众不同的结论：康生和陈伯达其实没有参与马寅初的批判。梁中堂指出，马寅初是经历了两次"批判"，第一次是1958年3月，党中央发出"关于开展反浪费反保守运动的指示"后，北京大学积极响应"双反"运动之后的"批判"，这次"批判"主要是北京大学师生之间进行的；第二次是1959年11月，马寅初在《新建设》发文，对1958年《光明日报》批判他是资产阶级学术观不服，并引出那段著名的"直至战死"的誓言，这是马寅初主动发声掀起的争论。所以，梁中堂认为，马寅初两次被批判跟康生和陈伯达、跟党和政府无关，是那个特殊时代人民内部矛盾的表现，特别是在后来的"文化大革命"中，马寅初基本上没有受到冲击和批判，所以自然也没有所谓"错批

① 梁中堂．马寅初考［M］．北京：中国发展出版社，2015：1.
② 彭佩云．中国计划生育全书［M］．北京：中国人口出版社，1997：531－551.

一人"之说①。这本书的出版引起了学界很大反响，因为颠覆了文献和人们头脑中马寅初的"神话"。

2015 年 6 月 5 日下午，北京天则经济研究所邀请梁中堂介绍他的新作，笔者作为评论嘉宾参加了这场报告。梁中堂的报告题目为"共和国没有神话——有关马寅初不得不说的故事"。报告结束之后引起了嘉宾们的激烈争论。其中，北京大学人口研究所穆光宗教授给出了反证，他指出，在 1999 年出版的《马寅初画册》（浙江人民出版社）里面，有关于康生批判马寅初的信件复印件和北京大学批判马寅初的党委会会议记录影印件。为了确保这些史料的真实性，梁中堂委托笔者查阅北京大学校档案馆。

2015 年 6 月 15 日下午笔者来到了北京大学档案馆，看到了三份文件，第一份是 1959 年 12 月 24 日于光远转给陆平的康生 12 月 23 日批判马寅初的信件打印件；第二份是 1959 年 12 月 15 日下午北大召开由陆平主持的党委常委会会议记录，会议布置康生关于批判马寅初的指示②；第三份是北大 1979 年给马寅初平反的请示报告。这些事实表明，梁中堂质疑康生批判马寅初的观点是错误的。但梁中堂写这本书时曾经查阅过许多文献包括北京大学原书记王学珍主编的《北京大学纪事》，都没有记录康生指示批判马寅初这件大事。在 2008 年出版的《北京大学纪事》中，1959 年 12 月有关马寅初校长的记录有三条，第一条是 12 月 4 日，校长马寅初、书记陆平参加在北京 104 中学召开的会议，宣布 104 中学成为北京大学附中的决定；第二条是 12 月 24 日北京大学人口问题研究会举行学术报告会，由马列主义教研室一位教师做"批判马寅初人口论"的报告，有 8000 余名师生参加；第三条是 12 月 31 日《北京大学学报》（人文科学版）1959 年第 5 期刊登马寅初校长的论文《我的哲学思想和经济理论》和四篇批判马寅初人口论的文章。1960 年 3 月 31 日最后一条关于马寅初的消息：校务委员会开会，教育部长杨秀峰到会传达国务院 3 月 28 日会议决定：接受马寅初校长辞职的要求，同时任命陆平为北大校长③。为了进一步搞清事实真相，笔者于 2015 年 11 月 4 日又拜访了北京大学原党委书记王学珍。王学珍自 20 世纪 50 年代起一直在北大工作。1958 年、1959 年"批判"马寅初时他是学校的中层干部，他是见证者和亲历者。王学珍如今已是 80 多岁的老人，但头脑清晰且很健康。我问道，康生到底有没有参与批判马寅初？他回答说康生有批判马寅初的指示，令人惊讶的是他手头也有康生指示批判马寅初的信件复印件。疑问来了，既然他是见证人，也知道有康生批判马寅初的指示并且参加过北京大学书记陆平主持召开的批判马寅初的常委会会议，那为什么在他主编的《北京大学纪事》中没有这两个"大事件"的记录呢？

① 梁中堂. 马寅初考［M］. 北京：中国发展出版社，2015：3 – 9.

② 嵊州市人民政府. 马寅初画册［M］. 杭州：浙江人民出版社，1999：93.

③ 王学珍. 北京大学纪事（1898 – 1998）（第二版）［M］. 北京：北京大学出版社，2008：657 – 658，663.

王学珍解释道，这些事现在成孤证了，他是唯一从那时过来的且还健康的老人。他说这不算大事，而且陆平书记在改革开放平反以后他的回忆录中也没有写这段历史。为什么当事人陆平、王学珍还包括北京大学都回避马寅初被批这事件呢？通过对王学珍的访谈，了解了他们"隐瞒的理由"。事实上，在他们这些亲历者、参与者看来，马寅初"被批判"事件与反右被打倒的知识分子和老教授，与"文革"时期那些被剥夺权利、失去自由、失去尊严的老干部包括陆平等相比，不是同一个性质，算不上真正的批判，充其量是人民内部矛盾，或许也还可能夹杂着知识分子之间的一些恩怨，因此，《北京大学纪事》"抹去"了这些记录。因此，梁中堂即使承认康生批判马寅初这段历史写作有误，但他仍然认为他著作的基本结论是站得住脚的。

再评价一下马寅初的《新人口论》。一方面，后人评价历史都有"事后诸葛亮"的优势，因为"事后诸葛亮"往往有可能拥有全部事实真相；另一方面，也能观察到事物发生的全部过程，而且后人又往往站在前人的基础上。以人类人口转变过程为例，无论是人口研究的鼻祖马尔萨斯，还是中华人民共和国初期的马寅初，他们所经历所观察到的是人口转变的初期阶段，即人口死亡率迅速下降人口快速增长阶段。所以，从这个意义上讲，马寅初所讲的与马尔萨斯所言的人口问题有相似之处，都是人口转变初期人口数量过快增长和生活资料相对较慢增长而产生的比例关系失衡问题，所以都有"减少刀叉"控制人口数量的主张。马寅初的《新人口论》所揭示的问题正是我国人口转变初期的人口问题，如人口过快增长与资金积累、与粮食增产、与教育事业发展、与人民生活水平提高相对较慢的矛盾关系。其实马寅初的《新人口论》的核心观点不全是人口数量多带来的问题，而是人口数量变化快带来的问题。遗憾的是至今不少人都没深刻地认识到这一点，简单地把马寅初"新人口论"与控制减少人口数量等同起来，这事实上是对马寅初人口论的极大误读[①]。如今我国已经经历了整个人口转变过程，所以对于人口规律的运行、对人口与发展之间关系的认识也必然比马寅初时代会更加全面和深入，这是后来者我们跟老一辈学者相比的优势，不是我们比马寅初们更智慧，而是我们站在他们的肩膀上，观察到了人口转变过程的全部。从这个意义上讲马寅初的《新人口论》只观察了人口变化的局部，论述了人口和经济关系变化的局部，这是时代的局限。事实上，1979年为马寅初的《新人口论》平反并没有问题，但不幸的是，马寅初平反之后夸大了《新人口论》的"真理性"，更糟糕的是，不少主张严格实施独生子女政策者借助马寅初的"新人口论"否定毛泽东时代的人口政策和人口变迁，严重地误导了后人对中华人民共和国人口历史的认识。

---

① 李建新. 我们是否误读了马寅初［J］. 民主与法制，2010（20）：21－22.

三、中华人民共和国成立之后人口政策

在重温了毛泽东人口思想和梳理了马寅初重要历史事件之后，再来考察和认识中华人民共和国 30 年的人口政策和人口转变就顺理成章了。首先我们看到中华人民共和国成立以后我国人口发生了巨大的变化，如何解释这种巨大的变化，人口学的一般理论解释是四大类因素，人口生物、社会经济、政策法规、文化观念等因素[1]，本文主要聚焦人口政策特别是计划生育政策和健康卫生政策的变化对我国人口转变的影响。

人口政策有狭义和广义之分。狭义人口政策是指直接调节人口再生产和迁移活动的法令和措施，其目的在于影响人口过程沿着预期的方向发展[2]。人口生育政策则是调节和干预人口生育行为的一系列法律法规及相关文件等。在中华人民共和国成立之后，我国关于对人口行为影响的法令和举措主要是三种类型的文件：第一类是中共中央文件；第二类是全国人大有关文件和法律；第三类是国务院有关文件和法规。所以，以下讨论人口生育政策主要是梳理这一段时期的上述三类文件。

毛泽东时代的人口生育政策可以划分为两个阶段，第一个阶段是 20 世纪 50 - 60 年代，这是我国人口生育政策兴起并局部实施阶段。中华人民共和国成立初期，百废待举，战争之后人们恢复生产安居乐业，人口生育问题还不是彼时最紧迫的值得最高决策层关注的。1953 年 7 月第一次人口普查，人口增长快的现实不仅引起了人口学者们如邵力子、马寅初等关注，也引起了最高决策层的重视，也有了避孕节育的讲话指示[3]。中华人民共和国成立以后第一个正式节育文件是 1955 年 3 月 1 日发布的"中共中央对卫生部党组关于节制生育问题的报告的批示"（总号［1955］045），批示指出："节制生育是关系广大人民生活水平的一项重大政策性的问题。在当前的历史条件下，为了国家、家庭和新生一代的利益，我们党是赞成适当地节制生育的。各地党委应在干部和人民群众中（少数民族地区除外），适当地宣传党的这项政策，使人民群众对节制生育问题有一个准确的认识。"[4] 在这个批示中，还特别强调了一点，中国和苏联的国情不同，中国现在不能提倡母亲英雄，将来也不一定要提倡母亲英

① Dirk J. van de Kaa（2008），Demographic Transitions, in Demography［Ed. Zeng Yi］, in Encyclopedia of life Support Systems（EOLSS），Development under the Auspices of the UNESCO, Eolss Publishers, Oxford, UK［EB/OL］. http：//www. eloss. net.

② 刘铮. 人口学辞典［M］. 北京：人民出版社，1986：43.

③ 梁中堂. 中国计划生育政策史论［M］. 北京：中国发展出版社，2014：4 - 9.

④ 彭佩云. 中国计划生育全书［M］. 北京：中国人口出版社，1997：1.

雄。所以，从 1955 年这份标志性的文件中至少看到了两个重要的事实：其一，党中央 1955 年提出节育思想，早于 1957 年 7 月马寅初的《新人口论》；其二，并不是我们过去经常误解的那样：中华人民共和国成立之后，我国鼓励生育，向苏联学习提倡英雄母亲。作为国家有执行力的政策文件，中共中央文件中没有这一条。

1957 年、1958 年是一个重要的人口政策节点。按照上述文献梳理，1957 年 2 月，毛泽东提出了计划生育思想，1957 年 7 月马寅初的《新人口论》发表，1958 年 4 月毛泽东的"人多力量大"人口观点发表，接着就是 1958—1959 年马寅初被批判。那么，批判马寅初的《新人口论》是否影响到了我国人口计划生育政策的决策呢？事实证明没有。虽然在 1958 年"大跃进"积极乐观的形势之下，毛泽东 1958 年 4 月的"人多热情高干劲大"人口观占据了主流，如 1958 年 12 月 10 日中共八届六中全会通过的《关于人民公社若干问题的决议》中说："过去人们经常忧愁我们的人口多，耕地少。但是 1958 年农业大丰产的事实，把这种论断推翻了。"[1] 但是，随着我国度过"三年自然灾害"时期，人口迅速恢复到高增长状态，1962 年 12 月 18 日出台了"中共中央、国务院关于认真提倡计划生育的指示"（中发〔1962〕698 号），在这份文件中，就四个方面做出了具体指示："一是在城市和人口稠密的农村地区，认真加强对节制生育和计划生育工作的领导；二是做好计划生育的宣传与技术指导；三是做好避孕药品、用具的生产供应工作；四是关于人工流产及绝育手术问题。"[2] 其实即使在困难时期的 1960 年我国也没有放弃计划生育的政策，在 1960 年 4 月 10 日全国人民代表大会第二次会议通过的"1956—1967 年全国农业发展纲要"中，仍然要求"除了少数民族的地区以外，在一切人口稠密的地方，宣传和推广节制生育，提倡有计划地生育子女，使家庭避免过重的生活负担，使子女受到较好的教育，并且得到充分就业的机会"[3] 1963 年 10 月 12 日全国"第二次城市工作会议纪要"指出：我国城市人口增长很快，出生率过高是一个主要原因。实行计划生育，有利于社会主义建设的计划性。并提出了具体措施：包括加强计划生育工作领导；在全国形成一个计划生育的群众运动；加强计划生育的技术指导；大力提倡晚婚等。[4] 1965 年 6 月中共中央、国务院批转上海市委、市人大关于计划生育工作的报告，肯定了上海市计划生育工作的成绩，"只要领导重视，政治思想工作放在首要地位，认真贯彻执行党的群众路线，始终坚持说服教育和群众自愿的原则，辅之以必要的奖励计划生育的措施，积极加以提倡，不搞硬性规定，不搞强迫命令，使计划生育成为广大群众的自觉行动，人口出生率是可以较快地降下来的"。[5] 要求各地参照上海经验，更好地把计

---

① 国家人口和计划生育委员会．中国人口和计划生育史［M］．北京：中国人口出版社，2007：44．

② 彭佩云．中国计划生育全书［M］．北京：中国人口出版社，1997：4-5．

③ 彭佩云．中国计划生育全书［M］．北京：中国人口出版社，1997：39．

④ 彭佩云．中国计划生育全书［M］．北京：中国人口出版社，1997：5-6．

⑤ 彭佩云．中国计划生育全书［M］．北京：中国人口出版社，1997：6．

划生育工作开展起来。1966 年 1 月 28 日下发的"中共中央关于计划生育问题的批示"（中发 ［1966］ 70 号）中指出："实行计划生育，是一件极为重要的大事。中央1962 年曾经指示各级党委加强领导，实行计划生育；近几年来的经验证明，这不仅符合广大群众要求，而且符合有计划发展我国各项社会主义建设的需要。"① 所以，事实是，虽然 20 世纪 50 年代末马寅初人口观点遭到了批判，但从 50 年代初期开始，面对新中国人口高增长的态势，党中央、国务院一直都有节育和计划生育的政策文件及会议精神，也都在实施节育措施，没有受到批判马寅初计划生育观点的影响。从1962 年 12 月中共中央、国务院提出计划生育开始，以城市和人口稠密的农村为重点的计划生育在全国城市和部分县开展起来，取得了良好的成效。全国除大、中、小全部 168 个城市外，还有 400 个县都不同程度地开展了计划生育工作。因此，60 年代，我国的人口和计划生育发生了两大重要变化：一是从 1964 年开始改变了人口出生率和自然增长率城市历年高于农村的状况；二是 60 年代后期人口生育水平呈现下降趋势②。正如梁中堂所证实，对马寅初的批判停留在知识分子之间，并未影响到中央决策。当然这个时期实施节育和计划生育政策是局部的，主要是在城市和部分农村地区。另外，值得注意的是，在上述中共中央、国务院各项有关计划生育政策文件中，贯彻实施计划生育只区分了"地区"，而没有区分"民族"。

第二个阶段是 20 世纪 70 年代（1971 – 1979 年），是我国人口计划生育政策全面实施阶段，是全面实施"晚、稀、少"生育政策时期。以 1971 年为界，之所以 1971年是我国人口计划生育政策全面开启之年，不仅是因为 1971 年下发了重要的 51 号文件，明确强调贯彻毛泽东计划生育指示，更重要的是这个文件实施涵盖全国效果十分显著（我国人口出生率从 1962 年开始一直持续在 30‰以上，由 1971 年的 30.65‰降到了 1972 年的 29.77‰；而另一项测量生育水平的指标总和生育率则从 1962 年以来一直维持在 5 以上，由 1971 年的 5.44 降到了 1972 年的 4.98，正常条件下的第一次"破五"，见表 1）。1971 年 51 号文件是国务院 1971 年 7 月 8 日转发的文件即"国务院转发卫生部军管会、商业部、燃料化学工业部《关于做好计划生育工作的报告》"（国发 ［1971］ 51 号），文件开篇是 "'人类在生育上完全无政府主义是不行的，也要有计划生育。'计划生育，是毛主席提倡多年的一件重要事情，各级领导同志必须认真对待，除人口稀少的少数民族地区和其他地区以外，都要加强对这项工作的领导，深入开展宣传教育，使晚婚和计划生育变成城乡广大群众的自觉行动，力争在第四个五年计划期间内做出显著成绩。"③ 1973 年 7 月 16 日国务院以国发 ［1973］ 88号文下达《关于成立国务院计划生育领导小组的通知》，领导小组组长华国锋，这样

① 彭佩云. 中国计划生育全书 ［M］. 北京：中国人口出版社，1997：8.
② 国家人口和计划生育委员会. 中国人口和计划生育史 ［M］. 北京：中国人口出版社，2007：83.
③ 彭佩云. 中国计划生育全书 ［M］. 北京：中国人口出版社，1997：64.

计划生育的组织机构也建立起来了①。在 1973 年 12 月国务院计划生育领导小组召开的计划生育工作汇报会上，提出了"晚、稀、少"的具体生育政策。"晚"是指男 25 周岁以后，女 23 周岁以后结婚，女 24 周岁以后生育；"稀"是指生育间隔为 3 年以上；"少"是指一对夫妇生育子女数不超过两个②。1974 年 12 月《中共中央通知》（中发［1974］32 号）中指出："实行计划生育，是一场破旧立新、移风易俗的深入的思想革命。要充分发动群众和依靠群众，做好深入细致的思想工作，在群众自觉的基础上，把计划生育落实到人，不要强迫命令。"③ 1978 年 10 月 26 日中央发布 69 号文件，即"中央批转《关于国务院计划生育领导小组第一次会议的报告》的通知"（中发［1978］69 号）。在这个转发报告中，更加明确严格了计划生育政策的各项要求，"晚婚年龄，农村提倡女 23 周岁，男 25 周岁结婚，城市略高于农村。提倡一对夫妇生育子女数最好一个、最多两个。生育间隔三年以上"。④ 整个 20 世纪 70 年代我国计划生育工作蓬勃展开取得了巨大成效，这是群众路线、群众意愿基础上的成效。随着 1978 年 12 月党的十一届三中全会的召开，全党全国人民的工作重心转移到经济建设的发展战略上来，最高决策层对于我国人口问题的认识也发生了变化。因此，1979 年无论是中共中央还是国务院虽然都没有再出台更加具体的计划生育相关文件，但是实施力度在不断加大，指标要求也更加严格。1979 年 6 月国务院总理在政府工作报告中，不仅对计划生育的表述发生了一些细微的变化，而且对未来五年提出了更为严格的人口控制目标。这一细微的变化是只提"奖励只生一个孩子的夫妇"，并未再提生育二孩。而且明确提出"今年我们要力争使全国人口增长率降到 10‰左右，今后要继续努力使它逐年下降，1985 年要降到 5‰左右。"⑤ 这些变化的背后是对我国人口问题认识的变化，孕育着更加严厉的生育政策将出台。随着紧接其后的独生子女政策的出台和实施，毛泽东时代的人口政策标志终结。

四、新中国的人口转变

人类人口自诞生以来，一直处于高出生、高死亡、低增长的过程之中，直到 18 世纪西方工业革命开始，人类人口才第一次从高死亡水平和高生育水平下降，而这次人类人口史上始于西方国家的变化称为"人口转变"（Demographic Transition），或被

---

① 彭佩云. 中国计划生育全书［M］. 北京：中国人口出版社，1997：437.
② 国家人口和计划生育委员会. 中国人口和计划生育史［M］. 北京：中国人口出版社，2007：95.
③ 彭佩云. 中国计划生育全书［M］. 北京：中国人口出版社，1997：10.
④ 彭佩云. 中国计划生育全书［M］. 北京：中国人口出版社，1997：12－14.
⑤ 彭佩云. 中国计划生育全书［M］. 北京：中国人口出版社，1997：39.

法国学者称为"人口革命"（Demographic Revolution）。最早的传统人口转变理论是由法国学者兰德里在1909年发表的题为《人口的三种主要理论》中提出来的，"二战"以后，人口转变理论体系基本形成。诺特斯坦、寇尔等学者在修正过去理论的基础上，把人口转变与工业化的发展阶段联系起来，形成了四阶段模型：第一阶段是工业化以前的阶段，出生率保持稳定的高水平，死亡率也处于高水平，人口自然增长率很低且有波动，即高、高、低，高位静止阶段；第二阶段是工业化初期阶段，出生率基本上维持不变，死亡率开始下降并且逐渐加快，由于出生率下降速度滞后于死亡率下降速度，因此，这一阶段人口自然增长率最高，即所谓的人口爆炸阶段；第三阶段是工业化进一步发展阶段，死亡率继续下降并维持在低水平，出生率也开始下降，人口自然增长率逐渐放缓；第四阶段是完全工业化阶段，出生率和死亡率都降到了很低的水平，人口自然增长率重新回到低位水平，即低、低、低，低位静止阶段。①

由此看到，首先，人口转变是人类社会发展的一部分，不是孤立的人口事件，是伴随着工业化、城市化、现代化进程而发生的变化；人口转变是人类人口史上一次人口状态本质性的变化，是一次不可逆的人口变化过程。正是这个意义上称为"革命"。其次，从人口学上描述人口由前工业社会的高出生、高死亡转向工业社会的低出生、低死亡的变化过程，是以人口这些要素变化的统计事实为基础的。按照世界人口历史的经验，在不发生战乱饥荒瘟疫等正常情况下，工业社会以前的人口粗出生率在35‰~55‰，而粗死亡率为30‰~40‰，自然增长率在10‰上波动，死亡高峰的强度和频度支配着以往农业社会的人口规模。② 进入工业社会后，人口转变完成将重新回到"静止"状态，人口出生率和死亡率都将在15‰以下。③ 当然若以统计事实为标准判别人口转变，必须以准确的统计事实为前提。

关于中国人口转变，我们需要先回到中国人口史的研究中。对于中国人口史的研究，葛剑雄教授主编的团队著作《中国人口史》六大卷无疑是集大成者。不过，书中有关中国历史人口变迁的一些观点依然可以进一步讨论和商榷。

第一个观点，我国历史人口变化是否存在一个人口从谷底开始持续增长，达到一个人口高峰，然后急剧下降进入一个新的谷底这样一个周而复始的"周期性变化"过程④？从人口转变的理论视角回答，历史人口增长高低起伏的变化本质上是在一个性质相同即都是在高出生、高死亡水平状态下的变化，因此，与其说是"周期性"，不如说是高水平上的"波动性"。其实，葛剑雄团队成员曹树基教授根据《中国人口史》第一卷至第五卷的研究结果，列出了1949年以前较为可靠的中国人口数据24

① 李竞能. 现代西方人口理论［M］. 上海：复旦大学出版社，2004：334-335.
② ［意］卡洛·奇波拉. 世界人口经济史［M］. 黄朝华译. 北京：商务印书馆，1993：63-65.
③ 邬沧萍. 世界人口［M］. 北京：中国人民大学出版社，1983：95.
④ 葛剑雄. 中国人口史（第一卷）［M］. 上海：复旦大学出版社，2005：148-153.

个，① 可以看到历史人口变化的波动性，而这些波动都是高出生、高死亡水平上的正负人口增长波动。按照葛剑雄团队给出的历史估计数据，从公元 2 年到 1949 年中华人民共和国成立近 2000 年，我国人口年平均增长率不到 2‰，是一个典型的高出生、高死亡水平上低速波动增长。海外学者何炳棣在 1957 年写成的《1368—1953 中国人口研究》中有这样的结论："在中国的人口发展史上，没有哪一段的重要性比从 1650 年（清顺治七年）至 1850 年（道光三十年）这两个世纪更大了。在异常有利的物质条件和清初统治者的'仁政'治理下，人口激增，到 1850 年可能已经达到四亿三千万。"② 这段最长时期的持续增长，其年平均率也就在 5‰左右，而何炳棣认为，清朝最辉煌时期即乾隆四十四年至五十九年（1779－1795 年），年增长率高达 8.7‰。③ 但无论如何变化，都是高出生、高死亡水平状态下的变化，构不成所谓状态变化了的周期论，这也许是葛剑雄对周期论最终未下定论的原因之一吧。

第二个观点，中国人口转变何时开始？葛剑雄团队认为，"从 19 世纪末开始，中国人口经历了前所未有的、在世界上也没有先例的巨大转变"④。作为人口历史学家，这样的历史眼光是必需的，只是这样的结论基础不够坚实，甚至不存在。实际上这一观点主要来自《中国人口史》（第六卷）著者侯杨方教授的论证。侯杨方论证的结论是"至少是 20 世纪 20 年代开始，中国人口已经开始了人口转变，进入了人口转变的第二阶段，即向高生育率和死亡率正处于下降过程的转变，人口增长速度开始加速"⑤。但是这个结论显然没有说服力：第一，一个国家的人口转变嵌入在本国的现代化进程之中，人口转变不可能"独善其身"。中国社会从 19 世纪后半叶一直处在内乱外患之中，清朝晚期所启动的工业化和现代化进程不断被内乱外患、王朝更替、政局混乱所中断；所以，葛剑雄做出"甲午战争、义和团运动、八国联军入侵、军阀混战、国共内战、日本入侵，抗日战争、解放战争，还有 1920 年北方大旱、1928－1930 年华北与西北大饥荒、1931 年江淮水灾、1938 年黄河花园口决堤、1942－1943 年中原大饥荒等，都曾造成大量人口死亡。这与侯杨方将这一（人口）转变开始的时间'至少'定于 20 世纪 20 年代并不矛盾，只是可以在他研究的基础上做进一步的探求。"⑥ 这一个结论完全与"人口转变嵌入在社会发展中的定论"相矛盾，是不能成立的。第二，这个结论更没有统计事实支持这样一个从高出生、高死亡向低出生、低死亡状态的转变。其实，侯杨方在其论著中对 20 世纪上半叶估计，就反驳了他自己的观点。他认为"20 世纪上半期，中国人口粗出生率可能在 35‰～40‰"⑦。

① 葛剑雄，曹树基.中国人口史（第五卷·下）[M].上海：复旦大学出版社，2005：831－832.
② [美] 何炳棣.1368－1953 中国人口研究 [M].上海：上海古籍出版社，1989：前言 1.
③ [美] 何炳棣.1368－1953 中国人口研究 [M].上海：上海古籍出版社，1989：63.
④ 葛剑雄.中国人口史（第一卷）[M].上海：复旦大学出版社，2005：153.
⑤ 葛剑雄，侯杨方.中国人口史（第六卷）[M].上海：复旦大学出版社，2005：569.
⑥ 葛剑雄.中国人口史（第一卷）[M].上海：复旦大学出版社，2005：156.
⑦ 葛剑雄，侯杨方.中国人口史（第六卷）[M].上海：复旦大学出版社，2005：358.

而"根据各方面的统计资料综合估计，20世纪上半期中国的婴儿死亡率可能在200‰左右"[①]。"总的说来，20世纪上半期中国人口的粗死亡率在25‰～35‰。"[②] 再如侯杨方估算的数据"1911－1936年全国人口平均年增长率为10.27‰，1936－1946年为－1.33‰，1946年初至1949年底为8.00‰，1911年初至1949年底为7.06‰"[③]。如果这些数据估值范围是可以接受的，那只能说明，20世纪上半期的中国人口仍然是典型的高出生、高死亡水平之上的波动变化形态，没有统计事实能够证明这一时期中国开始发生了人口转变。因此，侯杨方的论证是自相矛盾的，是没有说服力的。最后还需要注意的是，既然是以统计事实为基础的论证，统计数据质量是生命，而对于还没有建立起现代统计制度的旧中国历史人口数据还必须拷问其历史数据的真实可靠性。何炳棣对我国历史数据可用与否就曾指出"总结过去五个世纪的中国官方数，可以说明明太祖时期（1368－1398年），乾隆四十一年至道光三十年（1741－1850年）期间和1953年人口普查的数据比较有用"[④]。所以无论从哪个方面去论证，"中国人口转变始于20世纪20年代"结论都不能成立。

在进入中华人民共和国人口转变描述之前，先对本文所使用的数据做一说明，因为这是本文言说立论的基础。本文所使用的统计数据主要有三大类：第一类是历次人口普查资料；第二类是国家统计局的年度统计调查数据；第三类用于国际比较的数据，主要来自联合国经济和社会事务部（United Nations, Department of Economic and Social Affairs）出版的数据，这部分数据每两年更新一次，文中所使用是的2017年版。中华人民共和国成立以后我国人口统计制度包括普查制度才得以全面建立，从此才有了相对全面而准确的数据，正如历史人口学家何炳棣所分析认为的："比较和分析国民党时期由官方机构和非官方机构的专家汇编的各种数据是极其烦琐的工作，根本无此必要。（因为）缺乏全国性的机构去收集数据，便一定不能得到准确的数字。国民党统治期间官方认为的全国数据完全是揣测的，而不是普查得来的。"[⑤] 而对于中华人民共和国成立之后1953年的人口普查，他认为，"一方面，1953年的全国人口统计从严格的技术定义上说还不能算是人口普查；另一方面，在中国历史上还没有出现过任何规模足以相比的壮举。普查的结果看来比中国以往任何人口数字都更接近事实"[⑥]。在第三次全国人口普查数据之后，原统计局长、国务院第三次全国人口普查（1982）办公室主任李成瑞这样评价我国的基础数据："中国的人口统计有几千年的历史，但是按照统一的调查项目、统一的调查时间、统一的汇总表格，有组织地举

① 葛剑雄，侯杨方．中国人口史（第六卷）［M］．上海：复旦大学出版社，2005：383.
② 葛剑雄，侯杨方．中国人口史（第六卷）［M］．上海：复旦大学出版社，2005：389.
③ 葛剑雄，侯杨方．中国人口史（第六卷）［M］．上海：复旦大学出版社，2005：575.
④ ［美］何炳棣．1368－1953中国人口研究［M］．上海：上海古籍出版社，1989：96.
⑤ ［美］何炳棣．1368－1953中国人口研究［M］．上海：上海古籍出版社，1989：85.
⑥ ［美］何炳棣．1368－1953中国人口研究［M］．上海：上海古籍出版社，1989：92－93.

行全国人口普查，只是在中华人民共和国成立后才开始的。前两次普查（1953 年、1964 年）都取得了成功，但调查项目比较简单，不仅调查的人口更多了，而且调查项目大大增加了，特别是首次运用了电子计算机处理数据，从而使中国的人口普查提高到了一个新的水平。"① "中国 1982 年人口普查是成功的。" 这是被中外人口学家所公认的事实，而 1982 年第三次全国人口普查的成功也进一步修正完善了中华人民共和国之后的统计数据。所以，本文描述和立论的统计事实基础是坚实可靠的。另外，虽然在本文中列出了中华人民共和国成立之后至今的统计数据，但文中主要使用的是 1949 年至 1979 年的统计数据，以及 1982 年人口普查生成的一些数据。

　　放在中国历史人口的长河中，中国人口转变的起点如同多数学者认为的那样，是 1949 年中华人民共和国成立，它标志着新时代的到来。随着进入和平时代我国工业化、现代化进程的全面展开，我国人口转变也由此开启。② 按照人口转变理论模式，人口转变从高出生、高死亡转向低出生、低死亡过程中，死亡率从高转向低是必要条件。从中华人民共和国成立以后的统计数据来看（见表 1），我国人口转变从 1949 年旋即进入了第二阶段，即人口死亡水平迅速下降阶段，人口粗死亡率由 1949 年的 20‰迅速下降到 1970 年的 7.6‰。死亡水平迅速下降这一事实也被后来高质量的 1982 年人口普查数据所证实，也被中外学者所认可。我国这段人口死亡水平下降堪称人类人口史上的奇迹。"至 20 世纪中叶，中国的死亡率开始以世界其他任何人口大国都无法比拟的速度下降。婴儿死亡率从 1950 年的 200‰下降到今天的 50 以下‰。"③ 而西方学者给出了相同的结论："到 1980 年，（中国）男女合计的预期寿命达到了 68 岁，这表明从 1949 年以来每年预期寿命增长 1.5 岁，这一增长是任何人口规模相当的国家所不能比拟的。"④ 世界第一人口大国为何在短短 30 年的时间里取得了如此巨大的成就？一方面，这是人类社会发展的必然结果，进入 20 世纪人类死亡疾病模式已经发生了巨大的变化⑤。"二战"以后，大多数发展中国家，如同人口学家诺特斯坦所指出的那样："死亡率迅速下降是对外部变迁的反应，因为人类总是渴望健康。然而，生育的下降则有待于旧的社会经济制度的逐渐消失和有关家庭规模的

　　① 李成瑞. 十亿人口的普查 [A]. 中国 1982 年人口普查北京国际会议论文集（中华人民共和国国务院人口普查办公室，国家统计局人口司编印），1984：7.

　　② 李建新. 人口转变新论 [J]. 人口学刊，1994（6）.

　　③ 李中清，王丰. 人类的四分之一：马尔萨斯的神话与中国的现实（1700－2000）[M]. 北京：生活·读书·新知三联书店，2000：49.

　　④ Banister, Judis, and Samuel H. Preston. Mortality in China [J]. Population and Development Review, 1981 (7)：98－110.

　　⑤ France Mesle and Jacqui Vallin Mortality Patterns and Their Implications, in Demography [Ed. Zeng Yi], in Encyclopedia of life Support Systems (EOLSS), Development under the Auspices of the UNESCO, Eolss Publishers, Oxford, UK [EB/OL]. http://www.eloss.net.

新观念的逐步确立。"① "在欧洲，控制死亡的知识是缓慢的发展着，因此，人口也逐渐地增加。不发达国家可以直接利用发达国家和自己所积累起来的知识，因此，死亡率的下降比西欧曾经历过的要迅速得多。在'二战'后，毛里求斯死亡率从27‰降到15‰也只花了7年的时间，而英格兰和威尔士却为此花了100年的时间。"② 中国作为发展中国家也享受了人类发展的共同成果。另一方面，也是更重要的，现代医疗知识和医药技术并不是免费的午餐。对于刚刚从战乱中走出的农业人口大国，如何保障人民的基本生活水平、普及医疗健康知识和应用医药技术才是最大的问题。可以看到作为相同起步的发展中国家，我国人口死亡水平迅速下降，与其他发展中国家以及人口大国印度从20世纪60年代起彻底"分道扬镳"（见表2、图2）。这事实上是中华人民共和国成立以后，我国医疗卫生事业快速发展，特别是20世纪60年代中期开始我国在广大农村地区建立起医疗保障制度的结果。1965年6月26日，毛泽东批评卫生部是城市老爷卫生部的同时，为解决广大农村"一无医、二无药"的现状，发出了"把医疗卫生工作的重点放到农村去"的指示，后称"6·26指示"。20世纪60年代中期以后，我国在广大农村地区建立起了"赤脚医生"制度和农村合作医疗制度，正是这项惠及广大农民人口的医疗健康卫生制度才使我国人口平均预期寿命大大提高。20世纪70年代末，我国医疗保障制度曾一度几乎覆盖了所有的城市人口和85%的农村人口，被世界银行组织赞誉为"这是低收入发展中国家举世无双的成就（A Unique Achievement）"③。在经历了"三年自然灾害"不正常的死亡峰值之后，我国人口死亡水平迅速下降并迅速进入了人口转变的第二个阶段，即死亡率迅速下降、生育率保持不变阶段，所以20世纪50年代特别是60年代（1962－1971年）这十年我国人口增长量和增长率都达到了空前绝后的水平（见表1），这实际上就是中华人民共和国成立以后，中国政府将人类医疗卫生事业发展的成果迅速普及了到广大的农村、普惠到了几乎全体中国人民的结果。所以从1949－1979年，中国人口从5.4亿迅速增长到了9.8亿，超过了人类历史上任何一个时期。显然这不是我国人口"多生误增"的结果，而是"少死多增"的结果，这是毛泽东时代以人为本、以人民健康福祉为中心的伟大成就。所以所谓"错批一人误增三亿"完全是歪曲了事实，抹杀了这段历史的人口成就。

在这里不得不指出国内外一些常见的误读，挪威奥斯陆大学（University of Oslo）经济学系教授、欧洲经济学会副会长 Kjetil Storesletten 教授研究指出：中国极端贫困（Extreme Poverty）人口比例1981年为84%（"极端贫困"概念按照世界银行标准，

① 安斯利·J. 科尔. 人口转变理论再思［A］//社会人口学的视野. 顾宝昌译. 北京：商务印书馆，1992：123.

② ［意］卡洛·奇波拉. 世界人口经济史［M］. 北京：商务印书馆，1993：77.

③ World Bank. World Development Report 1993：Investing in Health［M］. Oxford University Press，1993：111.

即人均家庭收入低于每日 1.25 美元）。① 这么高比例的极端贫困人口估算，与我国彼时人口健康水平迅速提高的事实不相符，实际上这是西方学者不了解中国国情和制度的表现。令人遗憾的是，不少国内学者也盲目引用这些数据②，如茅于轼在国际上获奖感言时对我国人口死亡率转变存在着严重的误读。③

20 世纪 70 年代初期，我国人口转变进入了第三个阶段，即人口生育水平下降阶段（见表 1、图 1）。从 1971 年国务院转发"关于做好计划生育工作的报告"的 51 号文件之后，计划生育工作在全国迅速展开。20 世纪 70 年代，我国人口生育率转变在国家政府强有力的计划生育政策指导下，取得了巨大的成功。人口出生率从 1970 年的 33.43‰迅速下降到 1979 年的 17.82‰，下降了近 50%；总和生育率则从 1970 年的 5.81 迅速下降到 1979 年的 2.75（见表 1）。中国人口生育水平转变速度之快，举世瞩目，"这是一个人类历史上任何人口大国都无法相比的记录"。④ 与同期的发展中国家和印度相比，同样发现，20 世纪 50 年代，我们同属发展中国家，人口生育水平在相同的高水平上，但从 20 世纪 70 初期开始，我国人口生育率迅速下降，与发展中国家和印度"分道扬镳"（见表 3、图 2）。到 70 年代末，与发展中国家平均水平相比，生育水平由以前相同差出了 2 个孩子左右（见表 3）。实际上我国人口生育率转变是在我国经济发展水平很低的条件下实现的，彼时我国人均国民收入仅 200－300 美元，远低于西方学者界定的人口生育率加速转变的临界值（人均 800 美元）。在这样的经济条件下（与西方大相径庭），中国基本实现了人口生育水平转变，这是不能为西方人口转变论解释的现象。20 世纪 80 年代末比较普遍的观点认为，中国人口转变是社会经济和计划生育共同作用的结果，而且，经济发展的程度影响着计划生育的开展，社会经济因素在人口转变中的作用不容忽视，这种观点被不少定量分析所证实。一项社会经济因素与计划生育的相关分析表明，人均收入、教育水平是对生育率影响最大的两项社会经济参数；⑤ 另一个定量分析表明，生活质量指数、妇女地位指数和有效避孕率与生育率相关系数均很高。⑥ 而新近一些国际比较的研究利用历史数据也发现，20 世纪 70 年代中期，单纯从经济指标即人均 GDP 来看，我国生育水平

① Storesletten, Kjetil and Fabrizio Zilibotti. China's Great Convergence and Beyond [J]. Annual Review of Economics, 2014 (6): 333－362.

② 鄢一龙. 中国道路辩证法：社会主义探索四个三十年 [M]. 杭州：浙江人民出版社，2017：10－11.

③ 茅于轼. 2012 弗里德曼促进自由奖获奖感言（美国东部时间 2012 年 5 月 4 日晚上，CATO 研究所 2012 年弗里德曼促进自由奖颁奖典礼在华盛顿举行，茅于轼发表获奖感言。"在中国，不但经济上取得空前伟大的成就，在政治上也有突出的进步。最重要的是百姓的生命有了较好的保障。改革前 30 年因政治原因非正常死亡接近 5000 万人。改革前 30 年人口的平均死亡率是 11‰，改革后 30 年平均人口死亡率几乎降低了一半，为 6.6‰。改革后因政治原因非正常死亡降低到过去的百分之一以下。"）[EB/OL]. http://www.iceo.com.cn/column/28/2012/0507/247499.shtml.

④ 李中清，王丰. 人类的四分之一：马尔萨斯的神话与中国的现实（1700－2000）[M]. 北京：生活·读书·三联书店，2000：133－134.

⑤ 蒋正华. 社会经济因素对中国生育率的影响 [J]. 人口研究，1986 (3).

⑥ 顾宝昌. 论社会经济发展和计划生育在我国生育率下降的作用 [J]. 中国人口科学，1987 (2).

是个"异常值",明显超前经济发展水平,[①] 但国际比较中我国社会发展指标如女性教育和婴幼儿死亡水平则与人口生育水平相符。[②] 从上述分析可知,生育水平会受到四方面因素的影响,从人口生物因素看,正是 50 - 60 年代我国人口死亡水平的迅速下降奠定了生育水平下降的基础,成为生育率下降的前提条件;而中华人民共和国成立后广大女性教育水平和社会地位的提高则是计划生育能够顺利实施的保证。我国 1970 - 1979 年短短十年间人口生育水平的迅速转变是社会经济发展和"晚、稀、少"计划生育共同作用下的人口成就。

1949 - 1979 年是我国人口从高出生、高死亡迅速转向低出生、低死亡的人口转变的第四阶段,人口出生率、死亡率由 1949 年的 36‰和 20‰分别下降到了 1979 年的 17.82‰和 6.29‰。人口总和生育率从中华人民共和国成立前的 6 以上迅速下降到了 1979 年 2.7 的接近更替水平,人口平均预期寿命也由中华人民共和国成立前的 40 岁左右提高到 1979 年的接近 70 岁,短短 30 年基本上完成了人口转变,创造了发展中国家乃至世界人口历史的奇迹。这一奇迹得益于中华人民共和国成立之后的社会经济发展和各项社会政策包括人口政策。而人口政策则是毛泽东以人为本关注民生发展如健康和教育的人口思想的集中体现。

五、结语

事实上,毛泽东时代的人口政策和人口转变顺应了人口发展规律,还为邓小平时代的改革开放奠定了最丰厚的人口资源基础。在正常情况下,每个人创造财富的工作时段是 20 - 59 岁,所以,毛泽东时代出生的"50 后"(工作时段 1970 - 2010 年)、"60 后"(工作时段 1980 - 2020 年)、"70 后"(工作时段 1990 - 2030 年)恰好成为了 20 世纪 70 年代末改革开放的生力军和主力军。印度学者阿马蒂亚·森曾盛赞毛泽东时代的社会公共政策,他指出:"毛泽东的土地改革、普及识字、扩大公共医疗保健等政策,对改革后的经济增长起到了非常有益的作用。改革后的中国受益于改革前中国所取得的成果的程度,应该得到更多的承认。"[③] 面对中华人民共和国成立以来人口的巨大变迁,人口历史学家葛剑雄对于我国历史人口的前文判断是,应该把

---

① 蔡泳. 社会经济发展对生育率下降的作用——国际经验和江浙的比较 [M] //曾毅,顾宝昌,郭志刚等. 低生育水平下的中国人口与经济发展. 北京:北京大学出版社,2010:16 - 17.

② Feng Wang, Yong Cai, Ke Shen. Is Demography Just a Numerical Exercise? Number, Politics, and Legacies of China's One - Child Policy [J]. Demography, 2018 (55):693 - 719.

③ [印] 阿马蒂亚·森. 以自由看待发展 [M]. 于真等译. 北京:中国人民大学出版社,2002:258 - 260.

"从19世纪末开始"换成为1949年。所以，是从1949年中华人民共和国成立开始，"中国人口经历了前所未有的、在世界上也没有先例的巨大转变"。而实际上，李中清、王丰在他们的著作《人类的四分之一：马尔萨斯的神话与中国的现实（1700—2000）》中也有对新中国新时代人口转变的统计描述及肯定，遗憾的是他们并没有把1949年以后的新中国50年这段人口历史区分出来，而是"平均"融入了满清以后的300年中，"淡化"了新中国人口转变的辉煌。

"不畏浮云遮望眼，只缘身在最高层。"任何历史学家在评价过往历史王朝盛世兴衰时，人口都是一个重要选项，王朝更替之后社会和平、经济发展，必然带来人口发展。毛泽东时代人口变迁这30年放在我国有记录的2000多年的人口历史长河中，放在人类人口史漫长变迁之中只是短短一瞬，跳出历史以宏大时空视野回看这段历史，这是人类人口史上独一无二的人间奇迹，正应了毛泽东那句名言"在共产党领导下，什么人间奇迹都可以创造出来"。对于泱泱人口大国来说，毛泽东时代的人口转变以及转变之后的社会经济发展成就是人类人口史上独一无二的人间奇迹。但令人遗憾的是，1979年、1980年我国人口政策发生了根本性转变，人口政策背后的价值取向发生了根本性变化，这是我国"独生子女"计划生育政策开启之年，也是否定毛泽东人口时代人口计划生育的转折点。"独生子女政策"不仅破坏了我国人口长期均衡发展的规律，还是"自宫式"人口控制的错误选择，更是中华民族兴旺发达道路上的自毁长城致命一击。虽然"独生子女"政策最终于2016年终结，但却留下了无尽的创伤，关于这部分的历史回顾和论述已经超出了本文的研究范围，或许可另文再述。

表1 1949－2017年中国主要人口数据

年份	年末总人口（万人）	出生率（‰）	死亡率（‰）	自然增长率（‰）	总和生育率	年份	年末总人口（万人）	出生率（‰）	死亡率（‰）	自然增长率（‰）	总和生育率
1949	54167	36.00	20.00	16.00	6.14	1984	104357	19.90	6.82	13.08	2.35
1950	55196	37.00	18.00	19.00	5.81	1985	105851	21.04	6.78	14.26	2.20
1951	56300	37.80	17.80	20.00	5.70	1986	107507	22.43	6.86	15.57	2.42
1952	57482	37.00	17.00	20.00	6.47	1987	109300	23.33	6.72	16.61	2.59
1953	58796	37.00	14.00	23.00	6.05	1988	111026	22.37	6.64	15.73	2.52
1954	60266	37.97	13.18	24.79	6.28	1989	112704	21.58	6.54	15.04	2.35
1955	61465	32.60	12.28	20.32	6.26	1990	114333	21.06	6.67	14.39	2.31
1956	62828	31.90	11.40	20.50	5.85	1991	115823	19.68	6.70	12.98	2.24
1957	64653	34.03	10.80	23.23	6.41	1992	117171	18.24	6.64	11.60	2.05
1958	65994	29.22	11.98	17.24	5.68	1993	118517	18.09	6.64	11.45	1.94
1959	67207	24.78	14.59	10.19	4.30	1994	119850	17.70	6.49	11.21	1.82
1960	66207	20.86	25.43	－4.57	4.02	1995	121121	17.12	6.57	10.55	1.86

续表

年份	年末总人口（万人）	出生率（‰）	死亡率（‰）	自然增长率（‰）	总和生育率	年份	年末总人口（万人）	出生率（‰）	死亡率（‰）	自然增长率（‰）	总和生育率
1961	65859	18.13	14.33	3.80	3.29	1996	122389	16.98	6.56	10.42	1.77~1.78
1962	67296	37.22	10.08	27.14	6.02	1997	123626	16.57	6.51	10.06	1.73~1.77
1963	69172	43.60	10.10	33.50	7.50	1998	124761	15.64	6.50	9.14	1.70~1.77
1964	70499	39.34	11.56	27.78	6.18	1999	125786	14.64	6.46	8.18	1.69~1.77
1965	72538	38.00	9.50	28.50	6.08	2000	126743	14.03	6.45	7.58	1.68~1.77
1966	74542	35.21	8.87	26.34	6.26	2001	127627	13.38	6.43	6.95	—
1967	76368	34.12	8.47	25.65	5.31	2002	128453	12.86	6.41	6.45	—
1968	78534	35.75	8.25	27.50	6.45	2003	129227	12.41	6.40	6.01	—
1969	80671	34.25	8.06	26.19	5.27	2004	129988	12.29	6.42	5.87	—
1970	82992	33.59	7.64	25.95	5.81	2005	130756	12.40	6.51	5.89	—
1971	85229	30.74	7.34	23.40	5.43	2006	131448	12.09	6.81	5.28	—
1972	87177	29.92	7.65	22.27	4.94	2007	132129	12.10	6.93	5.17	—
1973	89211	28.07	7.08	20.99	4.53	2008	132802	12.14	7.06	5.08	—
1974	90859	24.95	7.38	17.57	4.16	2009	133450	11.95	7.08	4.87	—
1975	92420	23.13	7.36	15.77	3.58	2010	134091	11.90	7.11	4.79	—
1976	93717	20.01	7.29	12.72	3.24	2011	134735	11.93	7.14	4.79	—
1977	94974	19.03	6.91	12.12	2.85	2012	135404	12.10	7.15	4.95	—
1978	96259	18.25	6.25	12.00	2.73	2013	136072	12.08	7.16	4.92	—
1979	97542	17.82	6.21	11.61	2.75	2014	136782	12.37	7.16	5.21	—
1980	98705	18.21	6.34	11.87	2.31	2015	137462	12.07	7.11	4.96	—
1981	100072	20.91	6.36	14.55	2.61	2016	138271	12.95	7.09	5.86	—
1982	101654	22.28	6.60	15.68	2.86	2017	139008	12.43	7.11	5.32	—
1983	103008	20.19	6.90	13.29	2.42						

资料来源：国家统计局．中国统计年鉴2018［M］．北京：中国统计出版社，2018；国家人口和计划生育委员会发展规划司编．人口与计划生育常用数据手册2006［M］．北京：中国人口出版社，2007．

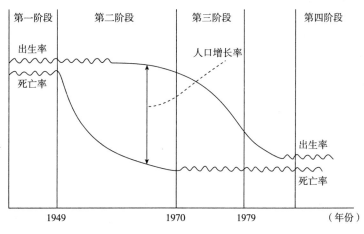

图1　修匀之后的中国人口转变过程

表2　1950年以来世界、发达国家、发展中国家（不含中国）及中印人口平均预期寿命

单位：岁

年份	世界	发达国家	发展中国家（不含中国）	中国	印度
1950－1955	46.98	64.82	40.77	43.83	36.62
1955－1960	49.34	67.72	44.06	44.47	39.66
1960－1965	51.17	69.48	47.03	44.55	42.73
1965－1970	55.48	70.32	49.89	55.47	46.02
1970－1975	58.14	71.13	52.22	61.68	49.39
1975－1980	60.3	72.02	54.71	65.51	52.55
1980－1985	62.07	72.85	56.87	67.75	54.93
1985－1990	63.67	73.94	58.7	68.92	56.73
1990－1995	64.59	74.16	60.21	69.67	59.18
1995－2000	65.67	74.8	61.7	70.86	61.57
2000－2005	67.2	75.59	63.3	73.11	63.54
2005－2010	69.07	76.93	65.34	74.68	65.57
2010－2015	70.79	78.43	67.34	75.67	67.58

资料来源：United Nations, Department of Economic and Social Affairs, Population Division (2017). World Population Prospects: The 2017 Revision, DVD Edition.

表3　1950年以来世界各地总和生育率　　　　单位：‰

年份	世界	发达国家	发展中国家（不含中国）	中国	印度
1950－1955	4.96	2.82	6.07	6.03	5.90
1955－1960	4.89	2.79	6.15	5.40	5.90
1960－1965	5.03	2.66	6.14	6.20	5.89
1965－1970	4.92	2.38	5.98	6.25	5.72
1970－1975	4.46	2.16	5.69	4.77	5.41
1975－1980	3.87	1.92	5.28	3.00	4.97
1980－1985	3.60	1.84	4.92	2.55	4.68
1985－1990	3.44	1.81	4.47	2.73	4.27
1990－1995	3.02	1.67	4.01	1.90	3.83
1995－2000	2.75	1.57	3.63	1.51	3.48
2000－2005	2.63	1.58	3.34	1.55	3.14
2005－2010	2.57	1.67	3.14	1.58	2.80
2010－2015	2.52	1.67	2.97	1.60	2.44

资料来源：United Nations, Department of Economic and Social Affairs, Population Division (2017). World Population Prospects: The 2017 Revision, DVD Edition.

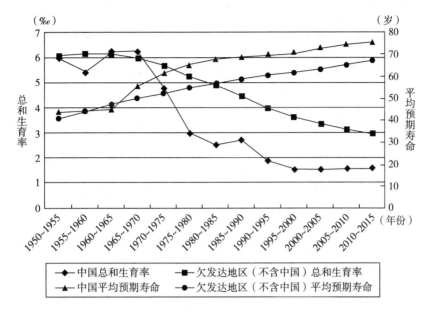

图2　1950－2015年中国与其他发展中国家总和生育率和平均预期寿命的变化

资料来源：United Nations, Department of Economic and Social Affairs, Population Division（2017）. World Population Prospects：The 2017 Revision, DVD Edition.

表4　全国历年分城市、县镇和农村的初中和高中的升学率　　　单位:%

年份	小学毕业生的升学率（普通初中）				初中毕业生的升学率（普通高中）			
	全国平均	城市	县镇	农村	全国平均	城市	县镇	农村
1965	44.9	81.8	105.9	22.9	26.4	24.5	57.6	7.7
1971	89.7	94.8	99.2	88	38.5	32.1	81.8	35.4
1975	90.6	101.8	110.5	86.9	60.4	84	102.7	48.1
1980	75.5	99.9	106.9	62.1	39.7	63.8	85.9	24.7
1987	68.2	102.1	105.8	59.3	22.8	40.2	53.8	9.7
1990	73.5	103	112.5	63.7	22.5	40.4	54.2	8.7
1995	89.3	104.8	125.6	76.6	22.3	41.6	42.6	6.5
1998	92.6	104.7	124.5	80.9	22.8	47.2	40.2	6
2000	93.6	106.5	124.5	80.8	29.4	66.7	52.8	7.1
2003	96.8	113	181.1	69.8	37.7	77.4	56.5	8.7
2004	97.3	114.7	187.8	70.3	39.7	80.7	62.5	9.5
2005	97.9	115.2	191.1	66.3	41.7	87.1	62.2	9.0
2006	99.7	114.2	182.9	66.6	42.2	90.1	63.0	8.8
2007	99.7	116.1	174.0	64.3	42.9	92.0	59.1	8.4

年份	小学毕业生的升学率（普通初中）				初中毕业生的升学率（普通高中）			
	全国平均	城市	县镇	农村	全国平均	城市	县镇	农村
2008	99.5	115.0	171.6	62.9	44.9	90.9	60.4	8.7
2009	99.0	114.5	167.0	62.0	46.3	89.7	60.4	8.8
2010	98.6	114.4	161.7	60.6	47.8	88.1	60.9	9.2

注：表中初中、高中均指普通中学。计算公式为：小学升学率＝初中招生数/小学毕业生数；初中升学率＝高中招生数/初中毕业生数。如当年初中招生数大于小学毕业生数，会出现升学率大于100%的情况。

资料来源：教育部计划财务司．中国教育成就统计资料 1949－1983〔M〕．北京：人民教育出版社，1986；国家教委计划建设司．中国教育统计年鉴〔M〕．北京：人民教育出版社，1990，1995，1998，2000，2003；中华人民共和国教育部发展规划司．中国教育统计年鉴〔M〕．北京：中国统计出版社，2004－2010.

人口转变与计划生育制度的转型发展

任　远①

计划生育制度在 1980 年被写入宪法，成为国家发展的一项基本国策。计划生育制度作为我国一项重要的人口政策，其逐步成形、发挥作用和改革发展贯穿于新中国人口发展的历史过程中。

在当前时期，需要对我国计划生育制度的本质和作用开展整体反思，并在当前历史时期中，对我国计划生育制度的转型发展、对计划生育制度的未来走向进行思考。首先，本文分析我国计划生育制度形成的背景和基本框架；其次，提出随着人口发展进入后人口转变时期，带来计划生育制度改革的必要性；最后，讨论我国计划生育制度未来发展的方向，提出新时期我国"新计划生育"制度的基本框架以及对如何实现计划生育制度的转型发展提出思考建议。

一、计划生育制度的核心特点和基本框架

1. 计划生育制度的核心特点

中国的计划生育是"二战"以后全球兴起的家庭计划（Family Planning）社会运动的组成部分。但是与对家庭生育提供干预和服务的家庭计划不同，中国的计划生育内嵌于计划体制而产生，目的是实现"有计划地生育"（梁中堂，2014），实现有计划按比例的人类自身的生产和再生产，并通过行政性手段和政策规定对家庭生育行为进行直接调控。相对于世界的家庭计划社会运动主要是在尊重个体和家庭的生育权利和生育选择基础上，利用社会经济手段、避孕节育技术服务来间接调整人们的生育行为、提供生育和健康服务。我国计划生育的提出和形成是内生于计划体制，其在实施

---

① 任远，复旦大学社会发展与公共政策学院教授，博士生导师。教育部新世纪人才（2012 年）。曾担任复旦大学人口研究所副所长等。受聘为上海市人口与发展专家咨询委员会委员等。美国布朗大学富布赖特访问学者（2015－2016 年）。研究领域聚焦于人口发展和城镇化相关联的社会问题和政策研究。近年来完成的著作包括《未来的城镇化道路》（2017 年）、《后人口转变》（2016 年）等。

方式上又继续依靠行政手段来实施，例如，采取"一票否决制"的工作安排，进一步带来计划生育制度行政执行的自我强化。无论是实行"独生子女"政策还是"单独二孩""全面二孩"政策，都是行政性地对人们生育行为进行管理调控的政策安排。我国计划生育制度具有很强的行政管理的特点。

（1）这样的计划生育执行模式是有历史客观性的。计划生育管理制度的形成是在20世纪50－60年代，内生于计划体制之中。站在当下的时点批评计划生育忽视了人们的生育权利，或者具有强行政干预的偏差，是缺乏历史性地看待问题。在没有市场机制的外部环境下，德迈尼（Demeny，1986）所说的影响生育率变动的"看不见的手"并不存在。家庭行为缺乏经济决定机制，生育控制客观上只能采用行政安排的办法。或者是因为发展中国家工业化和城镇化发展水平不足，生育率不像工业化国家那样会自发降下来，所以才需要政策外力作用（邬沧萍，1982）。只是到了80年代改革开放以后，特别是在90年代确立建设社会主义市场经济体制以来，我国的计划生育开始综合利用社会经济机制、完善奖励扶助手段，来调节人们的生育行为。从总体上来看，我国的计划生育制度是以行政性生育调控安排作为政策实施的基础手段。

（2）我国计划生育制度建立以后的第二个特点是以降低生育率和控制人口增长作为计划生育的基本指向。从20世纪50年代末期开始，政府和知识界对中国人口过快增长表现出担忧。60年代极端的贫穷凸显出人口与发展的不平衡关系，进一步强化了控制人口总量增长的要求。在20世纪70年代以前，我国已经出现了死亡率下降而驱动的人口转变，但是生育率水平直到20世纪70年代以后才开始下降。20世纪70年代以前的总和生育率基本在6~7的水平上。死亡率下降和生育率维持较高水平，带来人口自然增长率的快速提高，进一步推动人口总量的膨胀。因此，新中国计划生育的基本目标指向是降低生育率和控制人口增长。

（3）西方人口转变理论的引入强化了降低生育率和促进发展的内在关联，20世纪80年代"人口红利"理论的提出进一步凸显出生育率下降的积极意义。生育率下降带来的劳动适龄人口比重增长，也被认为是"人口红利"，成为中国经济起飞的积极因素。而"少生快富"则在广泛宣传下深入人心。计划生育被认为是经济社会发展的法宝，计划生育也被写入宪法作为国家的基本国策。可以说，计划生育伴随着我国的人口转变过程得到制度化确立，并成为我国实现人口转变的制度工具。降低生育率和控制人口增长是我国20世纪70年代以来计划生育制度的基本共识和政策目标。计划生育确实发挥了控制生育率和控制人口增长的作用，这可以从我国"超前的人口转变"和"过快的人口转变"表现出来（任远，2004）。但是说计划生育40多年来使我国少生了4亿人①，这样的说法却未必站得住脚。因为，实际上即使不实施计划生育，按照世界不同国家社会经济发展和生育率水平下降的内在规律，我国的生育率水平也会下降。计划生育政策因素对于生育率水平的影响越来越小，相对于20世纪70年代发挥着主导作用，到了20世纪90年代以后社会经济发展发挥的作用已经更为重要（陈卫，2005）。但是仍然不应否认，在1970－2000年这段时期，计划生育政策和人口转变的发展态势存在内在的契合，对于促进人口转变，以及协调人口与发展关系发挥了积极的作用。

回顾历史，我国的计划生育制度有两个基本的核心：一是内生于计划体制，利用行政性手段来对人们生育进行直接管控；二是伴随于人口转变、计划生育政策的实施以降低生育率和控制人口增长为基本目的。

2. 计划生育制度的基本框架

如果我们归纳20世纪50年代以来我国计划生育制度的主要框架，可以用图1加以表示：

第一，我国的计划生育制度的主要目的是降低生育率和进行人口控制，是实现人口转变的制度工具。

第二，计划生育制度的实施主要依靠行政化政策和生育许可对生育开展直接管理，通过行政政策管理家庭生育的数量、生育的时间间隔。

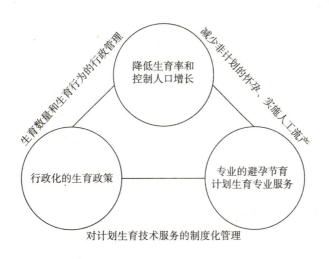

图1　计划生育制度的基本框架

第三，计划生育制度的内容主要在于专业性的避孕节育服务、药具技术服务、实

---

① 卫计委. 计划生育40年中国少生4亿多人［EB/OL］. http：//society. people. com. cn/n/2014/0710/c1008－25264629. html，2014－07－10.

施事后补救的人工流产，开展妇幼健康等专业服务。计划生育的专业技术服务，构成了与生育关联的独立的健康服务系统，最初独立于卫生部门之外，目前则基本和国家卫生医疗服务体系实现了内在的整合。

当然，自我国的计划生育制度和政策开展实施以来，就一直在进行适应性的调整和改革。20 世纪 80 年代由于严格的"一孩"政策和广大群众的生育意愿产生严重冲突，使计划生育工作成为"天下第一难"，并开始"放小口"，在一些地区如翼城进行了"两胎化、加间隔"的试点。20 世纪 90 年代开始了计划生育利益导向政策改革，通过"三为主""三结合"来加强宣传教育、经常性工作、优质服务，开展社区发展和人口控制的一体化（路遇，1996；任远，1999）。自 21 世纪以来，我国的生育政策开始逐步取消生育间隔，开始讨论生育政策调整的不同方案，2013 年以后实行双方都是独生子女家庭的"双独二孩"政策，2015 年底开始实行"全面二孩"政策。但总体来说，对生育数量的限额控制和生育行为的行政许可管理，仍然是计划生育制度的基本工作模式。计划生育专业技术服务的主要目的是提供避孕和生殖健康服务，从而减少未计划的怀孕和生育。计划生育管理部门通过避孕措施的定期检查和出具相关证明，负责管理计划生育技术服务。

二、后人口转变时期的计划生育

1. 计划生育制度运行面临挑战

以降低生育率和控制人口增长为目的的计划生育制度，对于我国 20 世纪 70 年代以来到 20 世纪末期完成人口转变发挥了积极作用，这凸显出计划生育制度和政策的有效性。但是在进入 21 世纪以后，人口发展已经进入了低出生率、低死亡率的"后人口转变"时期。传统的计划生育制度模式越来越不适应于人口格局的变化，乃至出现日益解体的风险。主要表现在以下三个方面：

第一，在后人口转变时期，以降低生育率和控制人口增长的人口发展目标已经基本完成，人口压迫生产力的问题已经基本得到缓解。那么，用行政手段来控制生育就显得完全没有必要了，生育政策应该回归人们生育的常态（左学金、杨晓萍，2010）。

第二，传统的计划生育制度面临解体，还在于随着社会主义市场经济体制的建立，经济生产发展和社会进步，德姆尼所强调的"看不见的手"日益发挥作用。政府政策对于生育率下降的作用日益减弱，社会经济发展对于生育率下降的作用更加显著，以至于到了后人口转变时期以后，生育政策对于生育率下降基本不起作用。

1. 后人口转变时期"新计划生育"制度的基本目标是实现人口长期均衡,并服务于人口健康

随着人口发展完成了人口转变,生产力水平较低、人口数量过多和人口增长过快的不平衡关系已经得到缓解。在人口与发展关系上开始转向另一面,就是生育率已经降到极低的水平,并且可能自我强化形成"生育率陷阱",人口发展出现内在萎缩的危险。与此同时,长期的低生育率水平和其造成未来的人口总量下降、劳动力数量下降、加快的人口老龄化,形成人口与发展的新的失衡,制约了生产力的充分提升。因此,人口转变时期的计划生育的基本任务已经完成,人口数量过多已经不是人口发展的核心问题。人口政策应该更加重视人口结构和人口素质。从促进人口长期均衡来说,促进生育水平有所回升,会更有利于使人口发展逐步过渡到一个相对常态均衡的可持续模式。计划生育制度作为国家人口政策重要内容则应该调整其工作的目标,需要从控制人口增长转变为实现人口长期均衡,促进服务于人口健康。

2. "新计划生育"的工作方式,应从行政性的生育管控过渡到综合利用社会经济机制统筹解决人口问题

如果说传统计划生育工作强调行政性的生育政策来管控家庭的生育行为,在社会主义市场经济体制下,无论是"单独二孩"还是"全面二孩"政策,对于人口的整体生育水平的影响都变得更不显著。而继续"一刀切"的生育管控可能还损害了具体家庭的需求和福利。有的人口群体希望生育 2 个子女、3 个子女甚至多个子女,有的人口群体选择"丁克"、选择不婚或者不育,都是很正常的。人口政策应该适应人口多样化的需求和选择,并支持和满足人口多样化的需求和选择。不仅要服务于希望生育的家庭,也需要服务于不希望生育、希望避孕节育的家庭。生育政策应该尊重人民群众自身的自主选择,实现自主生育,努力支持和不同群体多样化的生育需求。

相对于直接干预的行政管控,生育管理需要更主要地依靠社会经济机制,间接地调整生育的成本,并进而影响家庭生育决策和生育行为。具体的途径包括增强对女性的就业支持、提高女性的教育水平、提高女性地位和性别平等,实现家庭和工作关系的协调,增强生育和抚育的社会支持。特别是增强对婴幼儿托育照料,延长带薪休假、产假,实行陪产假制度,促进女性的弹性工作、开展社会保险,等等。通过这些手段,使得对于生育行为直接管控的生育政策,逐步转变成为对家庭夫妇的生育提供社会支持,促进家庭发展能力和家庭福利的家庭友好政策。

3. "新计划生育"工作的内容是促进生育和生殖健康,重视母婴保健和托育养育服务

"新计划生育"仍然强调提供避孕和节育服务,但其目的不是控制生育,而是满

足人口自觉的避孕和节育需求，在避孕和节育技术服务上仍然存在未满足的需求。计划生育服务仍然要提供自主知情选择的生育避孕节育服务，从而避免"未意愿的怀孕"。

与此同时，控制生育已经不是计划生育的主要任务，计划生育专业服务则更加重视扩展服务，满足不同人口群体多样性的生育和健康服务需求，提供生育和托育服务的支持。"新计划生育"服务需要满足女性的健康需求，提高对母亲的生育服务，防止不安全的流产，避免通过性传播的疾病（如艾滋病）。在避孕节育服务之外，计划生育服务同时需要重视生育的健康服务，提供妇幼保健，科学怀孕，孕前优生健康检查，提高人口素质，减少出生缺陷。这种基于生育意愿的生育服务，不仅包括避孕节育，也包括生育支持和生育辅助服务。特别是在"全面二孩"政策以后高龄孕产妇的生育风险增大了，计划生育也需要增加对高龄孕产妇的生育支持和健康保护。在社会变迁的过程中，计划生育也应该探索对新的生育需求的支持服务，如单亲妈妈的生育，冷冻精子和卵子等生育服务，各种医学和非医学用途的辅助生育等。近年来，我国不孕不育症存在着上升的趋势，适龄产妇的不孕不育患病率大幅增长。数据显示，国内不孕不育的平均发病率为 12.5%～15%，也就是每 8 对夫妻就有一对不孕不育；而中国不孕不育患者人数已超过 5000 万人。计划生育在避免"未意愿的怀孕"的同时，也应该支持"未满足的怀孕"。

因此，原来的计划生育服务相对重视避孕、重视控制人口增长。"新计划生育"则需要同时重视满足避孕和重视生育的需求，重视健康服务，在避孕节育服务的同时，提高对生育的辅助支持和健康风险干预。这要求计划生育工作仍然有必要加强卫生机构的建设、加强生育和健康专业技术的研发和应用，加强专业人才的培养。

在"新计划生育"的人口健康服务中，不仅要关注女性，同时要关注男性的生育健康和生育服务。生育问题在很大程度上被认为是妇女问题。生育率的计算、家庭计划的支持，以及通过妇女教育和妇女就业来塑造生育率转变的社会经济机制，计划生育政策和服务很大程度上是以女性为中心的。这显然有助于女性地位的提高和性别平等。但是在计划生育过程中实际上并没有做到男女平等，实际上相对忽略了男性责任和男性的赋权。在计划生育问题上男性生育服务、健康服务以及计划生育过程中的男性参与并没有受到足够的关注。例如，男性在各个年龄组的死亡率更高，这似乎被认为是一种理所当然，但是这其实也说明降低男性死亡率和增进男性健康问题实际上是一个有必要推动的工作。如果男性死亡率能够降低，老年人口性别比就能相对平衡并有利于一个更加性别平等的社会。另外，在家庭生活和发展过程中，男性养育责任的提高也有利于降低家庭子女抚育的压力，可能在一定程度上也有利于家庭的和谐和子女成长。因此，提高男性在配偶生育期间的陪产假政策，也是有利于生育的社会福利制度安排。在生育文化的塑造中，我们强调通过教育形成现代女性，但是也同时需要教育男性形成正确的性、健康和生育的知识，形成正确的家庭关系和生活方式，这才是塑造现代家庭文化和增强家庭能力的两个侧面。现在的问题不是女性要性别主流化，而是男性需要在家庭计划过程中性别主流化和男性的参与化，才会有利于社会的和谐和男性女性的平等进步。

在"新计划生育"的基本框架下，计划生育工作的运行需要坚持三个方面：

一是通过社会经济政策来支持家庭夫妇的自主生育，避免后人口转变时期生育率的过度波动，促进实现国家生育水平的稳定和可持续性。提供生育支持促进实现家庭和工作的平衡，建设家庭友好型社会。在长期低生育率的情况下实行鼓励生育的社会配套政策。

二是继续加强专业的生育和生殖健康服务，避免"未意愿的怀孕"，以及提供"未满足的怀孕"，其目的在于促进母婴的健康和提高人口素质。

三是计划生育需要从行政管理向公共服务和公共管理转变，后人口转变时期的计划生育仍然应该是重要的基本公共服务内容，需要公共财政的支持。同时除了政府职能部门的管理和服务，需要强化计划生育协会作用，通过专业性社会机构和市场机构的参与，共同加强人口的健康和教育。

四、"新计划生育"的实现

1. 扬弃性地发展计划生育

后人口转变时期的人口变动和社会主义市场经济体制环境的变化，内在推动计划生育制度的转型发展。意味着在国家发展进入新的历史时期，我国的计划生育制度也需要进行系统的改革和完善。简单地提出"抛弃计划生育"未必是可行的，实际上这种"抛弃"也不利于人民群众的公共服务和家庭福利。我国计划生育制度转型发展的改革路径，强化"家庭计划"为本位的计划生育，扬弃性地发展计划生育，实现计划生育制度的更新和改革。

第一，建设"新计划生育"，是中国的计划生育制度通过转型发展回归到世界家庭计划工作的主流。国际社会的家庭计划，发端于19世纪末期以后提倡避孕节育和生育控制，以及提倡优生的实施。特别是在20世纪中期以后应对全球人口爆炸，通过实行家庭计划项目、提供避孕节育服务，并使家庭计划成为全球社会运动。所谓家庭计划，综合国际计划生育联合会和世界卫生组织的定义，是为家庭和夫妇提供信息服务和技术服务，促进其理性的生育决策、生育间隔和生育时间，提高其个体的健康水平，减少不合法的避孕，减少婴儿死亡率，提供技术服务以减少经性行为传播的疾病，防止未意愿的怀孕。家庭计划以女性和其生育决策作为工作的核心，重视对女性的赋权和生育自主决定。人口的生育行为受到一系列外在因素（包括婚姻状况、就业与经济状况、健康状况等）的影响。家庭计划的内容包括避孕套的使用，以及通过其他方式控制生育的时间、性教育、预先计划的咨询和对不孕不育的管理等。

国际社会的家庭计划和中国的计划生育有密切的关联，都强调提供避孕服务来降低生育率，我国的计划生育本身就是全球家庭计划社会运动的组成部分。但是与尊重家庭的生育理性和生育权利，强调对家庭生育行为进行指导服务和间接干预不同，我国的计划生育具有很强的行政性和对生育行为的直接调控，这是我国计划生育的特点。而在后人口转变时期，推动我国的计划生育向"新计划生育"转变，从一定意义上来说是我国的计划生育回归世界家庭计划潮流的主流。同时，中国计划生育在后人口转变时期的工作内容、工作方式、工作目标的转型和实践，也仍然具有中国社会的特色，也意味着中国基于其具体实践对国际社会家庭计划的进一步丰富和探索。

第二，建设"新计划生育"，是强调我国的计划生育制度本身在社会经济环境变化、人口格局变动下进行适应性的改革完善。中国的计划生育制度从20世纪50－60年代逐步成形，通过制度化和法制化得到构建，其未来的转型发展存在一个改革的路径依赖和制度变迁的连续性。

第三，建设"新计划生育"，也同时强调国家计划生育职能部门和人口公共管理部门需要负责任地对20世纪80年代实施严格的计划生育政策以后所带来的一些副产品和负面影响提供补偿性的公共服务。例如，对"失独家庭""残独家庭"的社会扶助，对计划生育家庭的养老问题、计划生育家庭的妇女健康损害等问题提供必要的公共服务和公共支持。"新计划生育"意味着需要对过去计划生育制度和政策实施的影响具有延续性的责任，而政府责任也是现代国家治理的基本要求。

"新计划生育"需要重视对计划生育所产生影响的一些社会问题提供公共支持，其实质也在于，如果说计划生育工作促进了人口转变并带来了积极的人口红利，那么需要将部分人口红利转而投资于、服务于人口本身和人口变动。因此，政府有责任积极处理失独家庭、残独家庭的扶助问题，同时在家庭功能弱化以后更需要增强对养老、幼托、健康、教育等社会事业和社会支持体系建设。而这些家庭和福利制度建设，本质上也构成对家庭和生育的支持机制，有利于促进形成一个更强的生育、家庭和社会福利体制。

2. 计划生育制度转型发展的具体改革

在一个后人口转变时期和长期低生育率的时代，不仅要考虑中国的计划生育政策如何调整和实施与生育相关的社会经济配套错误，同时还需要思考新时代的计划生育制度如何改革，思考"计划生育向何处去"的问题。

后人口转变时期中国计划生育向何处去，有必要将20世纪50年代以来的旧的计划生育制度框架改造和转型发展成为新的计划生育。坚持一种扬弃的态度，破除不适合社会主义市场经济体制和不适合现代社会治理理念的陈旧模式，而继续坚持计划生育本质内容的家庭计划，加强和改进对生育和健康的公共服务。我国正面临着计划生育制度转型发展的迫切任务，作为通过公共力量支持的、对生育行为和生育健康进行指导和服务的家庭计划，仍然是基本公共服务和人民健康利益的保障。计划生育制度的转型发展，不应是简单地抛弃计划生育，而是应坚持一种发展中的路径依赖和在路径依赖下的继续改革。

我国未来的"新计划生育"的转型之路，既是迫切但又是需要有序推动的，首先需要继续推动生育政策的改革，从"全面二孩"政策逐步过渡到"全面放开、自主生育"政策。同时，从"新计划生育"的基本框架和运营出发，我国的计划生育工作需要加强与生育相配套的社会经济机制和相关社会政策，需要加强计划生育的卫生技术服务的投入，推动技术创新、服务创新，增强公共预算和社会建设，加强对家庭和服务生育服务的公共支持，计划生育工作需要扩展专业性、社会性和普惠性的家庭和生殖健康服务，使得家庭和生育服务能够成为国家公共管理和公共服务的重要组成部分。

计划生育制度作为国家人口政策的重要工具，以及作为被列入宪法和基本国策的社会制度，是国家关于生育安排的公共政策，在相关的管理体制和机制上需要相应的改革。首先，需要对中国计划生育发展的历史道路有一个整体的理解，也需要对未来计划生育制度有一个整体的前瞻，使"新计划生育"制度理念和基本架构逐步成为社会共识，从而重新构造社会的共同意愿。其次，需要在"新计划生育"社会共识下，开展对人口和计划生育法律的系统修订。在此过程中，将人口和计划生育法不是作为行政执法的工具，而是作为人民利益的保障。最后，需要实施国家和计划生育公共管理的政府职能改革和治理改革。通过新一波的法制化、制度化、机构化的改革实践重新塑造出"新计划生育"的管理机制和机构运行，来支持符合未来人口与发展长远需求的计划生育制度安排。

因此，我国的计划生育制度的改革与完善，不应成为"一个孩子""两个孩子""三个孩子"的生育数量的调整改革，应该看到人们的生育行为和生育意愿本身是多样性的，具有不同的生育需求。计划生育制度应该为不同生育需求的家庭提供服务，从而满足人们的需求，提高人口的健康，使之成为保障家庭生育的权利、尊重和满足人口生育需求及提供生育技术、生育抚育支持的公共服务机制。

新时代计划生育制度转型发展的使命在于，协调微观家庭生育行为和宏观人口环境建设，使计划生育作为基本国策真正能够促进人口和发展的协调，为人民自主生育提供支持服务和保障，并因此提高家庭生活的幸福，提高人口健康。从而使计划生育构造成为人口和家庭福利的支撑，提供人口政策的支持。从这个意义上来看，"新计划生育"将会支持人们对美好生活的需求，并且成为民生福利的制度保障。而且只有在这个意义上说，我国计划生育制度的转型发展才会确立起社会的共识和信心，成为新时代人口政策的重要组成部分。

参考文献

［1］陈卫．"发展—计划生育—生育率"的动态关系：中国省级数据再教察［J］．人口研究，2005（1）．

［2］陈友华．计划生育：从机构改革到转型发展［J］．人口和社会，2015（2）．

［3］顾宝昌．经济新常态下的计划生育工作转型［J］．人口和社会，2015（3）．

［4］侯佳伟等．中国人口生育意愿变迁：1980-2011［J］．中国社会科学，2014（4）．

［5］梁中堂．中国计划生育政策史论［M］．北京：中国发展出版社，2014.

［6］路遇．论"三结合"和"三为主"的关系［J］．人口与经济，1996（1）．

［7］任远．从降低生育率到稳定低生育率：自然负增长背景下的生育率影响因素及生育管理研究［J］．市场与人口分析，2004（1）．

［8］任远．单独二孩实施效果和改革策略［J］．探索与争鸣，2015（2）．

［9］任远．中国农村人口控制的社区行动：社区发展与人口控制网络试点的经验总结［J］．人口研究，1999（4）．

［10］邬沧萍．发达国家和发展中国家生育率转变的特点和条件［J］．人口研究，1982（1）．

［11］左学金，杨晓萍．生育政策调整势在必行［J］．中国改革，2010（5）．

［12］Demeny, Paul. Population and the Invisible Hand［J］. Demography, 1986, 23（4）．

实现人口与发展的协调

任　远[①]

人口是人类社会生存和发展的一项重要支柱。对于人类社会来说，人口的极端重要性是毋庸置疑的。但是为什么人口极端重要，人口如何影响发展，以及在国家发展中人口与发展关系的内在原理，却存在不同的看法。

在中华人民共和国70年的发展历程中，人口状况发生了深刻的变化，对于人口与发展关系的认识也有着相当的波动。在中华人民共和国成立以后，我国既经历了认为人口是生产力的来源、人多力量大的时期，也经历了认为人口过多造成国民经济发展困难，并鼓励人民群众自觉地节育，或者严格控制人民群众的生育行为来实现有计划生育的时期。自20世纪80年代以来，我国提倡严格的人口控制和促进生育率下降，并认为生育率下降产生出"人口红利"的积极作用；而在进入21世纪第二个十年以后，在人口日益老龄化和劳动适龄人口总量和比重持续下降的背景下，人们日益增强了对"人口危机"的担忧。实际上对于国家发展中人口究竟发挥什么作用的认识，似乎并没有统一的结论。

这些观念的实质是人们往往单纯地从人口因素本身出发，解读人口对发展的作用，并认为存在"人口危机"或者"人口红利"，从而在国家发展规划中重视干预人口要素，特别是干预生育来实现良好的发展，并转而将发展遇到的挑战和成绩归因于人口。这些观念片面地将人口从发展体系中孤立出来理解人口对发展的作用，而恰恰忽视了人口对发展的作用既是在一定社会经济发展环境下的作用，也是错误地估量了人口对发展的影响。孤立地看待人口对发展的作用可能陷入"人口决定论"。因此，正确地理解人口与发展的关系，需要将人口因素放入发展整体系统中来考察人口变动的内在机理，以及人口变动发挥作用的具体条件和作用机理，促进实现人口与发展的协调。

---

① 任远，复旦大学社会发展与公共政策学院教授，博士生导师。教育部新世纪人才（2012年）。曾担任复旦大学人口研究所副所长等。受聘为上海市人口与发展专家咨询委员会委员等。美国布朗大学富布赖特访问学者（2015－2016年）。研究领域聚焦于人口发展和城镇化相关联的社会问题和政策研究。近年来完成的著作包括《未来的城镇化道路》（2017年）、《后人口转变》（2016年）等。

一、不同的人口观

对于如何看待人口在国家发展过程中的作用，不同的学派有不同的观点。第一种人口观是基于马尔萨斯主义者认为的，人口的迅速增长总是会超越生产资料增长的速度，也就是人口呈几何级数增长而生产资料呈算术级数增长，因此，人口变动表现为对发展的压力，成为一种人口的原理（马尔萨斯，1992）。这也是对人口对发展作用的基本陈述。这种人口构成发展压力的观点，是和工业革命初期伴随着失业、贫穷问题内在关联的，马尔萨斯显然认为，不受控制的人口增长的自然法则会对发展带来压力。这种人口对发展产生压力的思想，一直延续到20世纪60－70年代的"罗马俱乐部"，以及当前全球可持续发展目标的实现和减缓环境气候变化，都存在一个人口过快增长的从马尔萨斯主义到新马尔萨斯主义的根源。

第二种人口观则认为，人口和相关联的劳动力是经济增长的要素投入。古典经济学所提倡的"劳动是财富之父、土地是财富之母"，人口构成财富的源泉。在以李嘉图为代表的国家算术学派来看，人口是国家经济实力的衡量尺度和经济增长的源泉。人口是生产力的来源也是马克思主义的基本观点。人口作为生产者，本身构成发展的推动力量，劳动力的经济参与和附加在劳动力之上的人类劳动是一切价值的来源。那么按照马克思在《资本论》中所描述的，过多的"人口过剩"，实际上是资本主义生产方式的内在结果，并不存在人口的"绝对过剩"。在从古典经济学到新古典经济学的逻辑展开都认为，人口对经济增长表现出积极的相互影响。同时，不论是作为生产者还是消费者，人口对经济都具有积极的影响。以上两种观点实际上是有些针锋相对的，而且在现实中还都不乏实际的证明。

第三种人口观则认为，人口本身不对发展产生影响。与其说是人口决定经济发展，不如说是制度变革带动了经济发展。例如，关于我国人口红利的讨论，实际上与其说是人口红利带动了中国经济起飞，不如说是改革开放的制度变革带动了经济增长。因为人口结构的变化带来的劳动力数量和比重的提高实际上是在20世纪60年代以后就开始出现，但是从来就没有表现出现实的"人口红利"，只是在20世纪70年代后期以后人口红利才真正表现出来，这很难有充分的实证数据证明人口总量和结构变动对于经济增长的价值。但是，即使如此，也并不能完全否认人口红利的观点，因为如布鲁姆（Bloom et al.，2003）在人口红利的经典论述中提出，人口红利对于经济发展的作用是一种潜在的红利，只是在一定的条件下，也就是将增长的劳动力和生产资料相结合的情况下，人口红利才表现为现实的人口红利，那么改革开放似乎是促进了潜在的人口红利具体发挥作用。不过如果是这样，我们也就很难说明是生育率下降带来的人口红利促进了经济发展，还是经济投资带来的就业机会增长带来了经济发展，人口本身对于发展的作用似乎仍然难以得到确切的证明。

二、避免陷入人口决定论的片面观点

在人口与发展的以上三种观点中，实际上"人口不影响发展"的看法从来就没有成为思想观念的主流。人口构成了国家发展的基本国情，人口作为国家发展的支柱性因素则往往被过度解读为具有决定性的力量。人口或者被认为是发展成就的原因，或者被认为是发展困难的罪魁祸首。在一些强调人口中心主义的论者来看，往往会把发展过程中的困境归结于人口过多，也会将中国 20 世纪 70 年代以后的经济奇迹归因于人口红利。"人口决定论"往往也很容易调动起社会的情绪。无论是发展出现困难还是发展过程表现出积极的成就，社会普遍地会在人口要素的变动上寻找到一些相互的关联。

因此，人口对发展的影响性或者相关性，往往被放大而成为因果性和决定性。例如，人口众多在相当长时期内被理解为贫穷的原因，作为大国的困难。同样的道理，当前也有不少表象上的研究认为，人口的低生育率和老龄化造成中国经济增长放缓，并且会对未来发展带来挑战。

这样认为，人口对于发展具有强大的，乃至决定性的力量，甚至渗透在对于城市的理解中。城市化当然是人口在城市部门的增长和集聚，而一个显然的错觉是认为，人口超大规模的集聚是带来贫困、道路拥挤、不平等扩大、犯罪率提高和环境污染的原因，因此，虽然真实的情况是城镇化和城市繁荣带来人口增长和密度增加，但是人们却将人口增长和密度增加作为是造成了"城市病"，及在这种思路下对于超大规模城市进行严格控制人口规模就是必要的而且适当。这种想法，实际上与马尔萨斯认为人口的快速增长总是会超过发展体系所能容纳的上限，从而带来发展崩溃的想法具有相当的一致性。但是，如果不是因为过高地估计了人口对发展的决定作用，那么实际上人口在历史上往往扮演着发展失败的遮羞布而已。

实际上，至少对短期的发展来说，并没有充分的经验证据说明，人口变动对于发展具有决定性影响。认为低生育率，或者老龄化，乃至劳动适龄人口下降对于经济发展具有阻碍作用，和两者之间存在着积极关联关系的实证研究，实际上是同时存在的。例如，即使常识上认为老龄化会抑制经济增长，但是从数据上来看，中国的经济发展实际上是和老龄化同时增长的，乃至在整个世界历史上老龄化和经济增长也是持续正相关的。同时，至少在最近几年的研究表明，国家劳动适龄人口比重在持续下降，但是经济总量却持续增长，这也说明人力资源的具体配置实际上比单纯人口结构的变动更加重要。

对于著名的人口红利的看法，实际上也是"根据结果来论证原因"的自我强化，虽然中国的人口从 20 世纪 60 年代以来就出现了劳动适龄人口比重逐步增长、社会抚养系数下降的"好的人口"，但是直到 20 世纪 70 年代后期以后才出现了所谓的"人口红利"。对于经济增长的解释截取出 20 世纪 70 年代后期以后的成功故事，说明人口对于发展具有积极贡献，实际上是片面性地证明着人口变动对于发展的积极作用。在积极强调少生快富推动经济增长的同时，却可能忽略了中国经济奇迹背后的制度因素。

对于人口与发展的关系来说，究竟是人口决定发展，还是发展决定人口，其关系往往是后者决定前者，而非前者决定后者。实际上不是人口决定发展，而是人口变动本身是由发展所决定的。人口的生育、死亡和迁移实际上是发展的结果，人口变动是内生于经济发展的，人口发展本身构成社会经济发展的衡量尺度。

生育率下降、死亡率下降和迁移率的上升，随着人口结构变化和老龄化及引起我们担心的各种"人口危机"，实际上正是经济社会发展的结果，因此，在相当大意义上都是发展进步的积极表现。从这样的角度来看，所谓的"低生育率陷阱""老龄化危机""移民危机"，实际上都是臆想的危机，应该认为是现代性的结果，是发展的成就，反而是应该值得欢迎和庆祝的。

忽视了对人口变动实际上是内生于发展过程的理解，将人口从发展过程中孤立出来，片面地强调人口对于发展的作用，可能遮蔽了人口与发展关系的真实机制和相互作用的关联。

三、人口变动对于发展的影响

在讨论人口变动对于发展的内生性中，实际上我们也不能完全忽视人口过程一旦形成，会同时对于发展具有反作用和切实影响。而且由于人口过程实际上具有相当的客观性，人口变动对于发展具有影响实际上是客观存在和不容忽视的。人口同时构成发展的外生性的要素。人口变动产生着历史惯性的影响，产生着长期动态性的影响。否认人口对发展具有影响，实际上是抽去了作为人类社会发展的人口支柱。因为人口是发展要素的重要来源，人口作为劳动力的供给和作为消费者的需求影响经济过程，而人口的结构性也对发展体系具有结构性的影响。

人口对于发展过程并不是没有作用的，但是正如上文所言，如果人口变动本身是内生于发展过程和受到发展过程所塑造，那么人口对于发展的作用实际上不能超越于经济社会发展对于人口变动的决定性影响。

在人口变动对发展的影响中，人口因素对发展的影响往往表现为一个较弱的变量。人口对发展的作用往往受到其他社会经济因素作用的共同影响，这些作用放大或者抵消了人口的作用，使得人口对于发展的外生作用的结果显得并非明显。例如，如果我们认为当前城市中房价的迅速上涨是由于人口的增长和迁移者进入城市，固然我们不能完全排除这种因素，但显然这样的想法过于天真，而忽略了资本力量在房价增长中的巨大作用。但是，虽然我们几乎可以认为人口变动和当下住房市场价格是完全无关的，但从长远的视角来看，研究住房市场的影响因素，首先需要考虑的因素仍然是人口和家庭的变化。

　　这也告诉我们，如果将短期内的经济社会波动归因于人口因素，固然我们不能完全否认其中关联的存在，但是对确认这种关系的显著性仍然要非常谨慎。这也进一步使我们相信，人口变动对于当下发展的影响，实际上远远不是决定性的，不能将其他社会经济变化和制度因素对于发展的不利影响，错误地用人口因素作为其替罪羊。或者过度自信地认为存在一个"人口红利"，而夸大了人口变动对于短期经济波动的影响。

　　人口对发展的作用更主要的是远期的作用。由于人口的生产和再生产需要较长的历史跨度，而且人口的过程更加表现出的是代际的影响，使得人口对于发展的作用更多的是一个长远性和趋势性的影响，是一个长波影响的因素。而由于远期人口变动具有显著的非确定性，这也带来人口对于发展的长期影响实际上也是非确定性的。在考虑人口对于发展所具有的作用时，不仅人口变动本身是非确定性的，发展面临着的诸如资源环境、经济发展方式、产业结构、技术革命、市场机制等其他因素的影响，在不同的条件下影响人口变动，也影响人口因素对于发展的不同的作用。

　　人口因素对发展的作用，部分是积极的作用，而部分却是消极的作用；人口因素的状况在某个时期内对发展将起积极的作用，而在另外的时期内则将起消极的作用；人口要素对发展的作用在某些条件下会发挥积极的作用，但是在另外一些条件下却是消极的作用；或者不起作用。例如，随着生育率下降，固然会在劳动力数量和人力资源上对发展产生负面的贡献率，但是会内生地带来人力资本的提高，则会通过人力资本的提高，对发展产生积极的影响。这种人口过程本身的内生性和复合性，使得简单地认为人口越多越好或者人口越少越好的争论显得幼稚和片面。人口变动对于发展的作用，具有并不确定的积极的影响或者消极的影响。只有重视这些影响在具体社会经济外部约束下的整体作用，才是了解人口变动对于发展产生影响的正确考量。

　　因此，过度解决人口对发展的决定性的影响，实际上是简单化了发展的过程，并会错误地将人口变动归结为发展决定的根本原因。因此，从马尔萨斯、马寅初以来，乃至到当前不少世俗的争论中，不管是自信地认为少生了4亿人从而促进了实现国民经济和社会发展目标还是高谈阔论着人口危机影响发展的痛心疾首，都是或多或少有着"人口决定论"的简单思维。需要通过对"人口决定论"加以祛魅，可能才有助于理解人口和发展的真实关系，也有助于在人口和发展的复杂性相关关系和作用机理的内在考察中，发现发展挑战的根源和在发展路径选择中找寻出路。

四、实现人口与发展的协调

因此，相对于"人口变动会有利于发展""人口变动将不利于发展"以及"人口变动对于发展实际并无影响"三种观点，可能需要产生出一个更加综合的第四种观点，就是人口变动是发展的结果，而人口变动对于发展并不起决定性的作用：人口并不是孤立地作为外生因素影响发展，人口变动对于发展的影响依赖于不同的具体条件有不同的结果；人口变动对于发展的不同方面可能产生积极的影响、消极的影响、共同的影响抑或并不起影响；以及人口变动的不同方面（包括人口数量、结构，人口素质和空间分布）对于发展的影响可能也是并不相同的；人口变动对于发展的近期和远期的影响也是并不相同的。人口对于发展具有非决定性的影响，其含义在于，人口对于发展的影响是存在的，但是是可变的、非决定性的。而发展对于人口变动的决定性影响，其含义在于人口发展本身是内生于发展过程，是经济社会发展的结果。

在这种情况下，需要谨慎地避免对人口与发展形成简单化的认识，认为人口变动将会对发展具有决定性的积极影响或者不利影响，并因此对人口变动过程产生乐观的欣喜或者悲观地感到危机。考虑到人口与发展的复合性关系，通过将其解开来对人口数量、人口结构、人口素质和人口分布和发展的关系进行更细致的分析是必要的。

同时，也正是因为人口变动是内生于发展过程对发展产生影响，那么相对于论述人口变动是如何影响了和影响着发展，正确的命题则是需要努力促进人口与发展关系的协调。不是人口变动对发展产生了积极或者消极的影响，而是人口变动在经济生产方式、社会生活形态、资源环境约束，以及在技术能力、文化观念、制度政策影响的结构性框架中，共同影响了国家和地区的发展状况和发展可能性。简言之，就是人口与发展的协调应该成为国家可持续发展的追求目标，也是在人口与发展的协调性构造中，推动了国家和一个地区的未来进步。

70 年来对于中国人口与发展的历史经验告诉我们，在国家发展的历史进程中，很大程度上不是人口多了更好，或者少了更好的问题；对于人口结构的变动，也很难说某种人口结构更有利于发展或者某种人口结构将不利于发展。为了促进国家和一个地区实现可持续发展的目标，实现良好的运行，更需要在人口与发展之间形成相互协调的模式。换言之，是人口与发展的协调性决定了国家发展，而不是人口这个单一因素对于国家社会运行产生着决定性的影响。

改革开放以来的经济奇迹，与其说是人口结构变动产生出人口红利的结果，不如说是人口总量结构的变动和劳动密集型的经济发展方式相协调和更加活性的劳动力市场的制度建设相协调，从而促进了经济起飞。是人口与发展的协调推动了中国经济奇迹，而非人口变动推动了经济奇迹。这也正如人口红利概念的创造者布鲁姆所说，人口红利对于发展的作用只是一种潜在的作用，人口结构变化要发挥红利性的作用是有条件的。那么，与其说是人口变动产生了"红利"，不如说是由于投资和产业发展促进了就业，促进了劳动力和生产资料结合的人口与发展关系得到协调，从而实现了良好的人口与发展协调发展的模式，推动中国走上了快速成长的发展道路。

反之，如果人口与发展的关系不协调，那么人口就会从生产力的组成要素上转而成为发展的负担，乃至成为阻碍的因素。例如，在中华人民共和国成立以后的社会主义建设时期，仍然有大量劳动力进入城镇，增加了城市工业部门的劳动力供给，但是由于城镇部门实施资本密集型的重工业发展，难以有效吸纳足够的劳动力，而工业部门的过度扩张，使农村部门薄弱的农业生产率难以承受和农产品产出过度转移到城镇工业部门，这就造成城镇部门就业问题的严峻，以及农村部门生活问题的压力，从而造成了人口与发展关系的恶化。即使到了20世纪60年代中期以后，劳动适龄人口比重开始上升，但是人口与发展的不协调关系却并没有得到根本缓解，因此，也就没有所谓的人口结构变化带来的人口红利。同样的在城镇部门中的大量低成本劳动力，在20世纪50－70年代和在20世纪80年代以后出现完全不同的结果。进一步说明在人口与发展的协调关系中，单纯的人口因素对于国家发展的影响更加重要。

在面向未来的人口变动和社会经济发展过程中，人口与发展的协调关系正面临严峻挑战。但与其说是人口总量和结构性变动对发展带来了挑战，即通常所说的人口红利逐步减弱，逐步出现人口负债，不如说是由于人口因素的变化，以及人口与发展的外部环境在发生变化，使得人口与发展的协调关系难以维持，并对国家发展带来挑战。因此，同样可以推论，与其说是人口变动将成为国家未来发展的危机，不如说我们还没有构造出一个适应未来人口变动的新的人口与发展的协调关系。而只有构筑起新的协调关系，才有助于国家发展运行在一个新的轨道上并实现新的发展。

实现人口与发展关系的协调，从逻辑上来看，包括两个方面的努力：

一是由于人口变动有相当的客观性和确定性，因此需要适应人口变动实现经济发展方式、社会生活形态、制度体系安排的调整。例如，在人口老龄化过程中加快生产方式的变化，加快社会保障和养老服务体系的建设。在生育率下降和劳动力人口下降过程中，促进人力资本投资、改革退休制度，这些都能够实现人口与发展的协调关系。还可以将人口变动带来的消极和不利的影响，转变成为相对积极的因素，甚至能够产生一些"新的人口红利"（任远，2016）。对此，不必因为人口变动的客观趋势，而对国家社会的未来感到悲观和绝望。

二是考虑到对发展目标的引导和具体资源环境的客观约束，对人口过程进行有意识的引导，也就是通过人口政策来试图调节人口总量、结构和分布的变动。但正因为人口过程本身是内生在发展进程中的，因此，往往和发展内在规律性相适应的对人口过程的干预调节比较容易成功，而和发展内在规律性相违背的人口过程的干预调节实际上很难实现。由于宏观决策者实际上很难预想到未来的发展，在这个意义上，预想出一个和人口与发展相协调的人口也是困难的，除非人口与发展出现严峻和清晰可见的不协调，否则政府对于人口变动的调节的具体效果总是值得担忧的。同时，人口变动往往基于家庭夫妇的生育、分年龄人口的健康促进及个体和家庭迁移决策等具体的人口行为，公共政策通过什么手段来对人口过程进行引导，也需要充分利用各种相配套的社会经济政策，需要最大限度地基于人民群体的具体需求和满足人民的利益，因为违反了具体行动者理性选择的公共政策安排，往往会产生出破坏行动者生活福祉的结果。

中华人民共和国成立70年来人口与发展积累了相当多成功的证明，也在人口与发展关系中表现出一些不成功的故事。这些历史告诉我们，简单认为人口变动会有利于发展、人口变动会不利于发展，都是盲人摸象、似是而非的结论。对于人类世界复杂性的认识已经告诉我们，简单认为人口越多越好的新古典主义的想法和人口更多会不好的马尔萨斯主义的看法，都是在一定具体条件下"片段性的真理"。追求人口与发展的协调关系应该是国家发展的理想目标，而这一理想必然是在一个复杂社会经济、资源环境和技术制度环境下的综合结果。在人口总量、结构和空间分布的变化过程中，只有促进人口与发展的协调关系才是正确的人口观需要追求的目标。而努力探索人口与发展协调关系的内在规律，仍然是帮助人类社会实现更良好运行的知识工具，并将对中国面向未来的可持续发展做出贡献。

参考文献

［1］［英］马尔萨斯. 人口原理［M］. 朱泱等译. 北京：商务印书馆，1992.

［2］Bloom, David, David Canning, Jaypee Sevilla. The Demographic Dividend：A New Perspective on the Economic Consequences of Population Change［Z］. Rand, 2003.

［3］任远. 中国人口格局的转变和新人口发展战略的构造［J］. 学海，2016（1）.

转向一种适应性的人口政策

任　远①

中国的人口发展强烈地受到制度因素和人口政策的影响。人口政策是合理处置人口事务、实现人口发展的行政工具。广义的人口政策不仅包括生育政策，也包括人口结构、人口分布、人口素质及人口变动所关联的综合人口事务的公共政策。长期以来对于生育问题的重视，使人口政策在很大情况下更多地关注于生育政策。自 20 世纪 70 年代以来计划生育制度，特别是 80 年代成为我国的基本制度，并写入了国家的宪法。"提倡一对夫妇生育一个孩子"也成为中华人民共和国成立以来较长时期所坚持的人口政策。

本文从生育政策的视角来讨论我国人口政策的基本理念变化和未来转型。首先文章提出有两种人口政策：一种是调节性的人口政策，另一种是适应性的人口政策。我国长期以来的人口实践重视调节性的人口政策，并对调节性人口政策的逻辑基础进行反思。我国在低生育率社会的背景下应该逐步转向适应性的人口政策，增强对家庭发展能力的支持，为不同人口群体和生育不同阶段提供适应性的服务，并在此基础上建设生育友好型社会。

一、人口变动与人口政策选择

虽然对于生育率数据，包括死亡率和迁移率的具体状况总是存在持续的争论，以及对人口的未来预测有相当大的不确定性，但我们有相当大的确定性判断我国人口增长将在 2025–2030 年到达顶部，并出现长期的人口下降（翟振武等，2017）。我们也有相当的确定性看到中国人口结构的老龄化趋势不可避免，劳动适龄人口比重将持续下降。我国的生育率水平即使在进行了生育政策调整后有所反弹，但是反弹的效果

① 任远，复旦大学社会发展与公共政策学院教授，博士生导师。教育部新世纪人才（2012 年）。曾担任复旦大学人口研究所副所长等。受聘为上海市人口与发展专家咨询委员会委员等。美国布朗大学富布赖特访问学者（2015–2016 年）。研究领域聚焦于人口发展和城镇化相关联的社会问题和政策研究。近年来完成的著作包括《未来的城镇化道路》（2017 年）、《后人口转变》（2016 年）等。

也并不显著。对于当前的生育率水平究竟是多少，仍然有相当的争论，以及生育率在"全面二孩"政策以后是开始有所上升还是在继续下降，或者是先上升了一段时间，然后又继续保持下降也有不同的看法（王金营等，2016；陈友华，2016；郭志刚，2017；宋健，2017）。但是仍然有相当大的确定性可以判断，我国将继续保持在人口低生育率的状态。在未来的若干年内，人口的终身生育率都会有很小的概率会回到更替水平以上。

如果我们意识到人口变动的确定性，就更加需要考虑的不是着力于改变人口变动和人口格局，而更应该重视的是，如何适应人口变动来实现良好的社会经济发展。即适应劳动力数量的下降，提高资本有机构成和提高劳动者的劳动生产率，促进就业和努力减少劳动参与率的下降；适应长期低生育率的社会来增强家庭发展能力；适应人口老龄化构建老龄社会的经济社会制度安排。这些应该是当前人口政策的着力点，人口政策应该适应人口变动的内在规律，为已经出现的低生育率社会、正在发展的老龄化社会，以及大量人口迁移流动的移民社会做好准备，完善人口与发展的协调关系，而不是违反规律地试图对人口数量、结构和分布进行简单调节。

但是，我们也应意识到人口变动本身具有相当的不确定性。特别是，如果人口的短期变动是相当确定性的，人口的长期变动其实处于非常大的概率性和或然性的状态。因此，良好的人口政策以及人口政策和其他社会经济政策一起，也有必要对于人口的行为和人口状况的变化进行适当的调节。使得人口发展实现一个良好的目标，使得人口与发展实现良好的协调。一个成功的人口政策被认为是能够促进实现可持续发展目标的人口政策，以及由此引导人口过程的合理变化来实现的发展目标。

因此，对于人口变动与人口政策有两种人口政策：一种是适应性的人口政策，另一种是调节性的人口政策。适应性的人口政策，是面对人口变动的影响，来适应和应对人口变动产生的相关人口事务，包括积极应对老龄化、应对低生育率社会、应对人口结构的变动，等等。调节性的人口政策，是对人口过程进行干预，对人口本身的状况和结构进行动态调整，使其达到一个理想的目标。

二、调节性的人口政策

1. 调节性人口政策的历史演进

在计划经济时期形成的"不仅是经济生产需要计划，对人口也可以有计划"的思想下，自20世纪70年代以来，我们比较强调调节性的人口政策，重视对人口的生育行为进行干预，并试图影响人口总量和人口结构的变化。这种调节性人口政策的最初起点，是协调人口和发展严重的不平衡，并减少人口的贫穷。从 20 世纪 80 年代开始，这种人口政策就有着将人口在 2000 年控制在 12 亿人的严密计划，并因此形成严格的"一孩政策"，通过行政性的手段来对家庭夫妇的生育行为进行指导和干预。进入 21 世纪以后，人口政策也被作为实现在 2020 年人均 GDP 翻两番目标的实现工具。对调节性人口政策的偏好，可以在国家和地方的中长期规划和五年计划中的人口规划中普遍表现出来。

在计划经济体制的环境中，调节性的人口政策采取的是一种比较行政性的调控手段。到了 20 世纪 90 年代以后，随着社会主义市场经济的建立，也越来越利用社会经济等间接性手段来实施人口的调节和控制，也就是计划生育的利益导向机制和经济惩罚机制的广泛实行。利益导向的制度包括对计划生育家庭的奖励扶助，而经济惩罚则是对违反计划生育的行为征收社会抚养费，这些基于经济手段的人口政策，总体上是有着管理人口的生育行为和调节人口变动的目标。

自 20 世纪 70 年代以来，以降低生育率和控制人口增长为基本主线，我国的人口政策实际上一直在进行微调。在进入 21 世纪以后，随着人口的变动，人口政策也从"双独二孩"到"单独二孩"进行了调整。2015 年底开始施行"全面二孩"政策，使这个调节性政策的调节方向发生了变化（任远，2017）。提倡两个孩子，政策生育率开始高于意愿生育率和实际的生育水平，使得人口政策的方向总体上已经成为提倡更多的生育政策，甚至也很快出现了"鼓励生育"的导向性话语。当前社会舆论出现的另一个倾向是认为过低的生育率将使国家发展陷入长期的困境，生育率下降、劳动适龄人口总量下降和老龄化的上升形成了"人口危机"，需要通过生育政策的调节作用来鼓励生育、提高生育率。

但是，从通过人口政策来调节人口变动来说，将人口政策定位于"鼓励生育"，却未必是没有问题的，这并不是因为当前生育率的具体水平仍然需要进一步地动态监测，实际上，当前的生育水平如果不是完全明确的，也是基本明确的。正如同我们不能像在 21 世纪初期困扰于对生育率数据和真实生育水平的反复争论而耽误了生育政策的改革，将生育水平的统计争论作为阻碍"全面二孩"以后生育政策进一步改革的借口，或者纠缠于数据计算中使人口政策改革失去方向是不合时宜的。

实际上，当前时期，通过"鼓励生育"来实现人口与发展的平衡未必有充足的理由。由于生育率下降带来的劳动力短缺，在直到可见的 21 世纪中期实际上并不存在，从中长期来看，我国的劳动适龄人口总量并不缺乏，其比重也并不显得极低。通过生育率调整来降低人口老龄化程度所发挥的作用，实际上也是非常微弱的。而且客观来说，我国的老龄化程度也并不显得极高。在人口变动过程中，虽然我国人口与发展的不利关系将逐步呈现，但没有表现得非常尖锐。长期性的人口萎缩对经济发展的阻碍关系并没有得到充分的证明。至少目前的实证数据表明，老龄化和经济增长是呈现着正向的关系，劳动适龄人口下降和经济增长也具有正向的关系。对于中国经济增长而言，劳动力资源的配置比劳动力的年龄结构仍然更加重要，这使得试图通过人口政策来解决经济问题实际上并非有效的。

在人口政策调整的过渡时期，过分强调"鼓励生育"，则会凸显一些逻辑上的悖论。例如，一方面鼓励生育，另一方面还对三孩及以上征收抚养费，这是相互矛盾的，在政策上也是相互抵触的。当前人口政策的逐步转变，显然更加需要对生育政策内部的执行、实施方式进行转向性的调整，并首先放弃对生育数量的行政限制，实现"全面放开、自主生育"，然后才是考虑鼓励生育的问题。

同时，人口政策也是需要和各种社会政策一起发挥作用的。进入 21 世纪以来，生育率的影响因素已经不再是生育政策，而是各种社会经济因素。城市化的发展增加了生育的成本，妇女教育程度的提高和妇女就业率的提高进一步增加了生育的机会成本。育龄妇女的平均结婚年龄推迟对生育率的下降具有进度效应。另外，包括结婚率的下降、离婚率的上升等，都对生育率带来客观的限制。忽略育龄妇女不愿意生育的原因而片面强调"鼓励生育"，实际上会以损害妇女地位、损害家庭发展为代价，这不仅事实上和"全面二孩"政策一样难以奏效，也在"鼓励生育"目标下各种对人口生育的调节，例如，设立什么未婚夫妇缴纳的生育基金①，如果偏离了人口生育的意愿，反而可能带来负面的反对。

人口政策本身发挥作用的社会经济环境，以及其他关联的社会保障和社会服务政策需要有一个相互协调的配套，就业和经济生产方式的状况、社会观念的变化、社会经济生活的具体环境都需要一个逐步转变的过程，因此，在现实的外部环境中，片面倡议"鼓励生育"是并不必要也并不可行的。

2. 对调节性人口政策的反思

对很多学者来说，调节性的人口政策还存在一个将人口达到"理想目标"的未来图景。例如，在 20 世纪 80 年代初，经过计算将人口目标确定为在 2000 年达到 12 亿人，因此，相关联的就需要极其严格的一胎化的政策实施。在 21 世纪初，将总和生育率的理想水平确定为 1.8，几乎形成了一个 1.8 的崇拜，这也是基于在 2020 年达到国民经济发展目标的理想设计。

最近，这种理想状态也被表现为人口发展的长期均衡。无论是人口的内部均衡还是外部均衡，可能更加是一种发展的原则，而不应是对人口发展的具体衡量。对人口发展的内在均衡，显然受到洛特加关于静止人口的数量模型的影响，以及受到凯菲兹的著名断语，即"当一对夫妇生育 2 个以上的子女，人口就会不断爆炸；而人口的

---

① 刘志彪和张晔在 2018 年提出建立生育基金制度，即年轻夫妇将工资按一定比例缴纳生育基金，在生育子女以后可以取出生育基金以补偿生育成本，以此作为提高生育率的手段，引起广泛的讨论。刘志彪，张晔. 提高生育率：新时代中国人口发展的新任务 [N]. 新华日报，2018 - 08 - 14.

总和生育率如果小于2，人口将会逐步衰亡"（Keyfitz，1985）。在这样一个考虑下，人口政策如果能够将人口长期控制在生育二孩的理想状态，那么"全面二孩"政策和按政策生育，是有利于人口长期均衡的。

在调节性的人口政策下，国家总是有计划地将人口发展确定出一个目标，实际上隐含着一种理想人口状态的实现。这样理想的人口状况，有时还与人口容量、人口承载力等概念结合在一起，确定了人口规划的底线和边界的限度，成为决定国家或一个地区人口政策的基础。

但正如法国人口学家阿尔弗雷德·索维（Alfred Sauvy，1898－1990）所说，所谓理想的人口、合理的人口无非是一个"数学上的虚数"，是一个指导性的原则（参见中文版，1983年）。这个理想的人口涉及相当多的指标和各种不同的标准，所谓的理想人口的数值，在长期的现实中其实是"存在着但实际找不到"的，或者说，人口实际上是有内在地实现最优的趋势。考虑到社会经济的发展、资源的不断开发、技术的进步和资源利用水平的变化，所谓的适度人口和理想的最优值，无非是"想象中的乌托邦"。将人口确定出一个远期的最优，实际上是不现实的。用这种乌托邦来作为人口政策的指南，并直接来干涉人口的行为和斧凿出未来的人口状况，实际上往往是削足适履的。

从这个意义上来看，主观地试图调节人口达到所谓的最优，实际上却往往背离于人口发展的内在规律。因为人口和发展存在内生的相互作用，忽视了具体社会经济发展而试图确定最优的人口，往往具有刻舟求剑的片面性。人口政策的僵硬调节，固然是以追求最优为目标，但是却可能反而造成了非最优的结果，造成人口与发展的不协调。一些以人口平衡为导向的人口政策，却往往会造成新的人口与发展的不平衡。

更重要的是，我们也越来越意识到，生育本身是家庭夫妇的自主选择。在生育问题上，国家应该考虑的是为生育提供相应的服务，而不是指导人口生育的行为和数量。政府应该对意愿生育的人口提供支持生育的服务，也应该对不愿意生育的家庭提供避孕节育的公共服务支持。政府应该加强对于生育的服务，而不是简单地鼓励生育。

那么，如果妇女的意愿生育率已经是低于政策生育率的，我们需要考虑的不是让妇女按照政策生育，而是需要理解家庭夫妇意愿生育率和实际生育行为极低的原因，从而才能改变那些使妇女生育意愿不能实现的因素，从而支持妇女生育的理性选择。不重视采取措施以提高家庭夫妇生育的意愿和理性，而过分关注在家庭夫妇的生育行为，那么强调鼓励生育和限制生育一样，其实都是违反家庭夫妇的利益和具体需求的。

"鼓励生育"和"限制生育"都是类似的想法，是过度地干预了家庭夫妇的生育行为选择，而忽视了生育本身是家庭夫妇主观意愿和自主选择的结果。政府的人口政策存在一定的限度，实际上不应越俎代庖地对家庭夫妇的生育行为进行决策，而应通过公共政策改革外部环境来改变生育者的理性、意愿，以及通过生育的公共服务来增强他们的知识和选择性。

因此，调节性人口政策的价值，实际上不在于调节生育的行为，而在于调节影响生育意愿和生育行为的社会经济因素，增强家庭夫妇对生育的知识、理性和选择。调节性人口政策的目的，也并不应该是试图实现一个理想的人口目标，而是应该努力促进人口变动和发展体系的有机协调关系。而这恰恰是当前以人口数量作为目标关注、以对人口生育行为进行指导和调节的人口政策所未必足够关注的。

三、适应性的人口政策

如果说在 20 世纪 70－90 年代人口发展重视调节性的人口政策，具有协调人口发展和经济增长紧张关系的具体考量，人口政策也在相当程度上具有促进实现生育率下降的人口转变的主要目的。那么在当前时期的人口发展和经济增长的紧张关系已经得到相当程度的缓解，人口政策本身对于人口变动的调节作用也在弱化。因此，政府的人口政策应该逐步改变对于生育本身的调节，而应该转为对于生育的支持和服务，坚持家庭的自主生育和自主选择，将人口政策更加转向于适应家庭夫妇的生育和生殖健康的需求提供生育服务，以及转向于对人口变动过程的适应。

适应性的人口政策在于，在日益深化的低生育率社会中，需要针对家庭小型化和家庭功能的弱化，实施对家庭生活进行支持和加强家庭发展能力的政策。例如，对于贫困和低收入家庭的税收支持，避免他们因为生育增加的经济负担而降低生活水平。通过加强对生殖健康服务和婴幼儿的抚育体系，从而降低因为对子女生育和抚育的压力造成对家庭的压力，特别是对妇女的压力，等等。这些对低生育率社会的家庭支持的福利政策，根据在北欧的实践，也被证明对于提高生育率会发生积极的效果（吴帆，2016）。

低生育率社会下的支持家庭的人口政策也包括增加对老年人口社会照料体系的完善，这实际上是有利于减少家庭夫妇的家庭负担。我们通常的看法是，完善的老年社会保障会降低生育子女的需求，而在另外的方面，则是完善的老年社会保障实际上是降低家庭的压力，会支持家庭的发展能力，并有利于家庭再生产功能的恢复。

低生育率社会也会进一步增加对劳动力的迁移需求，有助于缓解劳动力可能会出现的紧张，并发挥迁移对于发展的积极效应。正如同欧洲在第二次人口转变以后通过迁移来促进人口发展平衡的实现（van de Kaa，2004），促进移民本身会是低生育率社会内生的人口变动。在中国不同地区的人口转变过程中，我们也看到先期实现人口转变的具有低生育率的东部沿海地区，通过吸纳从中西部地区转移过来的大量移民，满足了经济增长的劳动力供给的需求。在我国低生育率将继续维持和劳动适龄人口总量开始下降的格局下，客观上增加了对国际移民的内生性需求，国际移民也将在未来中国的劳动力市场上发挥增加的作用。从这个意义上来看，更加开放的移民政策本身也是对长期低生育率社会的适应性应对。

适应性的人口政策强调公共政策应该适应不同人口群体对生育的具体需求，包括对流动人口、低龄的青年、高龄的妇女等，提供有针对性的生育和健康服务。例如，流动人口生育过程的中断，似乎表现为迁移流动过程对生育影响的常态，但在某种意义上也说明，现在的流动过程本身是非常"不家庭友好"的。流动人口过长的工作时间和大量的家庭分离，实际上降低了流动人口生育的可能。这种家庭分离还对家庭夫妇中的男性和女性都产生了健康和家庭生活的风险。适应性的人口政策实际上也要求促进流动人口的家庭化迁居以及保障他们具有稳定的家庭生活。

这种适应性的人口政策，从本质上来看，既不是限制生育，也不是鼓励生育，而根本上是基于家庭夫妇的需求提供生育服务。对于意愿生育的妇女提供服务来满足其"未能实现的怀孕"，同时对不希望生育的家庭也应该对其"未意愿的怀孕"提供避孕支持。人口政策应该适应人口的生育需求和生育行为，提供相关的技术服务和公共服务，这样才能实现一种全新的基于家庭夫妇生育理性和满足其具体需求的计划生育，并扭转当前计划生育制度在中国发展面临的人口政策困境以及恢复到计划生育作为家庭计划的国际潮流的本来含义。

适应性的人口政策也应该强调在生育准备和怀孕期、围产期、新生儿和婴幼儿阶段，针对人口的具体需求和困难，对与人口再生产相关联的生殖健康、生育支持、生育服务和抚育等，提供相应的服务。这种对生育服务本身，也需要实现全生命周期的生育服务，例如对于性和生殖健康的教育实际上是应该从儿童和青少年做起，更高育龄年龄的妇女生育服务的必要性显得更加迫切，而老年人口的性与健康服务以及养老服务，同样也是值得重视和关注的。

四、建设生育友好型社会

在完成人口转变以后的人口政策，表现出相当的方向性的迷茫，是稳定低生育率、"全面二孩""全面三孩""鼓励生育"，似乎陷入了政策的陷阱。人口政策在某些地区是鼓励生育，在有些地区又是限制生育；对某些群体是鼓励生育，对有些群体又是限制生育；这带来了政策导向和执行的困惑。

为了解决这种矛盾性的局面，人口政策应该弱化其调节性的人口政策的作用，转型为一种更加强调适应性的人口政策。实际上，改变通过人口政策对人口过程和人口状况进行调节的想法，人口政策就可以不必困扰于对生育是要鼓励还是限制；是应该提倡生育二孩还是生育三孩，实际上成为并无意义的争论。

而强化人口政策应该适应人口变动和适应人口过程的想法，就可以将生育决策回归家庭，人口政策则是服务于家庭和适应人口变动。人口政策的基础是坚持夫妇对于生育的自主选择，而人口政策是适应低生育率社会的现实、适应不同群体的生育需求、适应家庭生命周期的不同阶段提供生育的服务、教育和指导，而非调节。

适应不同群体的生育需求，从而可以使得生育群体的健康得到保障，抚育得到增强，其包含了生殖健康教育和服务、避孕节育和辅助生殖技术和服务，包括婴幼儿的抚育照料、托育托幼和早教发展。适应家庭生育周期不同阶段的生育服务，则包括增强对生育前的公共服务和社会支持、对生育过程中的公共服务和社会支持，以及生育以后的公共服务和社会支持，这些公共服务和社会支持，包括对母婴保健、婴儿早教、托育、托幼及对妇女家庭—工作平衡的社会支持。在生育服务的这些领域，仍然需要利用公共部门的力量来支持生育和家庭，帮助人口群体获得所需要的服务。于是，这种适应性的人口政策，实际上是架构起对人口生育的宏观公共服务的公共政策，形成一种生育友好型社会的建设。

在这种适应性人口政策视野下的生育友好型社会建设下，就能使生育政策转化为家庭政策，能使生育政策对接上福利政策。基于家庭的理性选择，对家庭生育提供服务和支持，增强家庭的发展能力和家庭福利，这应该成为人口政策的目标。

在适应性人口政策视野下的生育友好型社会建设下，人口政策不仅可以从对人口进行管理和调控的政策，转变为对人口提供公共服务的政策，提高人民的健康、利益和幸福、也能够支持政府从调控管理型政府向公共服务型政府的转型，并为人口政策奠定合法性的基础。同时，也正是由于适应性的人口政策本身增强了家庭发展能力，增加了家庭的生活福利并因此强化了家庭的收入效应，因而，生育友好型社会将能够内生地促进生育率的提高。这已经从北欧一些国家通过重视家庭的福利制度建设，带动了生育率水平的提高的经验中表现出来。这也证明，"低生育率陷阱"实际上未必是生育率下降后宿命的结果，通过良好的生育服务和家庭福利政策，能够有效支持家庭发展，并改变家庭夫妇的生育意愿和生育行为，从而提供走出"低生育率陷阱"的出路。

可见，在人口转变完成以后，我国人口变动出现了波动性的状态。人口与发展的紧张关系得到了缓解，而长期很低的生育率状况迫切要求重新反思中国的人口政策。我国的人口政策特别是生育政策迫切需要实现其功能和定位的转型。人口政策需要从促进人口转变的调节性的人口政策，在后人口转变时期，应转变为更加适应人口过程和人口动态的适应性的人口政策，从而建设起有利于生育友好的社会机制。这因此也能够使人口政策得以保障人口的健康和幸福的家庭生活，成为满足人口需求和提高人口生活福利的社会制度，并在宏观上促进人口和发展的协调。

参考文献

［1］阿尔弗雷德·索维．人口通论（上册）（中文版）［M］．北京：商务印书馆，1983：55．

［2］陈友华．全面二孩政策与中国人口趋势［J］．学海，2016（1）．

［3］郭志刚．中国低生育率进程的主要特征：2015 年 1% 人口抽样调查结果的启示［J］．中国人口科学，2017（4）．

［4］任远．定位和定向：我国生育政策未来［J］．探索与争鸣，2017（7）．

［5］宋健．转折点：中国生育率将往何处去［J］．探索与争鸣，2017（4）．

［6］王金营，戈艳霞．全面二孩政策实施下的中国人口发展态势［J］．人口研究，2016（6）．

［7］吴帆．欧洲家庭政策与生育率变化——兼论中国低生育率陷阱的风险［J］．社会学研究，2016（1）．

［8］翟振武，陈佳鞠，李龙．2015 - 2100 年中国人口与老龄化变动趋势［J］．人口研究，2017（4）．

［9］Keyfitz，N．，Applied Mathematical Demography ［M］．New York：Springer - Verlag，1985．

［10］Van de Kaa，D. Is the Second Demographic Transition a Useful Research Concept：Questions and Answers ［J］．Vienna Yearbook of Population Research，2004（2）：4 - 10．

第三部分　人口发展的专题报告

专题报告1　中国人口总量、年龄结构和性别结构

赵碧凡

人口问题是我国国情的重要内容，也影响着我国社会主义现代化的历史进程。由于人口问题具有长期性和累积性的特点，反复认识与把握人口发展规律，并将其与经济发展、社会变迁与自然变化一并考察，方可获知我国人口问题的基本情况（胡鞍钢，2015）。把握中华人民共和国成立以来的人口变迁情况不仅具有一定的历史价值，还对把握社会转型与经济发展新常态和预测未来我国人口与经济社会发展情况具有深远意义。本文将利用中国人口的相关数据来描述和分析中华人民共和国成立以来的我国人口发展的总量变化、年龄结构和性别结构等内容，并对我国人口发展状况与我国未来发展之间的联系加以讨论。

一、中国人口总量的变化情况

中国人口总量总体呈增长态势，且具有悠久历史。中国人口总量快速增长的起源是清朝雍正与乾隆年间。1835 年，我国人口总量突破 4 亿人，使我国真正成为人口大国。自乾隆后的 100 年，我国人口总量连续翻了两番，为中华人民共和国成立以来的巨大人口基数打下了基础（田雪原，2013）。因此，中华人民共和国成立以来的人口总量变化具有一定的历史基础。

首先，我国人口总量始终呈增长态势：从 1949 年的 5.4 亿人不断增长到 2017 年的 13.9 亿人。此外，中国人口增长呈现较明显的阶段性特征：1949 - 1957 年，我国人口稳步上升，并突破 6 亿人。1958 - 1961 年，我国人口增长停滞。1962 年起，我国人口规模迅猛增长，并在 1974 年突破 9 亿人大关。1975 - 1990 年，我国人口则维持稳定上升，并在 1988 年超过 11 亿人。1990 年以后，我国人口增长趋于稳定。1990 - 2017 年，我国人口增长逐步放缓。

其次，我国年人口总量净增长数反映了上述事实：1957 年前，我国年人口总量净增长总体在 1000 万 ~ 2000 万人的范围内波动；1958 - 1961 年，我国年人口总量净

增长则大体在 700 万人以下；1962 - 1965 年，我国年人口净增长呈现较为明显的上升态势；1966 - 1969 年，我国年人口净增长则从 1700 万人逐渐上升至 2400 万人。1970 年以后，我国年人口与净增长数则开始呈现较为明显的波动下降态势，人口增速放缓。虽然1980 - 1988 年我国人口总量净增长数出现小幅上升，但 1989 年之后我国人口净增长数则总体呈下降趋势，并在 2000 年前后跌至 1000 万人以下。进入 21 世纪以来，我国人口净增长数总体维持在 1000 万人以下，并在 2010 年前始终呈现缓慢下降趋势，但在 2010 年后呈现缓慢上升趋势，仍维持在 1000 万人以下的规模（如图 1 所示）。

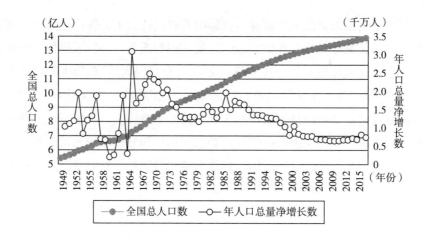

图 1　中国人口规模变化情况（1949 - 2017 年）①

我国人口规模变化与人口出生率、死亡率和自然增长率的变化契合。1949 - 1957 年，我国人口自然增长率在 15‰ ~ 25‰的范围内波动变化，出生率在 30‰ ~ 40‰的范围内波动变化，死亡率则从 20‰降至 10‰。在 1959 - 1961 年三年自然灾害期间，我国人口自然增长率出现显著下降：出生率迅速下降，死亡率则迅猛上升。1960 年，我国人口自然增长率甚至跌至 - 4.57‰，呈现负增长。1962 年后，我国人口自然增长率迅速超过25‰，并维持到1970 年；出生率则超过33‰；死亡率则稳定在 10‰左右，并呈现下降趋势。1970 - 1980 年，我国人口自然增长率和出生率均呈现下降趋势：人口自然增长率由 25‰降至 11‰，出生率由 33‰降至 18‰；而人口死亡率则始终稳定在 7‰左右。1980 - 1990 年，我国人口自然增长率与出生率则小幅上升，并呈现波动变化：人口自然增长率维持在 15‰上下，出生率维持在 20‰左右；而死亡率则维持在 6.5‰ ~ 7‰。1990 - 2000 年，我国人口出生率、自然增长率呈现明显下降趋势，而死亡率则继续维持在 20 世纪 80 年代的水平。2000 - 2010 年，我国人口出

---

① 本文的数据来源均为中国经济社会大数据研究平台（http：//data. cnki. net）。

生率则维持在 11‰的水平，人口死亡率上升至 7‰的水平，人口自然增长率从 7‰下降至 5‰。2010 年之后，我国人口出生率、自然增长率出现微幅上升趋势，而死亡率则维持在 7‰的水平。由此可见，我国人口出生率与死亡率的变化共同对我国人口增长的变化产生作用（如图 2 所示）。

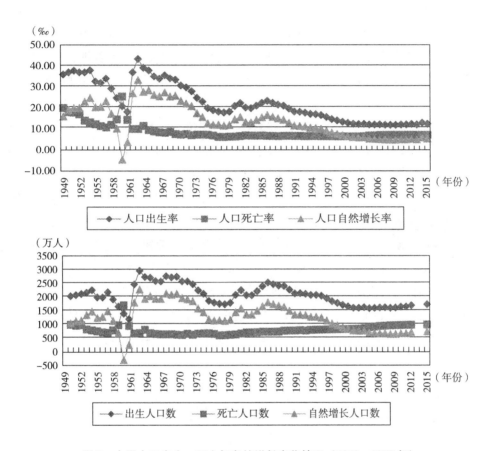

图 2　中国人口出生、死亡与自然增长变化情况（1949－2017 年）

究其原因，上述人口规模变化情况与我国经济社会的政策变迁高度相关。中华人民共和国成立以来，我国经济社会的发展导致人口死亡率下降，推动了我国的人口转变；而"大跃进"和"人民公社化"后的 1959－1961 年我国死亡率迅速上升、出生率显著下降，并导致人口自然增长率迅速下滑；而后对经济政策的拨乱反正则带来了 1962－1970 年的人口快速增长；20 世纪 70 年代以来的计划生育政策则致使我国人口增长放缓（杨凡、翟振武，2012）。20 世纪 80 年代我国人口总量的波动变化则与我国计划生育政策调整密切相关（翟振武，2015）。在计划生育政策调整稳定之后，我国的人口总和生育率持续下降，并趋于稳定，并推动我国人口在 2000 年后进入"后人口转变"时期，并趋近于零增长状态；而"全面二孩"政策则具有一定补偿性生育的效应，会略微推迟人口高峰来临的时间（任远，2017）。

二、中国人口年龄结构的变化情况

我国人口规模变化势必会影响我国人口年龄结构变化，并对未来几十年的人口发展产生深远影响（郭志刚，1997）。在此，本文利用全国人口普查数据，以人口金字塔的形式反映人口年龄结构变化。1953 年中国人口金字塔呈现下大上小的"宝塔型"结构，并展现出"随年龄上升，人口数量逐渐减少，青少年在人口总量上占比较大"的情况。1964 年中国人口金字塔与 1953 年基本相仿，但在 5 ~ 7 岁的人口上出现较大缺口。这与 1958 - 1960 年的人口自然增长率和出生率双双下降的情况有关。相较于 1953 年，0 ~ 1 岁的人口数占比更高。这与人口自然增长率和出生率在 1962 年后的猛然上升相关。因此，在 20 世纪 70 年代中期之前，中国人口年龄结构呈现青年人比重非常高、老年人比重最低的"下大上小"结构。这也在 1982 年中国人口金字塔中也得以反映：虽然 20 世纪 70 年代以来的计划生育政策使金字塔的底部有所削减，但 20 世纪 70 年代中期之前的中国人口金字塔依然具有"下大上小"的特征。相比之下，20 世纪 70 年代之后的人口年龄结构则呈现全新特征，即人口金字塔由"宝塔型"向"橄榄型"转变：中年期人口占比越来越高，在人口金字塔上越来越向两边突出；青少年人口占比越来越低，在人口金字塔上越来越内凹；老年人口占比呈上升趋势（如图 3 至图 8、表 1 所示）。

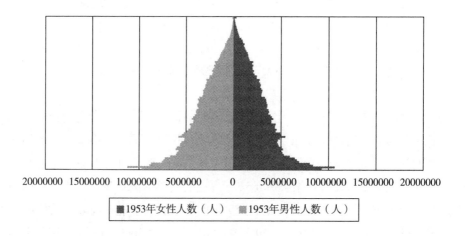

图 3　1953 年全国人口普查人口金字塔

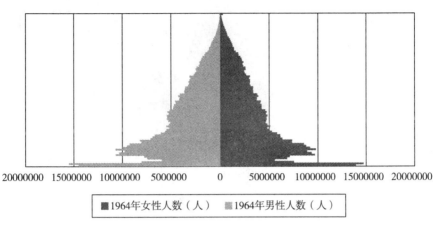

图4 1964年全国人口普查人口金字塔

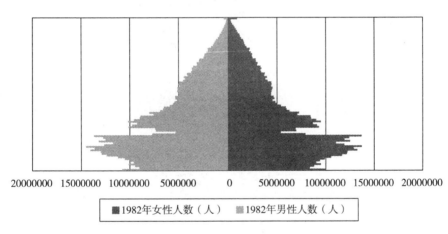

图5 1982年全国人口普查人口金字塔

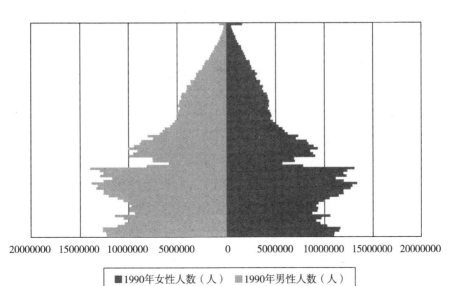

图6 1990年全国人口普查人口金字塔

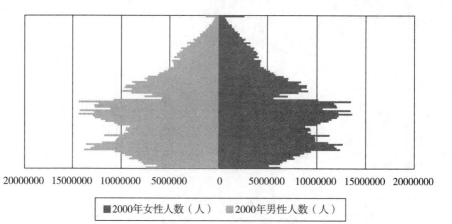

图 7　2000 年全国人口普查人口金字塔

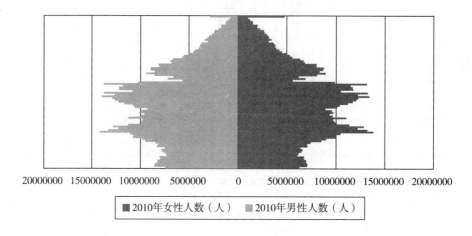

图 8　2010 年全国人口普查人口金字塔

表 1　历次人口普查的人口年龄结构指标情况

年龄结构＼年份	1953	1964	1982	1990	2000	2010
少年儿童人口（人）	205840897	280671035	337251189	313001854	284527594	221322621
少年儿童人口比重（％）	36.27	40.41	33.59	27.69	22.90	16.61
劳动适龄人口（人）	3368426704	384450783	617386418	754515392	869810610	992561090
劳动适龄人口比重（％）	59.36	55.35	61.50	66.74	70.00	74.47
老年人口（人）	25038557	24583334	49275549	62993392	88274022	118927158
老年人口比重（％）	4.41	3.54	4.91	5.57	7.10	8.92
少年抚养比	0.611	0.730	0.546	0.414	0.327	0.223
老年抚养比	0.074	0.064	0.080	0.083	0.101	0.120
总抚养比	0.685	0.807	0.626	0.498	0.429	0.343

此外，我国人口年龄结构变化还反映在人口比重与人口抚养比的变化上。其中，劳动适龄人口指15~64周岁的劳动人口，抚养比指被抚养人口数与劳动人口数之比，即老年人口数或青少年人口数与劳动人口之比，并分为少儿抚养比和老年抚养比。我国劳动适龄人口始终呈稳定上升趋势，劳动适龄人口比重在1982年之前呈下降趋势，而后便稳定上升，并在2000年前后超过了70%。少年儿童人口比重和少儿抚养比在1964年前均呈明显上升趋势，而后便呈现下降趋势，其中，少年儿童人口比重在2010年低于20%；老年人口比重和老年抚养比在1964年前均呈现下降趋势，而在1964年后呈稳定上升态势，其中，老年人口比重在2000年前后突破7%，老年抚养比也同时突破0.1。同时，总抚养比则与少年儿童抚养比呈现较类似的变化趋势，并在2000年达到0.4左右的水平，而在2010年达到0.35以下。

综上所述，我国人口年龄结构大致呈现下列阶段性特征：20世纪70年代中期之前，我国人口与年龄结构呈现老年人口比重小，少年儿童人口比重大的特征；20世纪70年代开始实行的计划生育政策使我国青少年人口比重由此逐渐下降，而老年人口比重则相对持续上升，少子化趋势与老龄化趋势不断深化（胡鞍钢，2015）。随着计划生育政策的深入推进，1980-2000年我国人口年龄结构呈现出劳动适龄人口比重持续上升、少年儿童人口比重下降、老年人口比重上升的总体态势。2000年后，我国则正式进入老龄化社会，并出现了"快速老龄化"的趋势，人口红利也正开始逐渐减弱（任远，2017）。

三、中国人口性别结构的变化情况

我国的人口金字塔还反映了我国人口性别结构的变化。根据上述六次人口普查金字塔反映的性别结构，男性人口始终比女性人口多。在我国人口性别比的变化情况上，人口性别比基本维持在103~108，波动变化幅度相对较大，且具有一定的时间性。1959年之前，我国人口性别比基本维持在108左右的较高水平，且在1957年前呈下降趋势，但仍高于107，而后便迅速上升，并在1959年达到108左右。1960-1969年，我国人口性别比呈现下降态势：1960-1962年，人口性别比直接降到105.3，而后便呈现波动下降的趋势，并在1969年达到104.8。1970-1980年，我国人口性别比始终维持在106左右。20世纪80年代，我国人口性别比则在106~107波动变化。1990-1997年，我国人口性别比从106.6迅速下降到103.3，而1997-2000年，我国人口性别比迅速从103.3提高至107.6。2001-2009年，我国人口性别比则基本维持在106左右；而2010年以后，我国人口性别比呈缓慢下降趋势，但基本仍维持在105左右的水平。由此可见，虽然我国人口性别比有所波动，但始终维持在极高的水平（如图9、表2所示）。

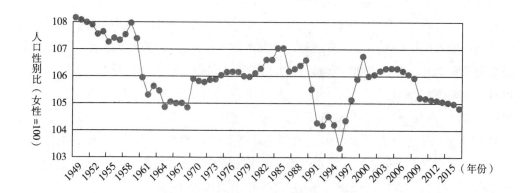

图9 我国人口性别比变动情况（1949－2017年）

表2 历次人口普查不同年龄组的性别比状况

性别比　年份	1953	1964	1982	1990	2000	2010
0－9岁	109.20	107.66	106.62	109.30	117.45	118.90
10－19岁	113.76	108.80	104.87	105.95	107.28	111.55
20－29岁	105.76	111.15	105.32	104.87	104.00	101.11
30－39岁	106.61	111.42	109.58	107.71	105.69	104.43
40－49岁	106.36	105.56	113.26	110.42	106.95	103.91
50－59岁	103.40	96.04	109.35	111.05	107.68	103.60
60－69岁	90.17	82.35	96.52	101.64	105.27	102.82
70－79岁	69.47	64.83	76.20	81.71	89.59	94.99
80岁及以上	47.02	45.48	53.77	54.58	61.07	71.84

　　若将我国人口性别结构分解到不同年龄组，笔者发现，我国人口性别失衡状况主要表现在婴幼儿人口和老年人口的性别失衡。总体而言，低于20岁的青少年性别失衡状况始终维持在大于105的极高水平上；而20～60岁的人口性别失衡状况则相对较轻，而且在1982年之后呈现较为明显的下降趋势，并在2000年之后逐渐趋近于100。60岁以上老年人口性别失衡存在显著的男少女多，而老年人口的性别结构是趋于均衡，性别比逐渐上升。因此，2000年以来的人口性别结构优化与我国人口年龄结构变化有关：由于0－19岁的低年龄组具有拉高人口性别比的作用，而70岁以上的高年龄组则具有拉低人口性别比的作用（刘慧君、李树苗、朱振威、果臻，2014），20～60岁人口性别比的下降推动了人口性别结构的优化，我国人口老龄化和少子化程度的提高也推动了我国人口性别比的下降和我国人口性别结构的优化（如

图 10 所示）。

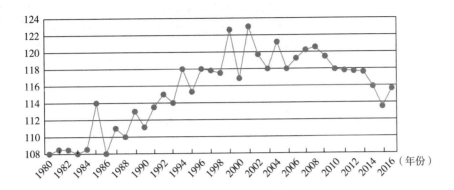

图 10　我国人口出生性别比（女性人口 = 100）变化情况（1980 - 2017 年）

此外，我国人口性别结构还与人口出生性别比的变化情况有关。自 20 世纪 80 年代以来，我国人口出生性别比始终远高于同时期的人口性别比。1980 - 2000 年，我国人口出生性别比呈现波动上升的态势；2000 - 2010 年，我国人口出生性别比始终在 118 ~ 124 的高位波动；2010 年后，我国人口出生性别比总体呈现下降趋势，但仍高于 114。具体而言，20 世纪 80 年代以来的性别失衡状况主要受到传统重男轻女观念的影响。这样的观念容易造成人们漏报女婴，倾向于进行产前性别鉴定与性别选择性人工流产和溺弃女婴等现象的产生。这些现象便在很大程度上导致了 20 世纪 80 年代以来我国人口出生性别比的失衡状况（曾毅，2004）。随着思想观念的改进和人口性别结构治理成效的不断显现，2010 年以来的人口性别比呈现不断下降的趋势，人口性别结构在一定程度上得以优化（李树茁、孟阳，2018）。

四、结论与讨论

本文对 1949 年以来我国人口总量、性别结构和年龄结构进行深入研究，发现我国人口总量、年龄结构和性别结构呈现较强阶段性。根据上述阶段性特征，笔者讨论中华人民共和国成立以来中国人口变动的基本分期。当然，既往研究也曾根据不同标准确定了中国人口演变的分期标准：任远（2017）将 1970 年、2000 年作为中国人口变动的分期，其主要标准是人口总量、人口年龄结构与人口城乡结构；李树茁和孟阳（2018）则将人口性别结构演变的分界视为 2010 年；翟振武（2015）、胡鞍钢（2015）则将 2010 年视为人口年龄结构演变的分界线之一。实际上，从人口总量、人口年龄结构和人口性别结构不同角度来看，我国人口变动的历史分期有不一样的特点。表 3 总结了我国人口变动的基本特征。

表 3　中国人口的基本演变特征

时间	人口总量	人口年龄结构	人口性别结构
20 世纪 50 年代	人口总量总体稳步上升；后期受"大跃进""人民公社化"影响，人口增长停滞	人口结构呈"下大上小"宝塔型结构，即青少年人口相当多，老年人口最少	人口性别结构处于男性远远大于女性的失衡状态；人口出生性别比高于人口性别比，且波动变化
20 世纪 60 年代	初期陷入停滞，停滞期结束后的人口规模增速最快		
20 世纪 70 年代	计划生育政策实行后，人口增长开始放缓	计划生育政策实行后，青少年人口比重开始下降	
20 世纪 80 年代	由于计划生育政策的调整，人口总量增长波动变化	劳动年龄人口比重持续上升；人口老龄化与少子化开始发展	
20 世纪 90 年代	人口总量增速持续下降		
21 世纪头 10 年	人口开始零增长，增速稳定，人口总量趋于稳定	人口老龄化和少子化不断加剧，"人口红利"开始衰退	
21 世纪 10 年代	"全面二孩政策"导致人口微幅上升，但零增长态势未变		人口性别比与人口出生性别比下降，人口性别结构优化

根据我国的人口变动情况，笔者认为，我国人口零增长态势不断延续，"人口红利"缩减的态势难以消弭；而人口老龄化与少子化不断深化，我国人口性别结构则呈现优化态势。这样的态势也会对我国经济社会发展带来各种影响：首先，我国经济发展长期依靠劳动力等传统经济要素，"人口红利"的衰退将极大地冲击这一经济发展方式，经济增长速度也会随之放缓；其次，我国人口老龄化和少子化的趋势为社会带来沉重负担：就业压力显著提升，使经济发展难以得到进一步保障（蔡昉，2004）；再次，我国人口增长放缓和老龄化、少子化的趋势势必会冲击我国的社会保障体制，社会保障的可持续性和世代公平难以得到充分保障，社会资源的分配也便难以合理化；最后，我国人口总量、年龄结构与性别结构还会对我国的家庭模式、社会结构乃至全民族永续健康发展带来不利影响，甚至会导致人口总量难以延续的现象产生（左学金，2012）。

（赵碧凡：复旦大学社会学系本科生。）

参考文献

［1］蔡昉．我国人口总量增长与人口结构变化的趋势［J］．中国经贸导论，

2004（13）．

　　［2］郭志刚．新形势下对中国人口发展的思考［J］．人口与经济，1997（2）．

　　［3］胡鞍钢．中国人口长期发展（1950 - 2050 年）［M］//《国情报告》第十八卷（2015 年）．北京：党建读物出版社，2015.

　　［4］李树苗，孟阳．改革开放 40 年：中国人口性别失衡治理的成就与挑战［J］．西安交通大学学报（社会科学版），2018（6）．

　　［5］刘慧君，李树苗，朱正威等．性别失衡的社会风险研究——基于社会转型背景［M］．北京：社会科学文献出版社，2014.

　　［6］任远．中国后人口转变时期的人口战略转型［J］．南京社会科学，2017（1）．

　　［7］田雪原．大国之路：21 世纪中国人口与发展宏观［M］．北京：中国社会科学出版社，2016.

　　［8］田雪原．大国之难——20 世纪中国人口问题宏观［M］．北京：中国社会科学出版社，2013.

　　［9］杨帆，黄少安．中国人口红利结束了吗？ ［J］．山东社会科学，2017（4）．

　　［10］杨凡，翟振武．中国人口转变道路的探索和选择［J］．人口研究，2012（1）．

　　［11］曾毅．中国人口分析［M］．北京：北京大学出版社，2004.

　　［12］翟振武．人口新常态与人口政策［J］．攀登，2015（6）．

　　［13］翟振武，邹华康．把握人口新动态，加强人口发展战略研究［J］．人口研究，2018（2）．

　　［14］左学金．21 世纪中国人口再展望［J］．北京大学学报（哲学社会科学版），2012（5）．

专题报告 2　我国出生人口性别比的历史回顾

席静宜

出生人口性别比，又称出生婴儿性别比，是指一个国家或地区一定时期内（通常为一年）出生的（活产）男婴数与女婴数的比例，通常用每出生 100 名女婴所对应的男婴数表示。1955 年，联合国出版的《用于总体估计的基本数据质量鉴定方法》中认为：一般来说，每出生 100 名女婴，其男婴出生数置于 102～107。由此，102～107 被认为是出生人口性别比的通常值域，成为了国际社会公认的判定出生人口性别比是否正常的权威标准。

有关出生人口性别比的问题在我国一直备受关注。本文基于 1953－2010 年的人口数据，回顾了我国出生人口性别比的发展历史，发现我国出生人口性别比在持续升高且异常偏高的同时，呈现出波动性变大，省区、地域、城乡、分孩次、民族间差异较大的特征，同时注意到，流动人口对出生人口性别比也存在影响。另外，对于我国未来出生人口性别比的发展趋势，必须清醒地意识到，即便我国出生人口性别比近年来有所降低，但仍是严重偏离正常范围的，而要改变这一点，只有加强推进我国社会性别平等化的进程或许才是可行的路径。

一、我国的出生人口性别比变化过程

中国的出生人口性别比变化以 20 世纪 80 年代为分割线（如图 1 所示）。在此之前，1953 年我国出生人口性别比为 104.88，1964 年为 103.83，此时我国的出生人口性别比仍处于正常范围。但到了 20 世纪 80 年代，中国的出生人口性别比升高问题始露端倪，呈现逐渐攀升的趋势。至 1982 年，我国出生人口性别比已达 108.47，中国的出生人口性别比偏高问题引起了学者的广泛关注。到了 1990 年第四次人口普查时，中国的出生人口性别比已上升至 111.27。进入 21 世纪，2000 年高达 119.92，2010 年更是升至 121.21。我国出生人口性别比持续升高，且异常偏高，这已然成为我国现阶段人口发展以及社会发展中亟待解决的重要问题（如图 2 所示）。

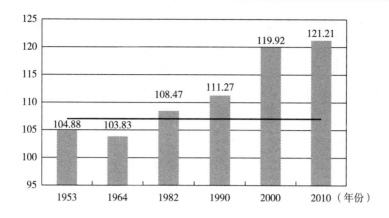

图1 我国1953－2010年六次人口普查的出生人口性别比

资料来源：1953－2010年六次人口普查数据。

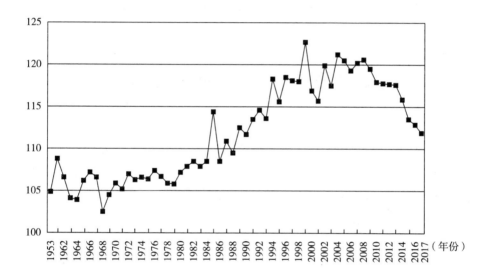

图2 我国1953－2016年出生人口性别比

资料来源：1953－1999年数据来源于汤兆云．我国出生人口性别比问题研究［M］．北京：电子科技大学出版社，2014：41，44；2000－2009年数据来源于叶文振．出生人口性别比：性别平等与人口安全［M］．厦门：厦门大学出版社，2012：4；2000年全国第五次人口普查资料、2005年全国1%人口抽样调查资料及历年全国千分之一人口变动情况抽样调查资料；2010－2016数据来源于国家人口计生委；2017年数据来自国家统计局2017年《中国儿童发展纲要（2011－2020年）》统计监测报告。

除六次全国人口普查数据呈现的我国出生人口性别比大致变化趋势外，图2历年人口数据可更具体地展现近半个世纪以来我国出生人口性别比发展的基本态势。

（1）正常发展时期（1953－1979年）：20世纪80年代以前，虽然我国的出生人口性别比存在波动性，但除个别年份以外，总体上均处于正常值范围内。

（2）端倪初现时期（1980－1988年）：从1980年始，我国出生人口性别比开始升高，超过了 107 这一正常值的最高点后持续升高。但这一阶段升幅有限，除 1985 年、1987 年个别年限以外，出生人口性别比没有超过 110。

（3）持续升高时期（1989－1999 年）：1989 年后出生人口性别比在波动中持续升高，在 1994 年超过 115 飙升至 118.3 后，1999 年更是突破了 120，我国出生人口性别比严重偏高。

（4）高位运行时期（2000－2008 年）：虽然 21 世纪初期我国出生人口性别比有小幅下降，但仍在 120 上下波动，保持在严重偏高的水平。

（5）稳步下降时期（2009－2017 年）：2009 年，拐点初现，我国出生人口性别比"九连降"，从 2008 年的 120.6 逐年下降至 2017 年的 111.9。期间大致趋势为"快—慢—快"：2008－2010 年降速较快，2010－2013 年则保持着较小幅度的稳步下降，2013－2017 年，出生人口性别比再次加速下降，短短 4 年内下降了 5.7 个百分比。虽然此时我国出生人口性别比仍处于较高水平，但稳步下降似已成为趋势。

二、我国出生人口性别比的特征

有关我国出生人口性别比偏高问题的研究自 20 世纪 80 年代开始出现，30 余年间，在学者们的不断努力下，这一问题在深度和广度上都已有了相当丰富的积累。在结合以往研究的基础上，本文通过对数据的收集与分析，尝试探究 20 世纪 80 年代后我国出生性别比在持续升高的过程中，呈现了哪些特征。

1. 20 世纪 80 年代后出生人口性别比波动性变大

表 1　我国 1950－2010 年出生人口性别比变化均值分析

年份	年数	最小值	最大值	均值	标准差
1950－1980	31	102.5	112.2	107.24	2.05
1981－2010	30	107.89	123.6	115.18	4.54

资料来源：王俊祥，吕红平，包芳. 中国出生人口性别比偏高问题研究［M］. 保定：河北大学出版社，2012：47.

根据王俊祥等（2012）对我国 1950－2010 年出生人口性别比数据的分析，得到表 1。由表 1 可知，相较于 1950－1980 年，我国出生人口性别比在 1981－2010 年均值上升了 7.94，最大值和最小值均有升高，标准差也较前一阶段翻了一倍，从 2.05 上升到了 4.54，这说明 20 世纪 80 年代后历年的出生人口除了有高位运行和持续升高的特征，性别比波动性也变大了（王俊祥等，2012）。

2. 出生人口性别比省区间差异明显

表2　我国各省区市出生人口性别比变化情况

年份 省、市、自治区	1982	1990	2000	2010
总计	108.47	111.27	119.92	121.21
北京市	107.02	107.49	114.58	112.15
天津市	107.67	110.14	112.97	114.59
河北省	108.18	112.49	118.46	118.71
山西省	109.35	109.64	112.75	113.07
内蒙古自治区	106.83	108.35	108.48	108.87
辽宁省	107.11	110.16	112.17	112.91
吉林省	107.77	108.67	109.87	115.67
黑龙江省	105.92	107.3	107.52	115.10
上海市	105.37	104.83	115.51	111.49
江苏省	107.87	114.93	120.19	121.38
浙江省	108.83	117.64	113.11	118.36
安徽省	112.45	110.87	130.76	131.07
福建省	108.64	110.29	120.26	125.71
江西省	107.86	111.82	138.01	128.27
山东省	109.86	115.12	113.49	124.28
河南省	110.32	116.21	130.3	127.64
湖北省	107.63	109.56	128.02	123.94
湖南省	107.61	110.25	126.92	125.78
广东省	110.47	111.99	137.76	129.49
广西壮族自治区	110.69	116.91	128.8	122.00
海南省	—	114.86	135.04	129.43
重庆市	—	—	115.8	113.80
四川省	107.95	111.96	116.37	112.98
贵州省	106.84	101.24	105.37	126.20
云南省	106.17	107.42	110.57	113.61
西藏自治区	101.32	103.22	97.43	100.08
陕西省	109.17	111.35	125.15	116.1
甘肃省	106.27	110.82	119.35	124.79

续表

年份 省、市、自治区	1982	1990	2000	2010
青海省	106.22	104.36	103.52	112.69
宁夏回族自治区	106.18	106.96	107.99	114.36
新疆维吾尔自治区	106.07	104.63	106.65	105.56

资料来源：其中1982年数据来自姚新武，尹华．中国常用人口数据集［M］．北京：中国人口出版社，1994：105；1990年数据来自国务院人口普查办公室，国家统计局人口统计司．中国1990年人口普查资料（二）［M］．北京：中国统计出版社，1993；2000年数据来自国务院人口普查办公室，国家统计局人口和社会科技统计司．中国2000年人口普查资料［M］．北京：中国统计出版社，2002；2010年数据来自国家统计局网站第六次普查数据第六卷（长表）表6－1 省、自治区、直辖市分性别、孩次的出生人口。

通过分析表2中1982－2010年全国各省份（香港、澳门、台湾地区未包含在内）的出生人口性别比数据可知：1982年，我国共有19个省份高于正常值域；1990年，高于正常值域上限的省份增加到24个，2000年持续增加到27个，而到了2010年，仅有西藏和新疆两个自治区的出生人口性别比未超过107，随着时间的推移，出生人口性别比偏高问题在省份中不断呈现"蔓延"的趋势（如表3、图3所示）。

表3 1982－2010年四次人口普查各省情况

年份	出生人口性别比高于正常范围上限（＞107）的省份	≤107的省份数量
1982年	北京、天津、河北、山西、辽宁、吉林、江苏、浙江、安徽、福建、江西、山东、河南、湖北、湖南、广东、广西、四川、陕西（19个）	10个
1990年	北京、天津、河北、山西、内蒙古、辽宁、吉林、黑龙江、江苏、浙江、安徽、福建、江西、山东、河南、湖北、湖南、广东、广西、海南、四川、云南、陕西、甘肃（24个）	6个
2000年	北京、天津、河北、山西、内蒙古、辽宁、吉林、黑龙江、上海、江苏、浙江、安徽、福建、江西、山东、河南、湖北、湖南、广东、广西、海南、重庆、四川、云南、陕西、甘肃、宁夏（27个）	4个
2010年	北京、天津、河北、山西、内蒙古、辽宁、吉林、黑龙江、上海、江苏、浙江、安徽、福建、江西、山东、河南、湖北、湖南、广东、广西、海南、重庆、四川、贵州、云南、陕西、甘肃、青海、宁夏（29个）	2个

注：下划线标记的为"与上一次人口普查相比新增的省份"。

资料来源：同表2。

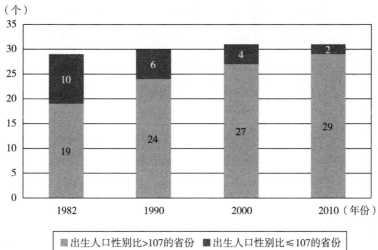

（个）

■出生人口性别比>107的省份　■出生人口性别比≤107的省份

图3　1982－2010年四次人口普查各省情况

资料来源：同表2。

另外，我国各个省份的出生人口性别比存在着较大差异。1982年全国出生人口性别比平均值为108.47，标准差为2.04，最大值（安徽112.45）与最小值（西藏101.32）相差11.13。1990年，全国出生人口性别比平均值为111.27，标准差为4.01，最大值（浙江117.64）与最小值（贵州101.24）相差16.4。到了2000年，全国出生人口性别比平均值为119.92，标准差为10.23，最大值（江西138.01）与最小值（西藏97.43）相差40.58（如表4所示）。

表4　四次人口普查各省出生人口性别比差异

年份	标准差	最大差值
1982	2.04	11.13
1990	4.01	16.4
2000	10.23	40.58
2010	7.58	30.99

资料来源：由1982年、1990年、2000年和2010年四次人口普查数据计算得出。

如图4所示，1980－1990年、1990－2000年，我国出生人口性别比不断升高的同时，各省份之间的差距也在不断扩大。但2010年出生人口性别比最高的安徽达到131.07，最低的西藏为100.08（见表2），标准差为7.58，虽说省份间差距仍然很大，但与2000年相比，已有所下降。

3. 出生人口性别比地域差异明显

在地域差异方面，李智等（2017）发现，我国出生人口性别比的分布有一定地域特征规律性——与我国地势的三级阶梯相吻合。东南沿海地区、长江三角洲等地势低平地区的出生人口性别比严重偏高，而这些地区基本位于我国地势第三级阶梯；位于地势第二阶梯的黄土高原、云贵高原等地，出生人口性别比皆居于我国的中等偏高水平，在107～110；而位于青藏高原的西藏和新疆，处于地势第一级阶梯，出生人口性别比最低，四次普查均在107以下。

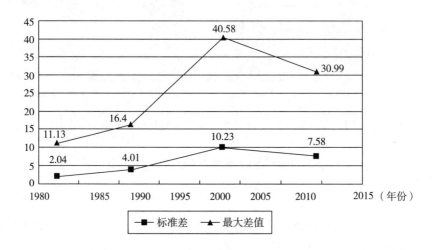

图4　四次普查各省出生人口性别比差异

资料来源：同表4。

而如果将我国划分为南方、北方、西部三大区域来看，出生人口性别比则呈现如下特征。由表5可知，西部区域在五次普查中均为出生人口性别比最低的区域，直到2000年才超出正常范围，而南方和北方于1982年普查时就已偏高，超过107。于洪洋（2006）指出，南方地区一直是出生人口性别比偏高"重灾区"，到2000年"五普"时重灾区首位才由南方转移到北方（如图5所示）。

表5　五次普查三大区域的出生人口性别比变化情况

区域＼年份	1953	1964	1982	1990	2000
北方	104.90	103.88	108.20	111.49	113.09
南方	105.89	105.17	108.60	112.88	112.49
西部	102.21	101.86	105.88	106.12	109.97

资料来源：王俊祥，吕红平，包芳．中国出生人口性别比偏高问题研究［M］．保定：河北大学出版社，2012：65；1953年和1964年人口普查相关资料见国家统计局人口统计司．中华人民共和国一九五三年人口调查统计汇编（内部资料）［M］．1986；国务院人口普查办公室，国家统计局人口统计司．中国1990年人口普查资料［M］．北京：中国统计出版社，1993；国务院人口普查办公室，国家统计局人口和社会科技统计司．中国2000年人口普查资料［M］．北京：中国统计出版社，2002.

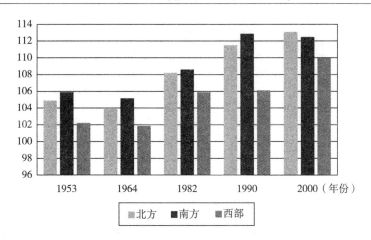

图 5 五次普查三大区域的出生人口性别比变化情况

资料来源：同表5。

但不论是北方、南方还是西部地区，早在2000年时出生人口性别比就都已超过了107，呈现各地区普遍失衡的态势。

另外，出生人口性别比的地域性特点是：诸如北京、上海等经济和社会发展比较先进的地区和西藏、新疆等长期落后的地区出生人口性别比相对较低，而处于中等发展水平的广大地区则具有显著的地域性特点。

4. 出生人口性别比城乡差异明显

我国长期处于城乡二元结构条件下，城镇和乡村的经济社会环境不同，生育观念也存在着明显差异（如表6、图6所示）。从统计资料来看，1982－2010年，我国出生人口性别比在城、镇和乡村均有不同程度的提高，但总体上城市最低，镇和乡村在历次普查中均高于城市。以往学者在研究中将这一现象的部分原因解释为男孩偏好在乡村更为强烈，长期以来的"养儿防老"生育观念和男婚女嫁的社会习俗使他们更为关注子女的性别。

表6　1982－2010年四次人口普查分城镇乡出生人口性别比

年份	合计	城市	镇	乡村
1982	108.47	107.1	109.9	107.6
1990	111.27	108.9	112.31	111.6
2000	119.92	114.15	119.9	121.67
2010	121.21	118.33	122.76	122.09

资料来源：1982年数据引自孙琼如. 中国出生人口性别比：三十年研究回顾与述评［J］. 人口与发展，2013，19（5）；1990年数据引自国家统计局：《中国1990年人口普查资料（三）》；2000年及2010年数据来源于国家统计局：中国2000年及2010年人口普查资料"各地区分性别、孩次的出生人口"。

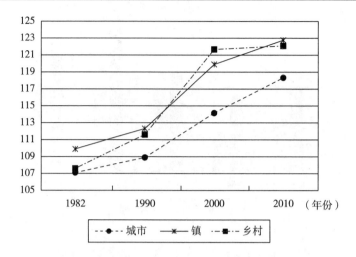

图6　1982－2010 年四次人口普查分城镇乡出生人口性别比

资料来源：同表 6。

　　但对比 2000 年和 2010 年的普查数据发现，城乡出生人口性别比的差异趋势发生了变化，城市、镇和乡村的出生人口性别比差异趋于缩小，且 2010 年虽然城市的出生人口性别比仍低于镇，但镇已超过了乡村，成为出生人口性别比的最高值。且王钦池（2014）通过计算得出，城市和镇对出生人口性别比升高的贡献率的确快速升高，而乡村的贡献率显著下降。

　　5. 出生人口性别比分孩次差异明显

　　按照生物学规律，生育胎次越高，生育男孩的概率越小，出生人口性别比越低。以往有关出生人口性别比随胎次的变化情况的研究也认为，随着胎次的增高，性别比呈减低趋势。如李伯华和段纪宪（1986）提到的美国对 1969－1971 年出生的 5289681 例婴儿中第 1 胎至第 8 胎及以上出生婴儿性别比调查数据中，白人和黑人分胎次的出生人口性别比分别从 106 降至 104 及 104 降至 101 左右，体现出人口性别比随胎次增加而降低的趋势；而我国 1982 年人口生育率调查资料汇总也显示，在 1930－1981 年，我国不同胎次的出生人口性别比变化并没有规律可循，且变化幅度极小，均在出生人口性别比平均值（108.4）11% 的范围内。

　　如图 7 所示，20 世纪 80 年代以后我国出生人口性别比呈随孩次增加而升高的趋势。

　　由表 7 具体普查数据可知，1982 年第三次人口普查，我国的一孩及二孩出生性别比数值均处于正常范围，1990 年二孩出生性别比急剧升高，远超正常值域。到了 2000 年，二孩性别比已超过 150，三孩性别比更是飙升至 160.29，虽然 2010 年二孩性别比有所下降，但仍旧远远超出国际公认的正常值域。

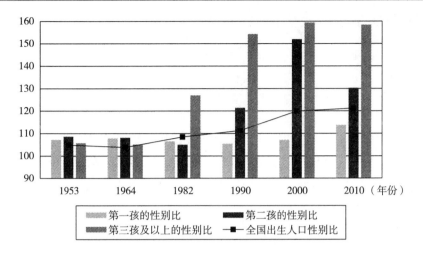

图 7　我国 1953 - 2010 年分孩次的出生人口性别比变化情况

资料来源：1953 年和 1964 年数据来自 1989 年全国生育节育抽样调查全国数据卷；1982 年数据来源于国务院人口普查办公室，国家统计局人口统计司．中国 1982 年人口普查资料［M］．北京：中国统计出版社，1985；1990 年数据来源于国务院人口普查办公室，国家统计局人口统计司．中国 1990 年人口普查资料［M］．北京：中国统计出版社，1993（1982 年、1990 年数据转引自石雅茗，刘爽．中国出生人口性别比的新变化及其思考[J].人口研究，2015，39（4）：35 - 48）；2000 年及 2010 年数据来自国家统计局人口中国 2000 年、2010 年人口普查资料表 6 - 1　省、自治区、直辖市分性别、孩次的出生人口。

表 7　1953 - 2010 年分孩次的出生人口性别比变化情况

年份	1953	1964	1982	1990	2000	2010
第一孩	107.2	107.8	106.5	105.4	107.1	113.7
第二孩	108.6	108.1	105.0	121.4	151.9	130.3
第三孩及以上	105.7	105.1	127.0	154.3	159.4	158.4

资料来源：同图 7。

从变化幅度来看，1982 - 2010 年，一孩出生性别比由 106.5 上升至 113.7，二孩性别比由 105.0 升高至 130.3，三孩（三孩及以上）性别比由 110.7 上升至 161.56，不同孩次的升高幅度分别为 7.23、24.69、50.86。一孩出生性别比变化最小，而二孩、三孩（三孩及以上）性别比升高幅度巨大。对此，张翼（1997）指出，出生人口性别比主要由高孩次拉动上升。1984 年之后，出生人口性别比升高与生育胎次挤压有因果关系。具体说来就是，由于政府计划生育政策的趋紧，人们迫切需要在低孩次满足生男婴的愿望，于是出生人口性别比在第二胎也超出常态，呈随孩次刚性攀升的强势。在计划生育政策指令下，减少生育胎次和人们生育中的男孩偏好之间产生了矛盾，促使一些人做出生育男孩的选择。在这个过程中，胎儿性别鉴定技术和人工终止妊娠技术的滥用起到重要作用（王俊祥等，2012）。

6. 各民族出生人口性别比差异明显

林建宇（2016）指出，国内学者对我国少数民族性别比偏高问题的研究明显晚于对国内性别比偏高的研究，而这主要缘于少数民族地区的生育政策与汉族地区相比更为宽松。何银玲和桑敏兰（2009）在对西部民族地区出生人口性别比问题的研究指出，20世纪90年代以前，在全国大部分地区出生人口性别比普遍升高的情况下，宁夏、西藏、新疆等西部少数民族地区的出生人口性别比却保持在正常水平。由表8、图8可知，在1982－2000年的三次全国人口普查中，少数民族的出生人口性别比均低于汉族。

表8　1982－2010年四次人口普查汉族和少数民族出生人口性别比

年份	汉族	少数民族
1982	107.42	102.27
1990	111.93	107.11
2000	118.55	112.44
2010	118.47	114.28

资料来源：国务院人口普查办公室，国家统计局人口统计司. 中国1982年人口普查资料［M］. 北京：中国统计出版社，1985；国务院人口普查办公室，国家统计局人口统计司. 中国1990年人口普查资料［M］. 北京：中国统计出版社，1993；1982年及1990年数据转引自王俊祥，吕红平，包芳. 中国出生人口性别比偏高问题研究［M］. 保定：河北大学出版社，2012；2000年及2010年数据来自国家统计局网站。

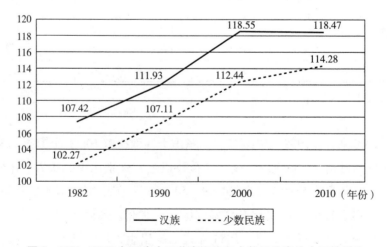

图8　1982－2010年四次人口普查汉族和少数民族出生人口性别比
资料来源：同表8。

但近期研究却显示，出生人口性别比在民族差异上出现了新的变化，如石人炳（2013）就"五普"与"四普"的数据相比较分析得出，虽然少数民族的出生人口性别比仍低于汉族，但少数民族出生人口性别比有所升高，两者之间的差距在缩小。可能的解释是：随着经济发展和国家生育政策的宣传普及，少数民族的多育行为有了改变，在少生占主导后，男孩偏好的生育观念出现强化趋势，出生人口性别比由此升高。何银玲和桑敏兰（2009）也在对银川市金凤区的区域研究中发现，扶贫开发移民社区的农民人口从山区迁移到城市，在世俗观念和现实需求的双重冲击下，其生育观念迅速向世俗理性的观念转变；加之生育政策的限制，他们从农村可生多胎转为只能生一胎，性别选择也就变得更为普遍，男孩偏好更为强烈，出生人口性别比随之升高。

7. 流动人口与出生人口性别比偏高问题

随着经济社会的高速发展，从农村、小城镇涌入城市地区的大量流动人口出现。《中国流动人口发展报告 2017》显示，2016 年我国流动人口规模已达 2.45 亿人，流动已婚育龄妇女更是占到流动人口总数的 30.3%。2010 - 2015 年，流动人口子女在流入地出生的比例持续上升，2015 年已达 58.4%。在这一人口流动大潮中，学者开始关注流动人口本身和出生人口性别比偏高问题这两者之间是否存在关联（如表 9、图 9 所示）。

表 9 流动人口和全国的出生人口性别比变化

年份	流动人口出生人口性别比	全国出生人口性别比
2001 - 2005	115.51	118.89
2006 - 2010	122.95	119.48
2011 - 2013	117.61	117.69
2001 - 2013	119.43	118.83

资料来源：原新，刘厚莲. 流动人口出生性别比形势与贡献分析 [J]. 人口学刊，2015，37（1）：41 - 49.（原始数据来源于 2013 年流动人口动态监测调查；"六普"数据、2005 年 1% 人口抽样调查和历年 1‰ 人口抽样调查；《中国统计年鉴》（2013）；《2013 年中国国民经济和社会发展统计公报》。）

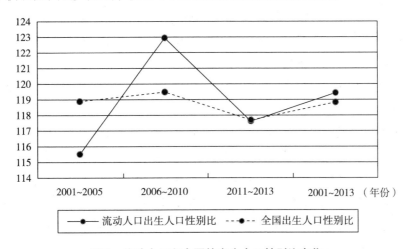

图 9 流动人口和全国的出生人口性别比变化

资料来源：同表 9。

从表9来看，流动人口的出生性别比数值在2001-2013年均高于正常范围。而和全国出生人口性别比对比来看，两者的变化趋势大体上呈现出一致性，且流动人口的出生人口性别比在2006年后已高于全国出生人口性别比。

但对于流动人口是否真的对出生人口性别比起到拉高的作用，学界存在争议。如原新和石海龙（2005）认为，从流动人口出生人口规模及其出生人口性别比偏高程度来看，流动人口是导致总人口出生性别比偏高的重要群体。郭志刚（2003）则通过对北京市第五次人口普查样本的生育分析发现，北京市"五普"时出生婴儿性别比高达120.9，其主要原因是较长期居住在北京的外来育龄妇女多，且大量在普查前一年多生育，生育的婴儿性别比又极高。而北京市户口妇女的出生性别比实际上只有108.6，虽有偏高，但幅度不大。

与之不同的另一种观点认为，出生人口性别比的失衡是不分城市和农村的全面失衡。城市地区出生人口性别比偏高现象不由外来人口造成，而根源于城市居民自身强烈的性别偏好（陈卫、吴丽丽，2008）。两位学者利用2000年人口普查0.95‰抽样原始数据发现，城市外来人口生育的性别偏好与城市本地人口相比没有显著差异，两者都存在强烈的生男意愿。城市出生人口性别比偏高，是外来人口和本地人口双重作用下的结果。

三、对我国出生人口性别历史回顾的一个小结和讨论

1. 20世纪80年代后中国出生人口性别比失衡的原因

中国出生人口性别比在数据上表现出来的严重失衡使得学者不仅在特征上，也在原因方面做了大量探究。对于20世纪80年代后我国出生人口性别比严重失衡的可能原因，有学者做出如下几种解释：

（1）性别偏好理论。穆光宗（1995）认为，任何一种生育行为背后总是有性别偏好的驱动，而20世纪80年代以来中国出生人口性别比偏高的原因，是"生育选择空间"的狭小和"偏男生育意愿"过于强烈互相挤压和冲突的结果，"歧视性性别偏好"是出生人口性别比偏高的根本原因。此外，近年来女性主义的发展，社会性别视角也逐渐介入出生人口性别比的研究中。庄渝霞（2006）指出，出生人口性别比偏高的终极原因在于女性地位低下，其资源和权利仍远远低于男性，造成整个社会畸形的男性偏好观念和行为，形成了偏好越来越强烈—出生性别比越来越高—女性地位越来越低的恶性循环圈。

（2）传统文化理论。在我国传统社会中，生育文化体系是一种"早、多、男"

的综合体现：早婚早育是风尚、认可"多子多福"、传承香火养儿防老的观念内化于人心。在传统社会中，血缘按父系计算，儿子是后继有人的保证。没有儿子，叫作"断了香火"（王俊祥等，2012）。这种在小农经济、宗法制和家族制以及封建伦理道德的背景下产生与发展的传统生育观念似乎仍在现代社会中延续，在一定程度上潜移默化地影响着人们的生育偏好。

（3）政策因素。关于计划生育政策与出生人口性别比偏高两者的关系，不同学者之间存在着分歧和争议。一种观点认为，计划生育政策直接导致出生人口性别比偏高，如张翼（1997）认为，对人口数量的有力控制是出生人口性别比失衡的直接动因。计划生育的实行使人们不能依靠多生来实现男孩偏好的生育需求，从而不得不对胎儿的性别进行人为干预，因此，严格的计划生育政策是影响出生人口性别比的诸多因素中最主要的（李建新，2008）。另一种观点认为，两者之间并无关系，如原新和石海龙（2005）在研究中指出，出生人口性别比失衡是诸多因素综合作用的结果，计划生育政策仅起到促成中国低生育水平的早日到来的作用。还有一种折中的观点则认为，计划生育政策对出生人口性别比的影响是复杂的。如刘爽（2009）利用1981年各地出生性别比的数据指出，此时距中共中央"公开信"的发表不到一年的时间，加上怀孕有 9 个月的客观时耗，简单认定"独生子女"政策导致出生人口性别比失常是值得质疑的，导致出生人口性别比偏高的原因多种多样。

除了以上原因之外，还存在着一个生育意愿和生育结果，以社会控制角度为出发点的观点认为，随着市场经济的发展，政府对于城市居民的控制力逐渐削弱，非公有部门对计划生育的管理也相对薄弱，居民更可能将自己的生育意愿变成实际行为，包括进行非法胎儿性别鉴定和性别选择性流产（陈卫、吴丽丽，2008）。另外，漏报、瞒报、溺弃女婴等也可能是造成我国出生人口性别比失衡的直接原因。

2. 出生人口性别比失衡带来"婚姻挤压"吗

自 20 世纪 80 年代后，我国出生人口性别比近 40 年持续失衡。出生人口性别比问题作为我国男女性别失衡问题的一个方面，产生的后果是：这一部分失衡的人口队列进入结婚年龄后，大量适婚年龄男性找不到对象，由此，"千万光棍""婚姻挤压"成了许多学者担心的问题，中国人民大学人口与发展研究中心主任翟振武表示，"保守估计，中国未来 30 年将有大约 3000 万男人娶不到媳妇"。而任远教授对此则表示，我国出生人口性别比失衡造成的男性人口对婚姻市场挤压的影响，相对于婚姻市场的内在弹性（如男性和女性结婚年龄模式的差异化）而言，是一个问题，但并不构成非常突出的压力。我们要认识到，"婚姻是一个社会过程，而不仅是一个男性女性数量的生物过程"（任远，2017）。

事实上，对婚姻问题的担忧似乎恰恰反映了我国出生人口性别比失衡的根本原因。慈勤英在 2006 年的人口与生育前沿论坛上强调，研究出生人口性别比问题要有性别视角。"君不见当女孩的出生权受到侵害时，人们可以熟视无睹，而论及男子未来配偶权有可能受到影响时就惶恐不已，这不正是男性中心社会反映出来的性别不平等吗"（张敏才，2005）。对此，慈勤英在会上指出，对出生人口性别比升高后果之一的男性婚姻困难问题的过分关注和过分强调，以及对女性权益的刻意低调和回避，处处彰显了男性至上、男性至尊的男权思想，而这正是导致出生人口性别比异常升高的根本原因。

3. 中国出生人口性别比的未来发展趋势

据国家人口计生委2012年3月28日发文，中国出生人口性别比首次出现"三连降"：由2009年的119.45降到2010年的117.94，再降到2011年的117.78（如图10所示）。[①] 从公布的统计数据来看，中国的出生人口性别比的确在下降，这一点说明中国的出生人口性别比失衡的局面正在缓解。原新（2016）也指出，虽然不同数据来源的出生人口性别比数值不同，目前对于出生人口性别比下降了多少的问题也依然存疑，但出生人口性别比已经进入稳定的下降通道的基本判断是可以肯定的。

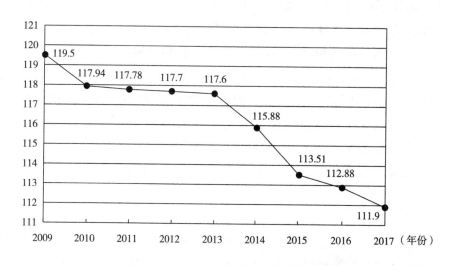

图10　2009-2017年我国出生人口性别比

资料来源：2008-2016数据来源于国家人口计生委；2017年数据来自国家统计局2017年《中国儿童发展纲要（2011-2020年）》统计监测报告。

需要注意的是，穆光宗（2007）在研究中指出，"统计正常"可能包含两种不同性质的"正常"，即"外生正常"和"内生正常"。"外生正常"是一种表面正常，反映的只是统计数据的正常，内在的冲突仍存在，即行为上有约束但观念上仍性别歧

---

① 李晓宏. 热点解读：我国出生性别比首次"三连降"［N］. 人民日报，2012-03-29. 转引自石人炳. 我国出生性别比变化新特点——基于"五普"和"六普"数据的比较［J］. 人口研究，2013，37（2）.

视的冲突，是一种靠外部约束所形成的正常。"内生正常"则是出生人口性别比生成机理的正常，是在男女平等观念下自发形成的正常。因而，即使未来我国的出生人口性别比出现了短暂的"统计正常"，我们也不能掉以轻心。一方面，数据是否可信是一个"谜"；另一方面，距离稳定的"内生正常"可能仍有很远的距离，在性别平等这一点上，也仍有很长的路要走。对于出生人口性别比，愿景是内生正常最大化，外生正常最小化。

此外，王钦池（2012）指出，出生人口性别比的周期性波动是一个普遍规律，其波动周期与生育间隔有关，而中国出生人口性别比的周期成分明显大于其他国家，这与中国强烈的性别偏好有关。在实际工作中，某一个时点出生人口性别比的升高或者降低不一定预示着趋势性的变化，应该尊重出生人口性别比周期性波动的客观规律。对于我国出生人口性别比的"拐点"究竟是否出现，我们在对未来发展持乐观态度的同时，更要注意数据的可靠性，以及这是否是一种"周期性波动"。

我们必须清醒地意识到，即便我国出生人口性别比的确有所降低，但就目前来看，仍严重偏离正常范围，在高位徘徊；大部分省份的出生人口性别比仍偏高；高孩次的出生人口性别比形势也不容乐观；非户籍人口生育仍是治理重点；女婴"丢失"现象依然严峻（原新，2016）。陈友华（2011）也指出，出生人口性别比拐点来临与出生人口性别比正常是两个完全不同的概念，从高位回落并不意味着回到正常水平，中国出生人口性别比失衡现象不可能在短时间内消失。

2018年12月19日由世界经济论坛发布的全球性别差别报告显示：我国新生儿性别比位列全世界第149，倒数第一，女婴和男婴的出生数量比为0.87，低于世界平均水平0.92，同期该比例在印度为0.9。对于这一问题的治理，仍是"路漫漫其修远兮"。

不过我们还是应该相信，出生人口性别比失衡只是中国社会人口发展中的一个过程，歧视性的性别偏好以及由此引发的育前性别选择行为会随着性别平等的不断推进而趋于减弱。宋健（2018）从2016年中国人民大学人口与发展研究中心实施的全国抽样调查结果推断，"全面二孩"政策的实施有助于第一孩的出生人口性别比恢复正常；同时也指出，虽然性别比的回落与生育政策的宽松化有关，但关系不大，中国出生人口性别比正常化的进程最终还是取决于社会性别平等化的进程。因此，与其在政策上对人们的生育行为作出强硬干预，倒不如将努力的方向转为为促进人们的性别平等意识而努力。

（席静宜：复旦大学社会学系本科生。）

参考文献

［1］陈卫，吴丽丽. 外来人口对中国城市地区出生性别比的影响［J］. 人口学

刊，2008（2）．

[2] 陈友华．社会变迁与出生人口性别比拐点来临 ［N］．中国人口报，2011 －10 －24.

[3] 杨云彦，慈勤英，穆光宗等．中国出生人口性别比：从存疑到求解 ［J］．人口研究，2006（1）．

[4] 郭志刚．北京市生育水平和出生性别比及外来人口影响 ［J］．中国人口科学，2003（6）．

[5] 何银玲，桑敏兰．对西部民族地区出生性别比问题的调查与治理对策研究 ［J］．妇女研究论丛，2009（2）．

[6] 李伯华，段纪宪．对中国出生婴儿性别比的估计 ［J］．人口与经济，1986（4）．

[7] 李智，张燕，全星等．云南省出生人口性别比三十年变迁 ［J］．国际医药卫生导报，2017，23（10）．

[8] 林建宇．少数民族出生人口性别比问题研究综述 ［J］．云南社会主义学院学报，2016（2）．

[9] 刘爽．中国的出生性别比与性别偏好 ［M］．北京：社会科学文献出版社，2009.

[10] 穆光宗．近年来中国出生性别比升高偏高现象的理论解释 ［J］．人口与经济，1995（1）．

[11] 穆光宗，余利明，杨越忠．出生人口性别比问题治理研究 ［J］．中国人口科学，2007（3）．

[12] 任远．"光棍"和"剩女"共存，背后体现了怎样的社会嬗变 ［N］．解放日报（上观新闻），2017（3）．

[13] 石雅茗，刘爽．中国出生性别比的新变化及其思考 ［J］．人口研究，2015，39（4）．

[14] 石人炳．我国出生性别比变化新特点——基于"五普"和"六普"数据的比较 ［J］．人口研究，2013，37（2）．

[15] 宋健．宽松生育政策环境下的出生人口性别比失衡 ［J］．人口与计划生育，2018（5）．

[16] 孙琼如．中国出生人口性别比：三十年研究回顾与述评 ［J］．人口与发展，2013，19（5）．

[17] 孙幸荣，张春．基于 GM（1，1）模型的我国人口发展趋势分析 ［J］．统计与决策，2016（23）．

[18] 王军，郭志刚．孩次结构与中国出生性别比失衡关系研究 ［J］．人口学刊，2014，36（3）．

［19］王俊祥，吕红平，包芳．中国出生人口性别比偏高问题研究［M］．保定：河北大学出版社，2012.

［20］王钦池．出生人口性别比周期性波动研究——兼论中国出生人口性别比的变化趋势［J］．人口学刊，2012（3）．

［21］王钦池．我国出生人口性别比偏高的分因素特征和贡献率估计［J］．攀登，2014，33（3）．

［22］于洪洋．中国出生性别比发展趋势分析［D］．吉林大学硕士学位论文，2006.

［23］原新．出生人口性别比最新动态及问题判断［J］．西安交通大学学报（社会科学版），2016，36（6）．

［24］原新，刘厚莲．流动人口出生性别比形势与贡献分析［J］．人口学刊，2015，37（1）．

［25］原新，石海龙．中国出生性别比偏高与计划生育政策［J］．人口研究，2005（3）．

［26］张敏才．"人口安全"也是国际社会关注的一大热点［J］．人口研究，2005，29（2）．

［27］庄渝霞．女性地位低的层级推演——对出生性别比偏高背后隐象的探析［J］．南方人口，2006（1）．

专题报告 3　我国的家庭户变动和家庭变迁

许婉婷　李春华

自中华人民共和国成立以来，我国的经济社会等相关领域发生了一系列变革，在此过程中，人口变动及中国的家庭也经历了巨大变迁。针对家庭规模、结构及相关代际关系、家庭功能等方面，许多学者做了详细描述并结合人口转变和经济社会变迁，挖掘引发家庭变迁的原因，进而指出中国家庭未来可能的发展走向及面临的挑战，并给出相关政策建议。

本专题报告将主要基于对家庭户人口结构的变化，讨论在人口转变过程中的家庭变迁。在开展一个简单的文献综述以后，本报告基于数据将主要根据 1982 – 2010 年人口普查数据分析了我国当代家庭户规模和家庭结构随着时间变化的总体模式，选取了其中的老年人口家庭户并使用四次普查数据分析其主要变化，最后结合相关人口及社会因素来解释家庭户变迁的原因。

一、文献综述

学者们大多使用人口普查数据对家庭变迁做全面深入的描述，之后进一步探求引发家庭变迁的原因。较早的研究如彭希哲和黄娟（1996）在分析我国家庭规模和家庭结构变化的总体趋势和地区、城乡差别的基础上，着重结合人口态势尤其是生育率变动分析了中国家庭模式变化的作用途径，即我国过去几十年发生的人口转变不仅直接影响了中国家庭的规模和结构，也带来了家庭的功能、家庭成员的角色、亲属网络和代际关系的变迁。郭志刚（2008）用家庭人口学框架来研究家庭户的人口规模与结构，发现近年来纯人口因素对家庭户规模影响不断降低，相较而言，社会经济发展带来的迁移流动及生活方式变化的影响加大。此外，还有学者从社会变迁这一宏观背景寻找与家庭变迁的联系，杨善华（2011）描绘了 20 世纪 90 年代以来中国城市家庭的变迁格局，强调城市社会转型这一宏观因素，并由此进行了与家庭凝聚力相关的家本位价值观及个人本位价值观的影响，即其对中国家庭结构变迁等的作用。田丰（2011）通过 1982 – 2000 年三次人口普查数据和 1982 年、1992 年、2001 年生育率调查数据，详细分析了家庭生命周期从1980年到2000年的变化，认为其受到以生育政策为代表的社会制度和社会经济变动的影响。近年来，对家庭户状况进行比较细致深入的研究也很丰富。胡湛（2014）主要基于第六次人口普查的数据，分析从"三普"到"六普"我国家庭户变动趋势后指出，我国家庭户数量增长但规模缩减且结构趋于简化，呈现"核心户为主、单身户与扩展户为辅"的局面。此外，彭希哲和胡湛（2016）通过对"三普""四普"和"五普"三次人口普查数据的分析，得出当代中国家庭经历着人口与家庭的双重变迁，且家庭规模小型化与结构简化，同时分析了家庭人口老龄化、居住模式变化与非传统类型家庭。综合上述学者们的观点，改革开放至今40年，中国家庭户的变迁与中国的人口、社会转型进程紧密相连。

在家庭变化领域，学者们还观察到一些非传统家庭户的变化情况，例如，纯老户、"空巢"家庭、隔代户等，养老是家庭的一项重要传统功能，而越来越多的研究发现与后代共同生活的老年人比例降低、"空巢"家庭（即子女不在身边）比例上升，而高龄老人（80岁及以上）对于家庭养老仍是高度依赖（郭志刚，2008）。之后，胡湛（2014）使用"六普"数据分析了老年人口居住安排，得出家庭老龄化及老年人独居现象不断增长的相似结论。而早在20世纪90年代，面对我国人口老龄化趋势，姜向群（1997）指出，家庭养老对于解决好老有所养问题具有不可替代的作用。但目前家庭老龄化及老年人口独居现象的加剧提出了在养老方面的更多要求。

在政策建议方面，胡湛（2012）介绍了改革开放以来中国家庭政策在人口发展、家庭保障、性别平等三个主要方面的特点及影响，并提议在家庭规模不断缩小、结构逐渐简化、传统家庭功能趋于弱化的家庭模式下，家庭政策应及时调整，尽快实现向明确型和发展型转变，更好地稳定家庭和承担家庭功能。

二、研究对象与研究数据

学术界对于家庭与家庭户的研究首先需要对其进行恰当的定义，虽然家庭的建立基于婚姻血缘，但在空间上却可能是割裂、具有不确定性，这便增加了数据资料获取与误差控制方面的难度。为了解决该问题，学者们提出家庭户的概念以便开展研究，家庭户（Household）在很大程度上被作为家庭的代表或近似指标，但两者存在一些不同，相较于家庭的定义强调亲缘关系，即亲子及代际之间的关系，而家庭户更强调对日常生活和其他必需品的共同享用及经济生活的共同性。因而本文采用我国人口普查对家庭户的定义："以家庭成员关系为主、居住一处共同生活的人口，作为一个家庭户；单身居住独自生活的，也作为一个家庭户。"①

本文的研究数据以 2010 年第六次人口普查长表 1% 抽样数据库中与家庭户相关的指标数据为主，还应用了 1982 年、1990 年和 2000 年三次人口普查的抽样数据。

三、对我国家庭户变动的基本判定

1. 家庭户占比降低，但户数增长迅速，明显高于人口增长速度

根据第六次人口普查数据，一方面，我国家庭户户数达 4 亿户，超过了"三普""四普""五普"的数字，且户数增长迅速；另一方面，尽管家庭户占比相对往年降低，2010 年时为 96.2%，但家庭户人口数占我国总人口数的 93.0%。同时户数增幅明显高于人口增幅（5.8%）（如表 1 所示）。

表1　我国总户数及平均家庭户规模

年份＼类别	户数（万户）			家庭户占比（％）	家庭户人口数（万人）	平均家庭户规模（人/户）
	合计	家庭户	集体户			
1982	22115	22008	107	99.50	97109	4.41（4.43）*
1990	27862	27691	171	99.40	109777	3.96
2000	35123	34049	1074	96.90	117827	3.46
2010	41772	40193	1579	96.20	123998	3.09

注：＊表示括号内数字为调整后的数字。

资料来源：1982－2010 年人口普查数据。

其中，2010 年我国城镇家庭户户数为 2.07 亿户，对比 2000 年的 1.31 亿户增加了 7590 万户，增长 57.8%，年均增长 5.8%，相较之下，农村家庭户户数略有减少，减少 0.07%（见表 2）。由此可知，家庭户户数的整体增长趋势是由城镇家庭户数增加引起的。

---

① "家庭户"的定义来自第六次人口普查方案。

表2 我国城镇乡家庭户户数   单位：万户

年份	城	镇	乡
2000	8488.9	4640.9	20919.3
2010	12866.1	7852.8	19474.5

资料来源：2000年、2010年人口普查数据。

2. 家庭户规模持续缩减

随着人口总量的增加，人口年龄结构变化，以及社会经济发展带来的人口素质提高、城乡结构的变化，从第三次人口普查到第六次人口普查，我国的平均家庭户规模逐年下降（如表3所示）。2010年，我国家庭户户均规模为3.09人，对比2000年、1982年均是减少的状态。从城乡角度来看，无论在城市还是在农村，平均家庭户规模均是下降趋势，其中农村家庭户规模下降幅度较大，城镇平均家庭户规模由3.11人/户降低为2.85人/户，乡村平均家庭户规模由3.68人/户降低为3.34人/户。

此外，自第三次人口普查以来，我国家庭户规模的总体变动趋势是1人户、2人户和3人户的比重持续上升，5人及以上户的比重持续下降。1人户、2人户、3人户的总和占比，在2010年时达到64.89%，相比1982年的22.46%，呈现出近3倍的上升，其中又以2人户的增长幅度最大，达14.29%。5人及以上户的比重，从1982年的46.35%下降至2010年时16.66%，降幅明显。

表3 "三普"至"六普"家庭户规模

年份	户数（万户）	户均规模（人）	1人户（%）	2人户（%）	3人户（%）	4人户（%）	5人户（%）	6人及以上户（%）
2010	40152	3.09	13.66	24.37	26.86	17.56	10.03	6.63
2000	34049	3.44	8.30	17.04	29.95	22.97	13.62	8.11
1990	28830	3.96	6.27	11.05	23.73	25.82	17.75	15.38
1982	22538	4.41	7.97	10.08	16.05	19.54	18.35	28.00

资料来源：1982—2010年人口普查抽样数据。

对比城乡的家庭户规模，从增幅来看（如表4所示），从2000年至2010年，无论是城镇还是农村，1人户与2人户的都大幅度增加，首先，城镇1人户是增幅最大的类型，其次是2人户。从占比来看，3人户在城镇、农村中的占比都较高。从差异来看，城镇的小家庭多于农村，表现为1代户、2代户的比例更高。由此得知，无论在城市或农村，户均人口规模小型化是主要趋势，尽管在农村户中，3人户、4人户、

5 人户的比例高于城镇，但其占总数的比例较低。

表 4　我国城镇乡家庭户人口规模变动趋势

区域	年份	1 人户（%）	2 人户（%）	3 人户（%）	4 人户（%）	5 人及以上户（%）	户均规模（人）
全国	2010	13.66	24.37	26.86	17.56	16.66	3.09
	2000	8.3	17.04	29.95	22.97	21.73	3.46
	1990	6.27	11.05	23.73	25.82	33.13	3.96
	1982	7.97	10.08	16.05	19.54	46.36	4.41
城	2010	17.95	27.82	33.16	12.13	8.95	2.71
	2000	10.68	21.6	40.22	15.75	11.74	3.03
	1990	7.06	13.94	34.81	22.9	21.29	3.53
镇	2010	14.1	24.41	27.78	17.87	15.85	3.08
	2000	10.16	18.62	33.89	20.39	16.93	3.26
	1990	7.88	14.6	32.03	23.47	22.02	3.55
乡	2010	12.44	22.07	22.34	21.03	22.11	3.34
	2000	6.93	14.85	24.9	26.47	26.85	3.68
	1990	5.87	9.87	19.75	26.89	37.62	4.13

资料来源：2010 年、2000 年人口普查数据。

3. 家庭户结构趋于简化

家庭结构是指具有血缘、姻缘等关系成员所组成的居住生活单位的类型和状态（彭希哲、黄娟，1996），一般根据代际关系划分为不同类型。当家庭子女数越多时，直系、旁系等亲缘关系相对更复杂，家庭结构的表现形式越丰富。

根据"六普"的数据，我国家庭户结构代数趋减（如表 5 所示）。从 1982 - 2010 年，一代户的比重从 13.92% 上升至 33.35%，比重大幅度提升，其中夫妇户（一代核心户）是涨幅最高的类型，涨幅接近 4 倍。二代户的比重从 66.58% 下降至 47.71%，比重大幅降低，其中又以二代核心户降幅最明显。

虽然核心家庭户一直是中国家庭的主要形态，但随着社会经济发展水平的变化，从表 5 中也可以看到特殊的两个变化：单身户的比重大幅上升，从 1982 年的 8.0% 涨至 2010 年的 13.66%；而三代户、拓展户的比重一直稳定维持在 18.0% 左右的状态。我国家庭户结构的基本格局已从 1982 - 2000 年的"核心户为主、扩展户居次、单身户补充"转变为 2000 - 2010 年的"核心户为主、单身户与扩展户居次"（王跃生，2006）。此外，今天的三代家庭户与传统的三代家庭户存在"共居而不共财"的本质区别（王跃生，2006），这也是影响家庭模式与功能变迁的因素之一。

表 5　我国家庭户的代际结构　　　　　　　　　单位:%

结构类型	城乡合计				分城乡（2010 年）	
	1982 年	1990 年	2000 年	2010 年	城市	农村
一代户						
单身户	8.00	6.27	8.30	13.66	17.03	11.79
夫妇户（一代核心户）	4.69	6.42	12.70	18.49	21.17	16.63
其他一代户	1.23	0.80	1.28	1.20	2.04	0.72
一代户小计	13.92	13.52	22.28	33.35	40.24	29.14
二代户						
父母与未婚子女（标准核心户）	48.20	54.40	46.33	33.38	35.57	31.11
单亲父母与未婚子女（缺损核心户）	4.55	3.58	2.92	2.70	2.25	3.16
分居父母与未婚子女（缺损核心户）	6.96	4.02	3.15	3.27	2.71	3.41
其他二代核心户（扩大核心户等）	2.49	1.95	1.12	0.47	0.39	0.53
二代核心户小计	62.20	63.95	53.52	39.82	40.92	38.21
父母与已婚子女（二代直系户）	3.82	3.30	2.34	3.13	2.95	3.37
祖父母与孙子女（隔代户）	0.70	0.67	1.89	2.26	1.17	3.00
其他二代户	0.56	0.23	0.97	3.32	2.78	3.84
二代户小计	66.58	67.50	58.72	48.53	47.71	48.43
核心户合计（一代与二代核心户）	66.89	70.37	66.22	58.31	62.09	54.84
三代及以上拓展户						
三代户	16.43	16.48	16.62	16.50	11.26	20.27
其他拓展户	2.37	1.82	2.38	1.62	0.79	2.16
拓展户小计	18.80	18.30	19.00	18.12	12.05	22.43
合计	100.00	100.00	100.00	100.00	100.00	100.00

　　资料来源:胡湛,彭希哲.中国当代家庭户变动的趋势分析——基于人口普查数据的考察［J］.社会学研究,2014,29（3）:150.

4. 老年人口家庭户

　　长期以来,家庭养老是我国的主要养老形式,在社会保障制度仍有待发展完善及人口老龄化不断加深的情况下,家庭对老年人生活所起的作用就更为关键（杜鹏,1998）。家庭养老的最基本形式之一是老年人与子女及其他家庭成员共同居住生活,老年人口与其他家庭成员居住关系的变化能够反映家庭养老形式和内容的变化（伍小兰,2004）,因此,研究老年人口的居住状况是进一步了解老年人口生活状况及家庭养老状况的基础。老年人口居住安排可定义为:老年人的居住模式,其生活的家庭结构,以及家庭成员之间的固定联系,这关联着老年人给予和所接受的家庭支持。目前广泛采用联合国划分的老年人居住安排,有五种方式:独居、仅与配偶居住、与子女（包括孙子女）同居、与其他亲属同居以及与不相关的人同居（张丽萍，2012）。

我国正面临家庭人口老龄化和空巢化的趋势，该趋势主要有两方面的表现：首先，从普查与抽样调查数据看，有老年人的家庭比重上升，2016 年，65 岁及以上人口占总人口的比重已达到 10.8%，根据"六普"数据，中国大陆有老年人（65 岁以上）的家庭数量比"五普"时有明显提升，已占全部家庭的 21.9%。其次，家庭中老年人口比重增加，单个家庭的户均老年人数量从 1982－2000 年的 0.23 人/户左右增至"六普"时的 0.41 人/户；与此同时，户均孩子的数量却从 1982 年的 1.48 人降至 2010 年的 0.51 人，中国家庭正在经历"少子老龄化"进程（胡湛，2014），家庭人口的老龄化本身将对家庭经济状况、健康水平和养老负担等带来不利影响，而孩子却越来越少。少子化和老龄化的家庭结构变动趋势，降低了家庭抵御风险的能力，并使家庭脆弱化的特征愈加明显。

此外，从普查数据可以看出，进入 21 世纪以来，越来越多的老年人不与子女及其他家庭成员共同居住生活（如表 6 所示），其中，独居和只与配偶同住的比例上升最快，即"空巢老年家庭"占比上升，在 65 岁以上老年人口中，该比例从 1982 年的 25.9% 上升至 2010 年的 41.7%，值得注意的是，高龄老人不与子女同住比例也升高了，其中，增幅最快的是老年夫妇（一代核心户），从 1982 年的 13.7% 上升至 2010 年的 29.2%。相对而言，降幅最大的是老年人与子女及孙子女（三代直系户），降低了 17.2%，与未婚子女居住的比例也小幅降低，但老年人与已婚子女（二代直系户）从 1982 年的 3.5% 上升至 2010 年的 6.9%，这可能与如今较大的生活压力如购房、养育子女等相关，但具体情况有待深入研究。简言之，"空巢老年家庭"已成为当前及未来我国老年人的主要居住方式（王跃生，2006；郭志刚，2008；李斌，2010；张丽萍，2012；孙鹃娟，2013；曲嘉瑶、杜鹏，2014；胡湛，2014）。

表6　我国老年人居住安排

居住安排 \ 年份 年龄	1982	1990	2000		2010	
	65 岁以上	65 岁以上	65 岁以上	80 岁以上	65 岁以上	80 岁以上
独居老人	12.2	9.6	9.6	12.4	12.5	17.5
老年夫妇（一代核心户）	13.7	17.1	23.9	11.2	29.2	16.8
老年夫妇与未婚子女（标准核心户）	6.9	6.6	5.0	1.7	3.6	1.7
单个老人与未婚子女（缺损核心户）	4.6	3.8	3.1	4.6	2.3	3.1
其他二代核心户（扩大核心户等）	3.4	2.7	2.3	2.1	2.8	2.0
老年人与已婚子女（二代直系户）	3.5	3.7	5.2	12.3	6.9	13.6
老年人与孙子女（隔代户）	3.8	3.7	5.2	6.2	5.6	5.0

续表

年份 年龄 居住安排	1982	1990	2000		2010	
	65 岁以上	65 岁以上	65 岁以上	80 岁以上	65 岁以上	80 岁以上
老年人与子女及孙子女（三代直系户）	47.2	47.4	41.4	38.0	32.8	30.0
其他扩展家庭户	3.8	4.8	3.6	10.9	3.2	8.4
独老和老年夫妇小计	25.9	26.7	33.5	23.6	41.7	34.3
老人与子女同住小计	73.2	72.7	62.2	75.8	57.2	63.8

资料来源：胡湛，彭希哲. 中国当代家庭户变动的趋势分析——基于人口普查数据的考察［J］. 社会学研究，2014，29（3）：162.

导致老年人居住模式从传统的与子女居住向独立居住（独居及与配偶居住）变化的可能原因包括：老人自身健康状况的改善及生活方式的转变，更加倾向于独立生活，此外，老年人再婚率上升提高了与配偶居住的可能性，而在中国社会转型背景下人口大规模的迁移流动，越来越多的子女外出迁移，而住房条件的改善为独居提供了更多保障，最后，家庭观念的变化，传统大家庭观念趋于松散（曾毅、王正联，2004；胡湛，2014）。以上这些都是影响我国老年人口居住安排的主要因素。

四、家庭变迁的原因

造成中国家庭户变迁的原因是多样的，正如前文所论述的，我国家庭户经历的是一场人口与家庭的双重变迁。进一步究其变迁原因，从人口因素来看，晚婚及生育水平的降低及稳定、少子老龄化进程的加剧等可能是促使家庭规模小型化、结构简化的重要因素，此外，在社会转型背景下，城市化水平的提高与剧烈的人口迁移及人们的生活观念、婚姻家庭观念的改变，例如，青年男女的独立意识增强，以及住房条件等因素也不容忽视。

首先，以我国计划生育政策为主的政策变迁及我国人口生育率的变动，直接影响到家庭户规模小型化与家庭结构简化。当代中国家庭规模与结构的变动发生在"少子化"的社会情景下，计划生育政策从起初实行严格的"一孩化"到如今的"全面二孩"政策期间，伴随着人们生育观念的转变，我国生育率水平已发生了较大变化，即生育率的持续降低。因此，家庭中子女数的减少会直接带来家庭规模的变动，即传统的大家庭在"少子化"的社会情景下面临解体。但是，有研究表明生育率下降对中国家庭户规模缩小的影响正在减弱（郭志刚，2003），1980 年以来的改革开放大潮，1990 年后我国的社会经济迅速发展，除去出生率的持续偏低或更准确地说是人口中的少儿比例减少这一影响因素，家庭户规模变小与结构的简化还与人口老龄化等其他因素有关，改变着我国的家庭分化立户模式。

其次，人口老龄化与家庭人口"老龄化"现象影响家庭户类型与结构的变迁。随着人口老龄化的加深，家庭人口"老龄化"现象也在不断加剧，与此同时，户均孩子的数量却不断下降，可以说，中国家庭正在经历"少子老龄化"进程（胡湛，2014），即每个家庭内的老年人比重正快速上升，孩子占比下降。而长期以来家庭养老在我国养老方式中占据主要地位，家庭人口的"少子化"与"老龄化"现象无疑给家庭养老带来更大压力，家庭变得更加脆弱，纯老户等家庭类型的增多为家庭的传统养老及养育后代等功能的发挥带去了更多挑战。

再次，改革开放以来我国社会经济环境的巨大变迁，引起了持续剧烈的人口迁移流动，进而推动家庭户规模缩小。表 5 中的普查资料显示，我国城市和农村地区的家庭户规模收缩速度都比较迅速，这一现象与改革开放以来我国城市化进程加快、人口大规模迁移流动有关，即不少年轻人迁移流动离开父母，外出工作并落户安家，使得我国单身户与夫妻户比例迅速上升，而二代及以上家庭户的比重开始呈现下降趋势。此外，人口迁移与流动在家庭成员之间形成了地域分割的局面，家庭成员间的纽带联系在一定程度上被削弱，彼此可共享的资源正在减少，虽然这并不必然导致家庭成员间经济关系的急剧减弱，但代际之间的生活互助肯定会受到制约并趋于弱化（王跃生，2006），家庭户规模结构由此变迁。

最后，我国居民生活方式和观念的改变、居住条件和环境的改善也是造成家庭户变迁的重要原因。如前所述，中国家庭变迁与中国社会转型相伴而行，社会生活方面的转变正在重塑着新时代背景下的我国家庭关系与家庭功能：家庭成员之间的权利格局从传统父权制中心趋于平等化，个体独立意识的强化，传统代际文化和价值观的弱化，家庭中抚育后代、赡养老人等职能的承担者逐渐从家庭转移到其他社会单位，以上诸多社会因素共同作用促成我国家庭户规模变小、结构简化与类型多样化。

总之，随着我国人口生育率持续走低、人口老龄化加剧、人口迁移状况的发展演变，中国的家庭规模、结构、类型和稳定性已经发生了巨大变化，主要表现为以生育水平的降低及稳定、少子老龄化进程的加剧、剧烈的人口迁移为主的人口因素以及以城市化水平提升、居民生活方式和观念的改变、居住条件的改善为主的社会因素，两者间相互作用，带来中国家庭规模小型化、家庭结构趋于简化，呈现"核心户为主、单身户与扩展户居次"的格局。此外，单身和"丁克"型家庭的增加，作为主流的二代核心家庭实际上在 20 世纪 80 年代以后日益不再是主流，一些非主流的家庭模式增长，例如，隔代户，随着人口老龄化加剧，老年人口空巢现象增加，体现了家庭养老功能的弱化。在此人口变动的背景下，家庭功能和承担传统责任的能力也受到来自不同方面的挑战，家庭在提供保障、抵御风险、适应变迁等方面，越来越不足以应对人口、家庭、社会多重变迁所带来的结构性冲击，大量独生子女家庭的存在对传统家庭养老制度的影响更是首当其冲。在当下的家庭模式及挑战下，家庭政策应尽快实现向明确型和发展型转变，更好地起到稳定家庭和分担家庭的功能作用。

（许婉婷：复旦大学人口研究所人口学专业硕士研究生；李春华：复旦大学社会学系社会学专业本科生。）

参考文献

［1］郭志刚．关于中国家庭户变化的探讨与分析［J］．中国人口科学，2008（3）：2－10，95.

［2］胡湛，彭希哲．中国当代家庭户变动的趋势分析——基于人口普查数据的考察［J］．社会学研究，2014，29（3）：145－166，244.

［3］胡湛，彭希哲．家庭变迁背景下的中国家庭政策［J］．人口研究，2012，36（2）：3－10.

［4］姜向群．家庭养老在人口老龄化过程中的重要作用及其面临的挑战［J］．人口学刊，1997（2）：18－22.

［5］彭希哲，胡湛．当代中国家庭变迁与家庭政策重构［J］．中国社会科学，2015（12）：113－132，207.

［6］彭希哲，黄娟．人口态势对我国家庭模式的影响［J］．社会学研究，1996（2）：29－35.

［7］曲嘉瑶，杜鹏．中国城镇老年人的居住意愿对空巢居住的影响［J］．人口与发展，2014，20（2）：87－94.

［8］孙鹃娟．中国老年人的居住方式现状与变动特点——基于"六普"和"五普"数据的分析［J］．人口研究，2013，37（6）：35－42.

［9］田丰．中国当代家庭生命周期研究［D］．中国社会科学院研究生院博士学位论文，2011.

［10］王跃生．当代中国家庭结构变动分析［J］．中国社会科学，2006（1）：96－108，207.

［11］伍小兰．中国老年人的居住方式：城乡对比及历史变迁［C］．中国老龄科学研究中心2003年度优秀论文集，2003.

［12］杨善华．中国当代城市家庭变迁与家庭凝聚力［J］．北京大学学报（哲学社会科学版），2011，48（2）：150－158.

［13］张丽萍．老年人口居住安排与居住意愿研究［J］．人口学刊，2012（6）：25－33.

［14］曾毅，李伟，梁志武．中国家庭结构的现状、区域差异及变动趋势［J］.

中国人口科学，1992（2）：1－12，22.

[15] 曾毅，梁志武. 中国 80 年代以来各类核心家庭户的变动趋势 [J]. 中国人口科学，1993（3）：1－6.

[16] 曾毅，王正联. 中国家庭与老年人居住安排的变化 [J]. 中国人口科学，2004（5）：4－10，81.

[17] 国家统计局. 2015 年全国 1% 人口抽样调查主要数据公报 [EB/OL]. 国家统计局网，http：//www. stats. gov. cn/tjsj/zxfb/201604/t20160420_ 1346151. html.

专题报告4 我国老年人口比重的变化和老龄化的发展

贺思嘉

人口老龄化是当前我国面临的突出的人口变动。由于生育率的下降和死亡率下降，我国人口结构逐步进入老龄化阶段，到 21 世纪中叶之前，我国会一直延续老年人口规模不断增长、老龄人口比例逐渐提高的总体趋势。人口老龄化总体趋势不仅表现在老年人口总体规模的扩大，还表现在老年人口内部结构呈现高龄化的趋势。老龄化过程中引发的社会问题日益凸显。客观认识我国人口老龄化现状和发展趋势是应对人口老龄化挑战的基本前提，鉴于此，本专题报告通过比较分析六次人口普查的老年人口数据，尝试归纳中华人民共和国成立以来老年人口比重的变化、老龄化的总体发展情况和老年人口年龄结构的特点及变化，并进行城乡对比，探讨这些现象与经济社会发展的联系。

一、我国人口年龄结构变化与全国老龄化基本态势

人口年龄结构变动由历年人口的出生、死亡、迁移决定。中国人口年龄结构在"一普"时期和"二普"时期人口结构属于年轻型。旧中国人口再生产处于高出生、高死亡、低增长类型。而在中华人民共和国成立后，一方面，出生率依然维持较高水平；另一方面，随着社会安定和经济发展，人口死亡率大幅下降，战后鼓励生育政策也促进了生育水平提升，1949－1958 年的生育高峰带来了第一次人口增长期（萧振禹，1999），1953 年 0～14 岁的少儿组人口占总人口超过35%。1958 年"大跃进"与三年困难时期对人口再生产影响很大，出现人口死亡率突增和出生率锐减期。1962－1970年由于人口负增长后的补偿性生育出现了第二次人口增长高峰期（萧振禹，1999），1964 年 0～14 岁人口比例较"一普"时期上升达40%，呈现年轻化趋势。

1971 年起，我国广泛提倡和开展计划生育政策，在低死亡率的基础上，人口出生率和生育率显著下降，由于人口基数大，净增人口数量较多，"三普"数据与 1987年数据显示，0～14 岁人口占总人口逐渐下降 30% 以内，而 15～64 岁人口比例增长

较为明显，从"二普"的 56.1% 增长至 1987 年的 66.9%，人口年龄结构快速由年轻型向成年型转变。

随着计划生育政策的深入推行，生育水平稳中有降。1990 年以后，0～14 岁人口占比低于 30% 并持续下降，15～64 岁人口占比经过 20 年的平稳上升期后在 2010 年以后出现下降趋势，而 65 岁及以上人口占比则持续上升。2000 年，我国 65 岁及以上老年人口占总比达到 7%，标志着我国进入老龄化社会，年龄结构转变为老年型。此后，老年人口仍保持较高的增长势头（如图 1 所示）。

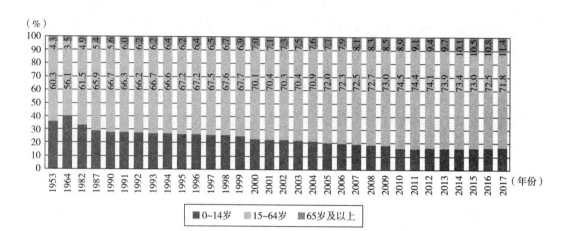

图 1　我国人口年龄结构的变化

资料来源：全国普查数据和抽样数据来自国家统计局《中国统计年鉴》，分城乡的数据均来自中国经济社会大数据平台。

随着生育率的下降和预期寿命的提高，我国在 21 世纪以后进入了人口老龄化的阶段。人口老龄化主要体现在老年人口的绝对数量和老年人口占总人口比重上。

我国的人口老龄化过程经历了由慢到快的过程。

中华人民共和国成立后至 20 世纪 70 年代中期，老年人口规模出现过下降（如图 2、图 3 所示），主要是在 1953－1964 年出现了明显的负增长（平均年增长率 -0.07%），1961 年后老年人口规模逐步回升。

从 20 世纪 70 年代后期开始，人口老龄化呈现加速度上升态势，大致可分为三个时期：

第一个时期为 1982－1999 年，我国 65 岁及以上老年人口从 4991 万人增长到 8679 万人，老年人口比重从 4.9% 上升到 6.9%，比重平均年增长率 0.083%，与"二普"到"三普"时期接近但是略有提高。

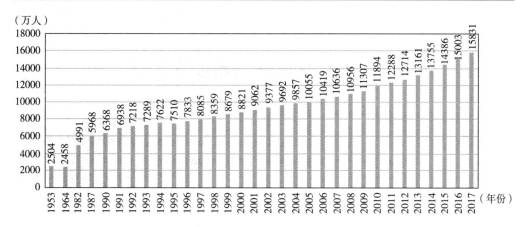

图 2 我国 65 岁及以上老年人口数量

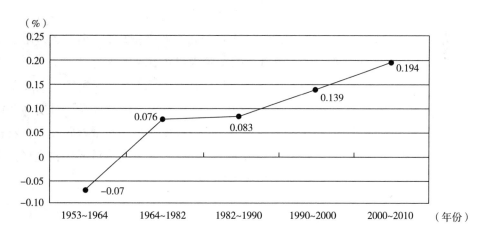

图 3 我国老年人口数量的年增长率

第二个时期为 2000 – 2010 年，65 岁及以上老年人口从 8821 万人增长至接近 1.19 亿人，从 2000 年开始已进入老龄化阶段，总体增长速度稳中有升，老年人口年增长率基本维持在 0.01% ~ 0.02%，比重平均年增长率超过 0.01%。

第三个时期是 2010 年之后，无论是老年人口比重增长率还是老年人口数量增加幅度都明显提升。2010 – 2017 年，我国 65 岁及以上老年人口由 1.19 亿人增长到 1.58 亿人，比重从 8.9% 上升到 11.4%，比重年增长率突破 0.02% 上升至 0.04% 甚至 0.06%。老年人口年增长量较 2010 年之前明显提升，同时呈现持续上升趋势，这是因为 1949 – 1958 年生育高峰期间出生的人从 2010 年开始陆续进入老年，形成了第一次"白发浪潮"（萧振禹，1999），2017 年的年增长人数甚至到达了 828 万人。目前，我国处于老年人口总体数量与比重增长速度较快的时期，处于人口老龄化快速发展的时期。

二、老龄化过程的城乡不平衡

本节使用了"二普"至"六普"的分城乡、分年龄别的人口数据计算 65 岁及以上老年人口比重与老年抚养比，比较老龄化发展过程中的城乡差异。

1. 从老年人口比重来看

从"二普"时期开始，城乡 65 岁及以上老年人口占比均持续增加，且农村老年人口占比一直高于城市或城镇（见图 4）。在"二普"时期（1964 年），城市老年人口占总比为 2.68%，低于乡村的 3.68%；到"三普"时期（1982 年），城市与城镇占比有所增长，乡村的老年人口占总比（5%）仍高于城市和城镇，但三者差距在缩小。到"四普"时期（1990 年），城镇乡的老年人口占比差距最小，均在 5.5% 左右。"五普"时期（2000 年）乡村的老年人口占比达到 7.5%，率先进入老龄化阶段，城市与城镇的老年人口占总比分别为 6.67%、5.99%。到"六普"时期（2010 年），城市和城镇人口年龄结构也变为老年型，而且城乡老龄化水平差距加大，农村老龄化发展较快，老年人口比重上升到 10.06%，而城市水平明显低于农村且略低于镇，城乡老龄化差距达到几次普查结果中最大。

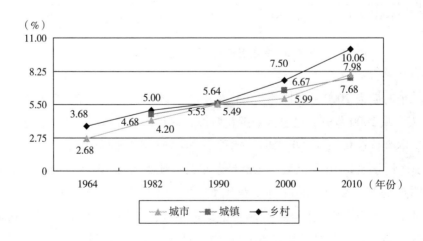

图 4　城市、城镇和乡村的老年人口比重变化

2. 从老年人口数量来看

农村老年人口绝对数量也一直多于城镇老年人口（见图 5）。1990 年市和镇 65

岁老年人口总数分别为1854万人和1463万人，农村老年人口为2982万人，接近市镇总和。2000年，农村老年人口显著增多，为5881万人，约为城市和城镇总和的2倍，推测部分是因为新的行政区划导致人口统计口径的更改（从不设区的市和不设区的市所辖的镇及县辖镇中扣除了村）。后随着城镇化进程加快，到2010年"六普"时，城市和城镇老年人口增长速度提高，而农村老年人口增速明显下降，这一时期城乡老年人口数量差距有所减小。

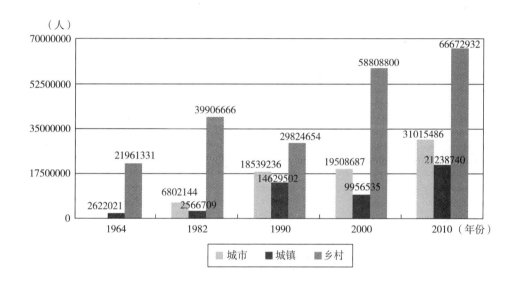

图5 城市、城镇和农村的老年人口数量

3. 从老年抚养比上看

农村抚养压力高于城市和城镇（见表1）。1982年，我国城市和城镇的老年抚养比分别为6.76%与6.23%，而农村已经达到8.39%；1990年，城乡差距相对减小，但农村老年抚养比依然高于城市和城镇；到2010年，城乡差距又逐渐拉大，城市老年抚养比为9.59%，略低于城镇，相比农村低4.62个百分点。

表1 城市、城镇和农村的老年人口抚养比 单位:%

年份	城市	城镇	农村
1964	—	4.68	6.59
1982	6.76	6.23	8.39
1990	7.85	8.34	8.70
2000	8.69	8.28	11.20
2010	9.59	10.62	14.21

城镇地区具有较低的生育率、较低的死亡率，但是相对于农村地区具有更低的老龄化率，构成了一种城乡倒置的现象。研究表明，人口老龄化城乡倒置只是老龄化过程中的一个阶段，主要受到农村劳动力大规模向城市迁移影响。在大量人口乡城迁移下，大量青壮年携妻子及子女迁入城市，一方面，延缓了城镇老年人口的比例增加趋势；另一方面，育龄妇女的迁入，使得生育率下降延缓，进一步导致老年人口比重下降，延缓了城市的底部老龄化（童玉芬、王静文、邱杨、沈亚男，2014）。这也可以看出，我国的人口老龄化和城镇化具有相互的影响。

三、人口的高龄化

1. 全国情况

高龄化是指年龄在 80 岁以上的老人群体占 60 岁及以上老年人口的比例趋于上升的过程，实质是老年人口内部年龄结构"老化"。

由图 6 可知，1953－2010 年，总体上我国老年人口低龄组（60～69 岁）、中龄组（70～79 岁）与高龄组（80 岁及以上）人口数量均呈现出增加趋势，其中低龄组的绝对数量一直明显快于中龄组与高龄组。

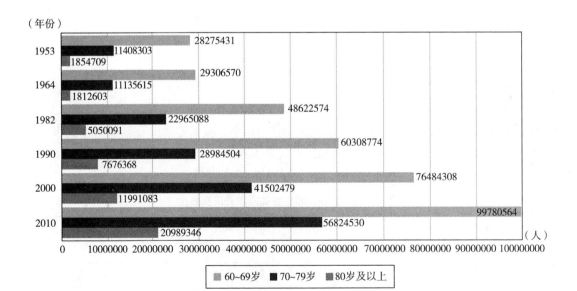

图6　历次普查的老年人口内部的年龄分布

从两次普查间的年增长量来看（见图7），我国老年人口数量的增长主要来自低龄组老年人口的增长（可能原因是随着年龄增长死亡率也增加）。但是高龄组的年增长量上升的速度较快：在"四普"之前稍缓，"一普"至"二普"时期（1953－1964年）的速度为负增长，"二普"至"三普"时期（1964－1982年）的速度为179860人/年，"三普"至"四普"时期（1982－1990年）的速度为328285人/年；在"四普"之后速度加快，"五普"至"六普"时期（2000－2010年）的速度提高到899826人/年，比"二普""三普"时期提高了3倍以上，速度也明显快于低龄组与中龄组。

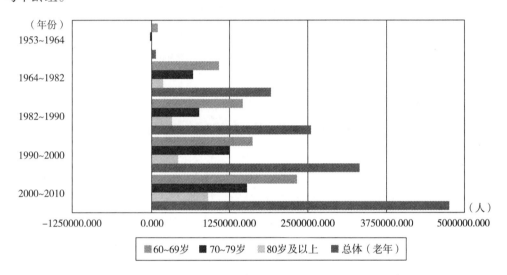

图7　两次普查之间分年龄组人口的增长量

从低龄组与高龄组的占比来看（见图8），低龄组占比始终大于55%，我国老年人口年龄结构保持着相对年轻。但是从占比变化趋势来看，低龄组从1964年的69.4%持续降低到2010年的56.2%，而高龄组则持续上升，高龄化程度从1953的4.5%到2010年的11.8%共上升了7.3个百分点。"三普"之后，高龄化程度加速提高，低龄组比例下降与高龄组比例上升趋势颇为明显且有继续发展的趋向。

从总体发展趋势上看，我国老年人口整体年龄正在上升，高龄人口增速较快，尤其是"四普"之后，低龄组比例下降与高龄组比例上升趋势明显且有保持此发展方向的趋势，高龄化程度越来越高。

2. 人口高龄化的城乡对比

1953－2010年，市、镇、县老年人口的年龄结构有所不同，但总体差别不是很大，同时高龄化程度均呈现上升趋势，而农村高龄化水平除"二普"和"三普"时期之外均高于城镇。

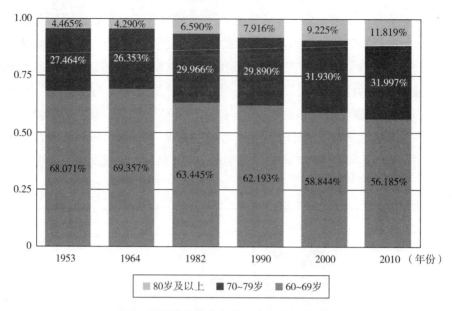

图8　历次普查的老年人口内部的年龄结构

从分年龄组来看，1982年低龄组占比市、乡高于镇，高龄组老年人口占比城市比镇低了0.65个百分点，农村最低为6.45％，因此，镇老化程度最高，市最低。"四普"时期依然保持了镇老化程度最高，高龄组占比城略高于乡。"五普"到"六普"时期上升幅度较大并超过农村比例。80岁及以上年龄组占比在城市先上升后下降，基本稳定，而在镇和农村比例持续上升。若比较不同年份的城乡高龄组的比例差值可发现，1990年城市和农村差距较小，仅为0.3个百分点；2000年城乡高龄组比例差距增大，城市高龄化水平为8.35％，而农村为9.56％；到2010年城乡差距又缩小，城市高龄化水平为11.56％，而农村为12.04％。

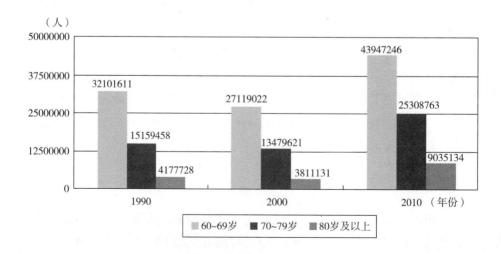

图9　城镇老年人口分时期的人口数

对比图9和图10，在2000年以后，农村高龄老人规模超过城镇。1990年，城镇高龄人口数量为418万人，农村高龄人口数量为350万人；2000年，城镇高龄人口数量为381万人，农村为818万人；至2010年，城镇高龄人口数量快速增长至904万人，农村高龄人口数量为1195万人。与"四普"之后的城乡65岁及以上老年人口规模差异相似，高龄老年人口的城乡规模差距也呈现出先扩大后缩小的趋势。

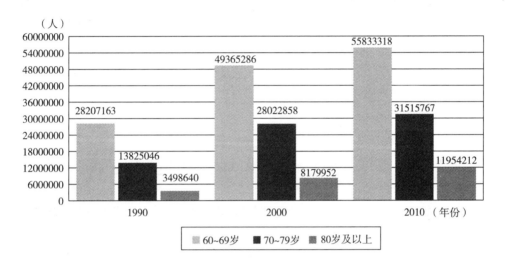

图10　农村老年人口分时期的人口数

四、总结

人口老龄化是我国人口转变过程的重要体现。中国老龄化经历了由慢到快的过程，发展到一定程度对社会经济各方面都产生了影响，这是我国经济社会发展与人口再生产类型转变的结果。

与其他国家相比，中国人口转变快、经历时间短，尤其出生率与生育水平的降低导致了中国人口老龄化的提早到来。李建民认为，中国的现状并不是"未富先老"，更准确地说是"未备先老"，相比主要发达国家的社会保障体系，中国的社保建设还很滞后（任远，2014）。老龄化发展存在着明显的城乡不平衡，农村老龄化人口数量大且发展速度快，主要是在大规模的人口迁移和城镇化过程中年轻劳动力的迁移导致了农村老龄化程度高于城市地区，出现人口老龄化的城乡倒置现象，但是农村的养老条件与应对措施还相对落后，如何照料农村留守老人与完善农村社会保障体系成为目前和未来的巨大挑战和紧迫任务。同时，人口高龄化趋势不断增强，相对于低龄老年人口，高龄老人丧偶和患病的概率更高，对经济社会的压力更加明显。目前政府推出的"全面二孩"政策，期望通过放宽对生育数量的限制使老龄化形势得到逆转，然而效果并不明显，主要原因在于我国老龄化存在的问题并不是老龄化程度太高，而是老龄化发展过快导致的。翟振武等学者认为，生育政策的调整完善无法解决老年人口规模膨胀的问题，对于控制老龄化水平与减缓老龄化发展速度也相对有限（翟振武、陈佳鞠、李龙，2016）。因此，国家制定政策应该更加关注老年人口内部特点和外部环境变迁，思考如何进一步提高老龄化社会的生活质量，建设老年友好型社会。

（贺思嘉：复旦大学社会学系本科生。）

参考文献

［1］后人口转变［M］. 上海：复旦大学出版社，2016.

［2］童玉芬，王静文，邱杨等. 城镇化进程对我国城乡人口老龄化的影响机制分析［J］. 广西社会科学，2014（12）.

［3］王琳. 中国老年人口高龄化趋势及原因的国际比较分析［J］. 人口与经济，2004（1）.

［4］邬沧萍，杜鹃. 人口老龄化过程中的中国老年人［M］. 上海：华东师范大学出版社，1996.

［5］萧振禹. 我国的人口转变与老龄化［J］. 人口研究，1999（6）.

［6］翟振武，陈佳鞠，李龙. 中国人口老龄化的大趋势、新特点及相应养老政策［J］. 山东大学学报（哲学社会科学版），2016（3）.

［7］邹湘江，吴丹. 人口流动对农村人口老龄化的影响研究——基于"五普"和"六普"数据分析［J］. 人口学刊，2013（4）.

专题报告5 我国 70 年的生育率变化

张亦驰

一、引言

新中国成立后的 70 年，我国的人口发展态势和人口格局都发生了巨大的变化。在此过程中，生育率转变尤其引起社会关注。中华人民共和国成立以后我国的生育率处于较高水平，20 世纪 70 年代以来生育率快速下跌，20 世纪 80 年代中生育率的徘徊与波动，20 世纪 90 年代以后生育率将进入低生育率水平以后继续下降。2000 年以后维持稳定的低生育率水平，甚至可能进入极低生育率水平的状态。

在 2000 年的世纪之交，人口转变已经基本完成，中国进入"后人口转变时代"（于学军，2000；李建民，2000）。中国仅经历了约三分之一世纪就实现了发达国家用一个世纪甚至更久实现的现代人口再生产模式。当前，长期低水平的生育率引发的人口结构与社会经济问题，值得引起重视，我国的生育政策相对于 20 世纪 70 年代以来的降低生育率和控制人口，已经越来越需要进行全面的调整和转型（任远，2017）。

本专题研究梳理中华人民共和国成立以来的生育率变化和生育模式变化，同时讨论生育率变化的空间特点。在此基础上，本文对我国生育率变化的特点、发展趋势和引发的问题进行一些讨论。

二、我国生育水平的历史变化

生育率和总和生育率是衡量生育水平的核心时期指标。生育率是指一定时期内出生人口数与同期 15 ~ 49 岁育龄妇女的平均人数之比，总和生育率是指一个国家或地区的妇女在育龄期间，每个妇女平均的生育子女数。

中华人民共和国成立70年来，中国的生育率由1949年的36‰下降到2018年的10.94‰，总和生育率也从20世纪50－60年代的6~7下降到目前的1.5左右（如图1、图2所示）。

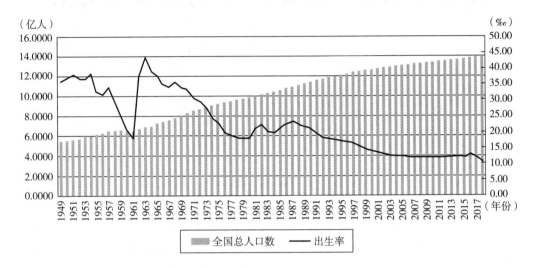

图1　1949－2018年中国总人口数与生育率水平

资料来源：国家统计局《中国统计年鉴》。

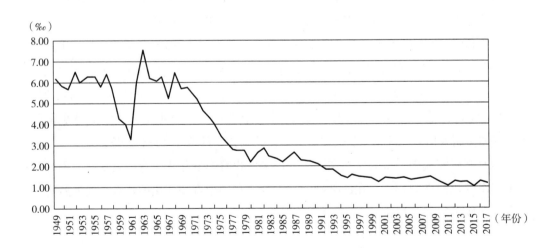

图2　1949－2017年中国总和生育率

资料来源：1949－1992年数据来源于国家统计局公开数据；1993年数据来源于于学军《中国进入后人口转变时期》一文中漏报回填后数据；1994年及以后数据为根据抽样调查和普查数据直接计算结果。

1. 20世纪50年代与60年代

中华人民共和国成立初期20年，多年战乱转入安定和平，随着生产力的发展与经济恢复，医疗卫生条件改善，加之"人多力量大"的意识形态推波助澜，人口生育水平居高不下。

1949-1957年，中国生育率维持在30‰的高位，妇女总和生育率在6上下波动；虽然1958-1961年严重饥荒导致生育率的异常降低，但随后1962年生育率出现大幅度补偿性回升，并在1963年达到43.47‰的高峰，当年出生人口接近3000万人。随后至1969年，生育率都维持在35‰左右。出生人口"早、密、多"，加之同期死亡率下降，总人口实现了自发快速增长，人口的第一个和第二个高峰叠加，总人口从1949年约5.42亿人增长至1970年约8.3亿人，人口的庞大基础形成。

2. 20世纪70年代

20世纪70年代中，我国的生育水平实现了迅速的下降，生育率由1970年的33.43‰下降到1979年的17.82‰，降幅几乎达到一半，育龄妇女总和生育率从5.81下降到2.75，降幅超50%。

诸多原因共同促成了这次快速的生育变迁，其中，1970-1979年全国城乡推行的"晚、稀、少"的计划生育政策起到了关键的作用。生育政策允许有计划的生育子女最多两个，第一孩晚育，第二孩的生育间隔需达到4年，同时向全国城乡育龄夫妇提供避孕和节育服务。除了政策效应之外，人口死亡率水平的大幅度下降（从1949年约20‰下降到1977年约6.87‰），婴幼儿死亡率的下降〔联合国人口司（2007）估计中国婴幼儿死亡率从1965-1970年的80.8‰下降到1990-1995年的29.9‰〕，也使得人们无须再用高生育率来对抗死亡率，构成了生育转型的内在动力（李建民，2009）。正如美国经济学者米尔顿·弗里德曼（Milton Fiedman，1995）描述的：除了饥荒、瘟疫和战争期间之外，在人类历史上还没有出现过像中国这样如此迅速的生育率下降。在这一阶段，人口转变迅速开启，也为后来中国人口增长趋势的重大转折奠定了基础。

3. 20世纪80年代

1980年初，我国开始推行提倡"一对夫妇只生一个孩子"的生育政策，这也为我国后几十年的独生子女政策奠定了基调。

在这一阶段，生育率的下降减缓，进入波动期。20世纪80年代中期，计划生育政策在农村进行了调整，采取"一孩半"的政策，第一胎为女孩的农村家庭可以生育二孩，即允许一对夫妇可以生育1.5孩左右，针对少数民族地区的计划生育的落实也进行了调整。计划生育政策的调整在一定程度上导致了生育率的回升，1980年我国生育率为18.21‰，1984年为19.90‰，随后至1987年，生育率在20‰左右浮动，在1987年又回升到了23.33‰，总和生育率达到2.59。1987年后，生育水平才重新呈现下降趋势，1989年生育率为21.58‰，总和生育率为2.25，下降幅度有限，维持在更替水平之上。除了政策调整的因素之外，当期的年龄结构与婚姻生育的进度效应也对生育率和总和生育率的数据产生影响，人口的周期性变化可以带来生育高峰（李建民，2009）。此外，新婚姻法的颁布，经济改革的推行，也在不同程度和时间进程中影响人们的生育水平。

4. 20 世纪 90 年代

20 世纪 90 年代初期，总和生育率降低到更替水平，此后一直在更替水平之下。根据统计年鉴的年度抽样数据计算，1994－1999 年，我国的总和生育率降低到 1.5 左右，2000 年的第五次人口普查数据直接计算的我国总和生育率已经低至 1.22。

20 世纪 90 年代以后一个突出的争论是人口普查、人口调查数据的准确性及对生育率水平提出不同的判断。国家计生委认为，2000 年总和生育率在 1.8 左右；翟振武和陈卫（2007）根据小学入学率计算认为，1991 年总和生育率达到更替水平，90 年代末生育率水平应该在 1.7；王金营（2003）在研究中认为，1994－2000 年总和生育率稳定在 1.72～1.76，2001－2010 的总和生育率在 1.5～1.6（王金营、戈燕霞，2013）。

这一阶段的人口下降具有深刻的社会和经济背景。

第一，1992 年开始确立的以市场经济为目标的经济体制改革，人们的生活方式、就业方式和价值观念都发生了深刻的变化（李建民，2009）。社会经济发展对人口行为和观念也产生巨大影响。研究表明，20 世纪 80 年代中国人理想子女数约为 2.13 人，20 世纪 90 年代降到更替水平以下，2000－2011 年下降为 1.67 人，理想子女数已经进入低生育稳态（侯佳伟，2014）。

第二，女性社会地位和受教育水平提升。研究表明，女性社会地位越高，子女数量越少，在生育决策方面越具有话语权，生育意愿越低（石智雷、杨雨萱，2019）。加之青年受教育水平提升，养育多子女的机会成本提升；子女养育观念发生变化，"重质量轻数量"成为主流观念，也使得养育子女的直接成本大幅度提高。

第三，社会流动的增强也推动了生育率的转变。研究表明，中国庞大的流动人口是生育率转变的先驱。陈卫和吴丽丽（2006）利用普查数据对迁移与生育率关系进行了分析，数据显示 1990 年时的流动人口生育率介于来源地农村与目的地城市之间，而 2000 年的人口普查数据显示，城市外来人口生育率不仅低于乡村，也低于迁入地城市。

第四，政策依然发挥着作用。国家和地方政府建立了计划生育利益导向机制，并大力推行计划生育相关服务。这些因素促进了人们的生育观念和生育意愿的进一步转变，使人们对生育的决策变得更为理性（李建民，2009）。

第五，生育模式转变。妇女婚育年龄的推迟与生育间隔的延长是我国生育模式变化的另一个重要方面（陈卫，2008）。在 20 世纪 70 年代政策影响下，妇女晚婚晚育，平均初婚年龄大幅上升，虽然 80 年代有所波动和下降，基本稳定在 22 岁（陈友华，

1991）。从90年代起（如图3所示），女性平均初婚年龄不断推迟，与此同时推迟的是初育年龄。数据显示，2010年相比2000年，平均初婚年龄推迟1.48岁，达到23.89岁，平均初育推迟1.61岁，达到25.83岁（2017年初婚年龄更是达到25.7岁，初育年龄达到26.6岁）。妇女的生育间隔也不断延长，在90年代各省计划生育条例中，绝大多数省份明确规定了生育间隔要达到4年或以上。数据显示，从1970–2000年，平均二孩生育年龄由25.3岁延迟到28.8岁，2000–2007年又推迟了2.3年。晚婚晚育，高生育间隔除了直接影响生育水平之外，推迟生育的进度效应也在一定程度上导致了生育率的降低。

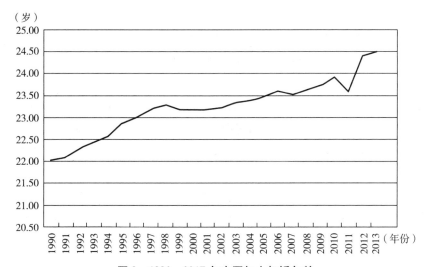

图3　1990–2017年中国妇女初婚年龄

资料来源：普查数据与民政局统计数据。

5.21世纪头十年

自2000年以后，我国维持在稳定的低生育水平。杨凡、赵梦晗（2013）利用普查数据、教育数据和户籍数据进行评估比对，认为2000年以来的总和生育率达到了1.6～1.7的水平（靳永爱，2014）。总而言之，虽然对数据有不同程度的调整，但是生育率在这一阶段第二轮快速下降，中国进入低生育率阶段已经是既成事实，人口快速增长得到有效控制的结果使中国占世界人口的比重在2008年首次下降到20%以下（PRB，2008），生育指标向发达国家看齐。部分人口学者将这一阶段作为中国进入"后人口转变"的节点（于学军，2000）。李建民（2000）提出人口发展可以划分为三个时代：前人口转变时代、人口转变时代和后人口转变时代。后人口转变时代又有两个发展阶段：一是准均衡发展阶段；二是稳定均衡发展阶段。李建民认为，我国人口转变在20世纪末已经完成，现在已进入后人口转变时代的第一个发展阶段。

6. 21 世纪 10 年代

自 21 世纪以来，我国人口的生育水平稳定保持在更替水平以下，2010－2013 年生育率在 12‰附近浮动，直接通过普查与抽样调查计算得到的总和生育率低至 1～1.3。部分人口学家提出，我国目前和未来的人口态势已经进入了"新常态"阶段（翟振武，2015；李建民，2015）。随着我国人口政策重点的转向，计划生育制度的调整，我国的生育率出现新的波动。

2014 年初，计划生育政策调整，"单独二孩"政策实施；2016 年初，"全面二孩"在全国推行。数据显示，2014 年出生人口较 2013 年上升 83 万人，达到 1687 万人，2015 出生人口略有减少，2016 年与 2017 年出生人口均超过 1700 万人，达到了 20 世纪 90 年代的水平，生育率达到 12.95‰，然而，2018 年出生人口再次滑落至 1523 万人，生育率降低至几乎前所未有的 10.94‰。

对于"二孩"政策是否达到应有效果，不同研究者存在一定争议。部分研究者认为，政策实施后出生人口数量的确实现了（即使是短期的）跳跃式上升（翟振武、李龙，2015；宋健，2017）。同时，正如图 4 所示的 2013－2017 年一孩与二孩的数量及二孩所占比例，一方面，可以看出二孩出生比例的大幅度上升，2017 年甚至"倒挂"一孩，维持了在一孩生育数量大幅度下降下的生育水平；另一方面，乔晓春（2015）提出，调整生育政策的"真正预期"应该是使生育率回归更替水平，但是实际二孩生育比例整体很低未达预期；穆光宗（2017）则指出，总和生育率缓慢下降是宏观趋势，低生育率和"少子化"这种"人口新常态"无法为"全面二孩"政策所调整。此外，任远（2017）提出，在判断政策效果对出生人口的影响时，应当区别政策作用和受人口队列推移等非政策因素的影响。

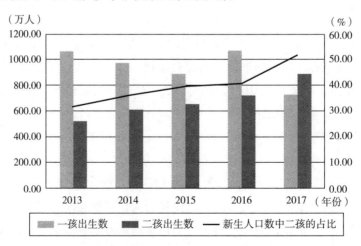

图 4　2013－2017 年分孩次出生人数与二孩占比

资料来源：国家统计局年度数据。

三、我国生育水平变化的空间特点

我国的生育水平转变具有显著的城乡差异和地区差异。一方面，城乡二元生育格局客观存在；另一方面，不同地区与发展水平的省份的人口转变之间也存在多样性和不一致性。以下依据普查相关数据，分别予以分析（如图5所示）。

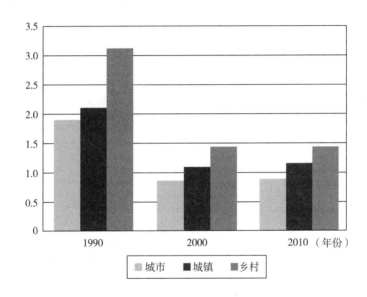

图5 1990－2010年城镇乡总和生育率差异对比

资料来源：历次人口普查数据，转引自李智等. 1982－2010年中国出生率与总和生育率变化趋势和地理分布［J］. 中国卫生统计，2015（12）.

1. 生育水平变化的城乡差异

生育率变化在城乡之间呈现出明显差异。1970－1990年，随着计划生育在全国推行，城市和城镇的生育水平已实现大幅度下降，1990年总和生育率分别达到1.90与2.10，降至更替水平附近。与此同时，乡村依然保持较高的约为30‰的生育率和3.11的总和生育率，多生多育明显，生育转变落后。其原因一方面是乡村的计划生育约束机制相比城市更弱，超生代价更低（侯力，2018），农村采取"二孩"或"一孩半"的政策客观造成的更高生育水平；另一方面是生产生活方式的差异也使得生育观念的差异客观存在，相对而言数据普查时漏登率也更高。

1990－2010年，城、镇和乡的生育水平均降低；1990－2000年，乡村总和生育率从 3.11 降低至 1.43；城市同期总和生育率则从 1.90 降低至 0.86；2000 年以后，生育水平总体保持低位，数据上略有波动和提高。总之，虽然生育水平转型存在明显的城乡二元不平衡性，但是在人口迁移与城乡一体化的大潮中这种差异逐渐弱化。

2. 生育水平变化的地区差异

地区不平衡性是我国人口转型中的重要特征。表 1 是中国分省份总和生育率 1990－2010 年的普查数据结果。1990 年数据显示，9 个省市（北京、天津、上海、重庆、江苏、浙江、辽宁、吉林、黑龙江）的总和生育率降低到更替水平以下（TFR＜2.1），这些省份集中于直辖市、东南沿海与东三省地区，并以京津沪为代表在随后的生育率降低过程中继续领跑。王金营等（2004）研究表明，生育水平和地区经济发展程度有直接关系。经济发达，工业化、城市化与对外开放水平较高的省份往往更快地实现人口生育模式的转型。1990－2000 年虽然各省份纷纷进入更替水平以下，但是实际生育水平和下降速度也有较大差异，人口大省如河南、安徽相对而言生育水平较高，中西部经济较为落后的地区或者少数民族集中的地区，如贵州、甘肃、宁夏等地，生育水平较高且转变较慢。10 年"六普"数据显示，北京、上海的总和生育率已降至约 0.7，是总和生育率最高的地区如广西、贵州（约 1.75）的 40%，地区之间的不平衡性依然存在。

表 1　中国分省份总和生育率普查数据

省（市、自治区）	北京	天津	河北	山西	内蒙古	辽宁	吉林	黑龙江	上海	江苏
1990TFR	1.44	1.61	2.48	2.44	2.13	1.70	1.87	1.91	1.42	2.01
2000TFR	0.67	0.88	1.29	1.44	1.09	0.98	0.84	0.88	0.68	0.97
2010TFR	0.71	0.91	1.31	1.10	1.07	0.74	0.76	0.75	0.74	1.05
省（市、自治区）	浙江	安徽	福建	江西	山东	河南	湖北	湖南	广东	广西
1990TFR	1.59	2.49	2.57	2.62	2.11	2.90	2.46	2.43	2.48	2.71
2000TFR	1.04	1.33	1.03	1.60	1.16	1.44	1.06	1.27	0.94	1.54
2010TFR	1.02	1.48	1.12	1.39	1.17	1.30	1.34	1.42	1.06	1.79
省（市、自治区）	海南	重庆	四川	贵州	云南	西藏	陕西	甘肃	青海	宁夏	新疆
1990TFR	3.03	2.00	—	3.03	2.67	3.81	2.67	2.30	2.59	2.60	3.13
2000TFR	1.54	1.26	1.23	2.19	1.81	1.85	1.13	1.32	1.54	1.69	1.52
2010TFR	1.51	1.16	1.08	1.75	1.41	1.05	1.05	1.28	1.37	1.36	1.53

资料来源：1990 年总和生育率来自姚新武. 中国生育数据集［M］. 北京：中国人口出版社，1995；2000 年与 2010 年数据来源于第五次与第六次人口普查公开数据。

四、讨论与总结

相比于其他国家的人口转变，中国生育水平变动具有共性也具有诸多独特特征。

中国生育率变动具有快速性。中国的人口转变在经济依然很落后、农业人口占主体的情况下开启，实现了世界最快的人口转变（李建新，2000），研究表明，20 世纪70 年代第一次生育率转变大大快于其他国家，同时与其他极低生育率国家相比，中国城市地区从更替水平生育率到极低生育率的转变历经约 10 年时间，同样十分迅速（杨菊华、陈卫、彭希哲，2008）。当前也有越来越多研究指出，过快转变引发了更多的社会矛盾，造成国家与公民的生育意愿持久冲突，长期来看，可能破坏人口的稳定与平衡，是目前人口结构性问题的重要原因（穆光宗，2006；王军、贾晓菲，2018）。

如前所述，生育率变动具有空间的不平衡性，存在显著的地区差异与人群差异。随着越来越多的地区和人口进入低生育率的行列，这种差异也呈现缩小趋势（穆光宗，2006）。

生育率转变速度和不平衡性在一定程度上受到中国独特的生育率变动机制影响。总体而言，中国的生育率转变并非自然的和平缓的，而是由于在中国现代化的过程中大力推行的人口政策的控制与干预，当期生育率的重大变化往往伴随着政策调整。陶涛和杨凡（2011）的研究表明，一方面，1972 - 2008 年排除经济社会发展的一项，单纯由于计划生育的作用中国少生了 4.58 亿人。如果将人口转变分为自发性和诱导性，中国无疑属于后者（宋瑞来，1991；邬沧萍，1986）。另一方面，随着生育率的根本性转变的完成，计划生育对于生育行为的调节作用减小（李建新，2000），尤其是自 1992 年市场经济改革以来，经济的高速增长，社会的转型发展对推动生育率转变的解释程度不断增加，成为主要内在因素（陈卫，2008）。穆光宗（2006）指出，目前生育转变从行政制约主导的节制生育，逐渐过渡到文化诱导力主导型、利益诱导力主导型、经济驱动力主导型节制生育阶段。驱动因素的转变，也使得生育率的变化轨迹逐渐从不稳定趋向于稳定。

除了生育转变的历程与特点之外，生育率未来的预测与对社会经济的影响越来越受到国家相关部门与学者们的关注。国际经验表明，生育率一旦长期处于超低水平，要促使其反弹极为困难，这被认为是存在"低生育率陷阱"。部分学者指出，当前生育率依然存在下降可能，石人炳（2018）指出，当前育龄妇女规模降低，一孩生育率和生育数量降低。生育政策调整影响呈现阶段性特征，长期作用有限，人口减少将会进入加速轨道。图6展示了根据2010年"六普"数据推算出的育龄妇女数量，数据显示2018年育龄妇女人数比2017年减少700多万人，其中20～29岁生育旺盛期妇女减少500多万人。除此之外，傅崇辉等（2013）提出，中国2010年保持大于70%的再婚率，大大高于西方国家，也可能成为潜在的人口降低的因素。王广州（2018）预测，即使保持0.6的一孩至二孩递进，人口高峰过后人口每年也会降低0.6%以上，2100年人口总量将比2010年减少4.6亿人。

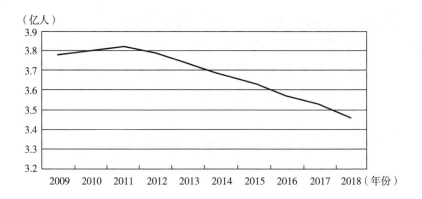

（亿人）

图6　根据"六普"数据推算出的中国育龄妇女人数变化趋势

资料来源：根据2010年"六普"数据推算所得。

正如邬沧萍等（1995）所言，人口转变的完成与其说标志着人口问题的解决，不如说是伴随着人口问题的转型，从增长性为主的人口问题转向了结构性为主的人口问题。其中，人口红利消失、劳动人口萎缩与结构高度老化成为生育率长期低于更替水平的核心问题。生育率的高峰与下降带来抚养比的降低和适龄劳动人口比例的增长，产生出对中国经济发展有重要作用的40年的人口红利，但是长期低生育率会导致人口金字塔向上挤压，使得适龄劳动人口比重降低，将前一时期劳动适龄人口高峰转变为老龄化高峰（任远，2017）。最新数据显示，自2012年我国劳动年龄人口数量和比重连续双降，2018年末全国就业人员总量也首次下降，传统人口红利逐渐消失；而老龄化水平快速提升，2018年中国65岁以上老年人口增加827万人，比重接近12%，有学者预测，2050年这一比例将达到29.17%，2100年进一步上升到34.14%，结构性矛盾愈加突出（王广州，2018）。美国人口学界摩根提出中国经济中生产部门占主导，经验性非生产性的职位数量较少，对青年劳动力需求高但不足以支持老年人力资本的开发（转引自王军、贾晓菲，2018）。人口结构与社会福利保障、经济结构、教育等体系的不匹配可能会影响现代化发展目标。另外，也有学者提出人口转型的新机遇，例如，生育率下降也带来了教育水平的提高，内生地产生出作为人力资本红利的"新人口红利"。

对生育率变动开展历史的梳理能够对相关的政策研究提供诸多启示。人口作为一个有机整体，作为人口转变中一个重要部分的生育率变迁具有其自身的趋势性和规律性。在生育率的研究中，应该深入理解人口转变的共性趋势，同时根植于中国的经济社会与文化特征，依靠充实和合理调整的相关数据，关注人口发展中的新变动；而在制定和推行生育率相关政策时，应建立在对我国目前人口现状的充分把握和未来的合理预测中，保持可持续发展的观点，对于生育率的调控对人口和经济社会所造成的长期后果具有充分的认识和准确的判断，追求逐步将人口发展过渡到稳定状态，优化人口结构，科学衡量适度人口规模，为实现经济社会的可持续发展创造优良的人口环境。

（张亦弛：复旦大学人口研究所人口资源与环境经济学专业硕士研究生。）

参考文献

［1］陈卫，吴丽丽 . 中国人口迁移与生育率关系研究［J］. 人口研究，2006（1）.

［2］陈卫 . 改革开放 30 年与中国的人口转变［J］. 人口研究，2008（6）.

［3］陈友华 . 中国女性初婚、初育年龄变动的基本情况及其分析［J］. 中国人口科学，1991（5）.

［4］傅崇辉，张玲华，李玉柱 . 从第六次人口普查看中国人口生育变化的新特点［J］. 统计研究，2013（1）.

［5］侯佳伟，黄四林，辛自强，孙铃，张红川，窦东徽 . 中国人口生育意愿变迁：1980—2011［J］. 中国社会科学，2014（4）.

［6］侯力 . 东北地区长期低生育水平形成原因探析［J］. 人口学刊，2018（2）.

［7］靳永爱 . 低生育率陷阱：理论、事实与启示［J］. 人口研究，2014（1）.

［8］李建民 . 后人口转变论［J］. 人口研究，2000（4）.

［9］李建民 . 中国的人口新常态与经济新常态［J］. 人口研究，2015（9）.

［10］李建民 . 中国的生育革命［J］. 人口研究，2009（1）.

［11］李建新 . 论生育政策与中国人口老龄化［J］. 人口研究，2000（2）.

［12］李智，张山山，倪俊学，全星，刘锦桃 . 1982—2010 年中国出生率与总和生育率变化趋势和地理分布［J］. 中国卫生统计，2015（6）.

［13］穆光宗 . "全面二孩"政策实施效果和前景［J］. 中国经济报告，2017（1）.

［14］穆光宗 . 中国人口转变的风险前瞻［J］. 浙江大学学报（人文社会科学版），2006（6）.

［15］乔晓春 . 从"单独二孩"政策执行效果看未来生育政策的选择［J］. 中国人口科学，2015（2）.

［16］任远.中国后人口转变时期的人口战略转型［J］.南京社会科学，2017（1）.

［17］石人炳，陈宁，郑淇予.中国生育政策调整效果评估［J］.中国人口科学，2018（4）.

［18］石智雷，杨雨萱.女性权益、社会地位与生育选择：相关文献评述［J］.人口学刊，2019（1）.

［19］宋健.转折点：中国生育率将往何处去——基于欧洲的经验与启示［J］.探索与争鸣，2017（4）.

［20］宋瑞来.试论自发性与诱导性人口转变［J］.中国人口科学，1991（2）.

［21］陶涛，杨凡.计划生育政策的人口效应［J］.人口研究，2011（1）.

［22］王广州，周玉娇，张楠.低生育陷阱：中国当前的低生育风险及未来人口形势判断［J］.青年探索，2018（5）.

［23］王金营，戈艳霞.2010年人口普查数据质量评估以及对以往人口变动分析校正［J］.人口研究，2013（1）.

［24］王金营，何云艳，王志成，段成荣.中国省级2000年育龄妇女总和生育率评估［J］.人口研究，2004（2）.

［25］王金营.1990—2000年中国生育模式变动及生育水平估计［J］.中国人口科学，2003（4）.

［26］王军，贾晓菲.从国家计划到生育自主：中国人口政策的未来趋向［J］.青年探索，2018（5）.

［27］邬沧萍，穆光宗.低生育研究——人口转变论的补充和发展［J］.中国社会科学，1995（1）.

［28］邬沧萍.中国生育率迅速下降的理论解释［J］.人口研究，1986（1）.

［29］杨凡，赵梦晗.2000年以来中国人口生育水平的估计［J］.人口研究，2013（2）.

［30］杨菊华，陈卫，彭希哲.中国离极低生育率还有多远？［J］.人口研究，2008（3）.

［31］姚新武.中国生育数据集［M］.北京：中国人口出版社，1995.

［32］于学军.中国进入“后人口转变”时期［J］.中国人口科学，2000（2）.

［33］原新，邬沧萍，李建民，王桂新，桂世勋.新中国人口60年［J］.人口研究，2009（5）.

［34］翟振武，陈卫.1990年代中国生育水平研究［J］.人口研究，2007（1）.

［35］翟振武，李龙．"单独二孩"政策的回顾与展望［J］．人口与计划生育，2015（3）．

［36］翟振武．人口新常态与人口政策［J］．攀登，2015（6）．

专题报告6　我国人口死亡率的历史变化

张令仪

一、引言

自新中国成立以来，我国人口总量保持增长，人口结构发生了很大变化。我国逐渐建立了较为完善的人口数据调查机制，尤其是以10年一次的人口普查等为代表的政府主导的统计计划，为我们提供了数量丰富、可信度较高的人口数据。在人口数据中，死亡数据是极其重要的一部分，人口死亡不仅直接影响了人口总量的变化，还反映数据对象地区整体的卫生医疗水平，甚至死亡数据还能体现一个地区政策、经济、文化等多方面的发展状况。同时对死亡数据的分析，有助于认识死亡的变化规律与特点，同时能够掌握人口变化动态，发现社会问题，对资源、环境及社会政策进行再评估，从而能够更新政策建议，改善公共卫生，促进社会资源再分配，为进一步降低死亡风险、改善人类健康状况提供科学的依据。

本文尝试在中华人民共和国成立以来人口死亡率的历史变化这一主题下，通过呈现①一般死亡率，②分年龄死亡率，③预期寿命，④婴儿死亡率，⑤孕产妇死亡率，⑥5岁以下的儿童死亡率，⑦死因顺位，从而考察我国不同时期死亡水平和死因的变化趋势，进而通过分性别、分年龄、分城乡的比较，通过分析其差异、探究其原因，进而展示我国人口死亡水平转变的动态图景。

二、文献综述

王维志（1984）基于1982年的人口普查资料，从中华人民共和国成立以来人口死亡率变动趋势，人口死亡率的性别、地区等差异方面，对我国的人口死亡率作出初步分析。

赵素萍、毛嘉文等（1999）对于中国部分城市和农村人口死亡率及死亡原因作出过简明扼要的分析，发现在1990－1998年城市死亡率呈上升趋势，而农村呈下降趋势，但农村地区历年死亡率均高于城市。

北京大学的任强、郑晓瑛等（2004）使用模型生命表方法对我国20世纪80年代以来的部分死亡数据建立时序关系，编制新的简易生命表。同时，文章还对不同时期的人口死亡水平、变化趋势进行系统分析，并考察不同年龄组死亡率的变动对期望寿命的影响。首都经济贸易大学的黄荣清（2005）从人口普查过程中相关死亡数据的收集和数据计算处理方式入手，对90年代中国死亡水平进行更加精确的分析修正。

何海宏（2008）主要针对城市和乡村1岁以下儿童的死亡原因构成进行了研究，发现在农村新生儿呼吸系统疾病的死亡率要高于城市；而在城市肿瘤和先天异常的死亡率要高于农村。

柴玉英、张向阳等（2010）则直接以人口死亡的城乡差异为目标进行研究，依据对城乡死亡率的影响因素进行比较，在理清城乡死亡率的具体差异以及形成差异可能因素的同时，提出健全医疗卫生体系，提高医疗保障覆盖率等建设性改进方案。

王昊城（2012）则分时段探究了中国人口粗死亡率的城乡差异，归纳出新中国成立后到改革开放期间城市人口死亡率一直低于农村人口死亡率，城乡间死亡率差距越来越小，但变动过程不一致，三年自然灾害时期农村死亡率持续下降；自20世纪80年代以来，城乡人口死亡率变动趋势大体一致，且均处于较低水平，但农村死亡率波动幅度较大。

中国人民大学的王晓军、米海杰（2013）针对1981－2010年的死亡率数据，以年龄、性别、城乡等分类为标准，探讨不同人群死亡率变动趋势及其成因，证明国内人口死亡率改善下降具有较大空间，降低国民死亡率具有重大价值。

中国人民大学的张文娟和魏蒙（2015）则基于第六次人口普查数据的分析，以1981年的中国人口生命表为模型生命表对2010年的人口按年龄死亡模式进行修正，并指出2010年的死亡人口中以农村人口居多，农村人口粗死亡率远高于总人口的平均死亡水平；此外，针对老年人口的死亡率，城镇及农村体现了相似的结果，即男性老年人口的死亡总量远超过女性。

朱继存（2018）也从城乡人口死亡模式和死亡水平变化入手，对不同类别人群的死亡原因差异进行分析，发现中国城乡人口高年龄组死亡构成比升高，慢性病死亡构成比增大；中国城乡人口总体死亡率降低，但结直肠癌、肺癌、缺血性心脏病、高血压和糖尿病等疾病死亡率上升；城乡之间和男女之间均存在严重的健康差异；最后针对以上几个城乡人口死亡问题的改善提出了建议。

三、数据分析

1. 粗死亡率

由图1可知，中华人民共和国成立后的十年内，我国总体死亡率呈明显下降趋势。从1949－1957年，得益于现代科学技术的引进、医疗卫生服务的普及以及公共卫生工作的建设，死亡率下降了9.2个千分点。但在1958年后，死亡率重新上升，并在三年大饥荒的1960年飙升至25.43‰，在一系列政策引导下，社会经济缓慢复苏，死亡率得以控制，在1962年回落至10.02‰，此后逐年延续之前的快速下降趋势，1964年后下降速度放缓，并保持在较低水平波动。根据1982年第三次全国人口普查数据的统计，1981年的全国人口死亡率为6.36‰。

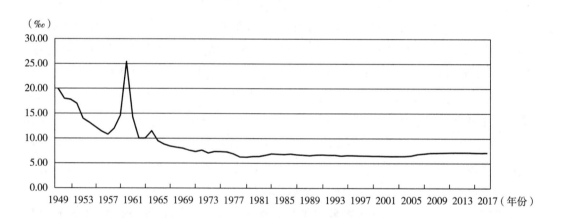

图1　1949－2017年中国死亡率变化趋势

资料来源：国家统计局：《中国统计年鉴》（1998－2018）。

通过分时段对我国城市与农村的死亡率变化趋势进行考察，可以获取一些更为细致的信息。

如图2所示，三年大饥荒之前，市镇（城市）的死亡率在7.43‰～9.30‰小幅波动；而县（农村）的死亡率则是持续降低，且下降速度也更快，从1954年的13.71‰下降至1957年的11.01‰。城乡死亡率均在1957年后开始快速上升，进入三年饥荒期间，1960年农村的死亡率更是达到了28.58‰，城市在这一年的死亡率为13.71‰，两者相差了14.87个千分点。三年饥荒之后，城市死亡率快速下降，之后渐趋平稳，农村人口死亡率同样下降，但在1962－1964年出现了一定上升，1964年城乡死亡率差距为 6.48‰。

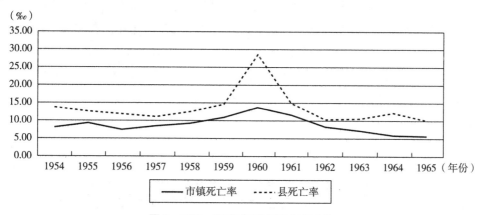

图2 1954 – 1965 年城乡死亡率对比

资料来源：黄荣清，刘琰. 中国人口死亡数据集 ［M］. 北京：中国人口出版社，1995.

如图 3 所示，进入 20 世纪 70 年代后，城市人口死亡率与农村人口死亡率的变化趋势较为一致。除了市镇死亡率在 1976 年因唐山大地震达到了 6.60‰以外，大体上还是逐步降低的；农村人口死亡率除了在 1971 – 1972 年从 7.57‰上升到 7.93‰之外，基本也呈下降趋势。值得注意的是，城乡之间的人口死亡率差距在逐步缩小，1971 年的人口死亡率差距为 2.22‰，而 1980 年人口死亡率差距仅为 0.99‰，与 1965 年的 6.28‰相比更是减小了 5.29 个千分点。导致这种变化趋势的原因，一是我国农村医疗环境的不断改善、所能享受到的医疗服务不断向城市居民靠拢，故而城乡间差距缩小；二是在于农村人口死亡率原本就处于一个较高的水平，故而相较于城市而言存在更大的下降空间（王昊城，2012）。

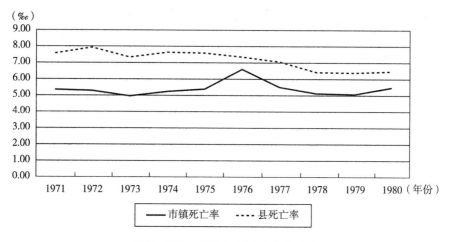

图3 1971 – 1980 年城乡死亡率对比

资料来源：黄荣清，刘琰. 中国人口死亡数据集 ［M］. 北京：中国人口出版社，1995.

如图 4 所示，进入 20 世纪 80 年代后，城市与农村的人口死亡率均进一步下降，且保持基本一致的下降趋势。农村人口死亡率保持低于 8‰，城市人口死亡率保持低于 6‰。同一年份中农村人口死亡率高于城市人口死亡率，此外，农村人口死亡率的波动幅度也略大于城市人口死亡率，在 6.53‰ ~ 7.69‰ 浮动，城市人口死亡率在 5.14‰ ~ 5.99‰ 浮动，然而城乡之间死亡率差距是缩小的，1999 年城乡人口死亡率差距为 1.378‰。可见农村人口的生活水平逐渐提升。

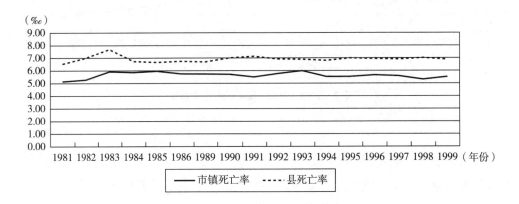

图 4　1981－1999 年城乡死亡率对比

资料来源：《中国卫生统计年鉴》（2004），中华人民共和国卫生部网站。

通过比较 2000 年与 2010 年两次人口普查的数据（如表 1 所示）可以发现，2010 年中国人口的粗死亡率为 5.58‰，相对于 2000 年的 5.92‰ 有所降低。市镇死亡率降低 0.74 个千分点。但县死亡率升高，为 7.3‰，远高于总人口的平均死亡水平，农村人口面临的死亡风险是城市人口的 2 倍，表明我国农村人口的健康状况比起城市人口仍有较大不足（张文娟、魏蒙，2015）。

表 1　2000 年、2010 年市镇、县人口粗死亡率　　　　单位:‰

年份	总死亡率	市镇死亡率	县死亡率
2000	5.92	4.21	6.97
2010	5.58	3.47	7.3

资料来源：国务院人口普查办公室，国家人口统计局人口和就业统计司. 2000 年和 2010 年人口普查数据资料［Z］. 2002，2013.

总体而言，将中华人民共和国成立以来城乡人口总死亡率下降的主要原因分时段来看，20 世纪 50－60 年代中期主要是因为我国城乡经济的大幅发展，医疗卫生的大力加强，传染病被逐渐消弭，公费医疗制度与合作医疗制度逐渐建立；60 年代中期以后则主要因为人口年龄结构变化，死亡率相对较高的少年儿童比重减少，中年人口比重增加，老年人口比重暂无大的增加（王维志，1984）。但从表2可知，随着时间的推移，城市地区死亡率上升，而标化死亡率下降；农村地区死亡率与标化死亡率均下降，说明老年人口比重与老年人口死亡均逐渐增加，因此，总死亡率逐步回升。

表2　1990－1998年城市、农村死亡率和标化死亡率　　　　单位：‰

年份	城市		农村	
	死亡率	标化死亡率	死亡率	标化死亡率
1990	5.85	4.52	6.43	5.22
1991	5.53	4.22	6.30	5.20
1992	5.81	4.35	6.33	4.90
1993	5.82	4.20	6.25	5.10
1994	5.87	4.10	6.39	5.08
1995	5.88	4.06	6.46	5.02
1996	6.04	4.03	6.39	4.77
1997	5.96	3.86	6.29	4.75
1998	6.17	3.94	6.21	4.75

资料来源：赵素萍等. 我国部分城市和农村地区人口死亡率及死亡原因分析［J］. 中国卫生统计，1999，16（5）.

2. 年龄别死亡率

年龄别死亡率这一指标是指按年龄分组计算的死亡率。它是一年内某一年龄组死亡人数与该年龄组平均人口数之比，这一指标的优势在于消除死亡率中年龄结构因素的影响。如图5所示，以年龄别死亡率来看，我国人口死亡率的变动有一定规律性：随着总死亡水平的下降，人口死亡水平的年龄模式从以前的婴儿和老年人口高死亡率为特征的"U"形分布向以低婴儿死亡率的"J"形分布转变（王昊城，2012）。而如图5所示的年代变化和城乡差异主要集中出现在不满一周岁和60岁以上的人口群体，在1~60岁年龄别群体中，年代变化和城乡差异都并不是特别突出。2002－2015年，城乡年龄别死亡率均有所下降，但仍然符合年龄别曲线变化的"J"形，而且从下降趋势来看，人口死亡年龄在逐渐后移，4~60岁年龄别死亡率都在下降，而在高龄阶段有所提升，在一定程度上反映了人口寿命延长的总体趋势。

由表3可知，相比于2000年、2010年各年龄组中，0~4岁组婴儿的死亡率下降幅度最大，低龄人口组、中年人口组与老年人口组的死亡率也均有下降。在同年中，0~4岁组的婴儿死亡率较高，随后在5~9岁组死亡率快速下降，10~14岁组中死亡率达到最低值。在25~29岁组死亡率开始回升，55~59岁年龄组死亡率高于婴儿组死亡率，60 岁以上的老年人口组死亡率保持在一个较高的水平（王昊城，2012）。

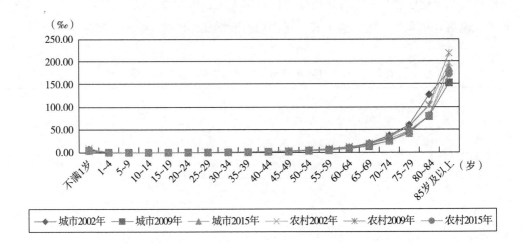

图5 2002 年、2009 年、2015 年城乡年龄别死亡率对比

资料来源：《中国卫生和计划生育统计年鉴》（2003，2010，2016），中华人民共和国卫生部网站。

表3 2000 年、2010 年人口年龄别死亡率　　　　单位:‰

年龄别（岁） 年份	2000	2010
0～4	6.04	1.29
5～9	0.55	0.30
10～14	0.42	0.30
15～19	0.63	0.39
20～24	0.97	0.50
25～29	1.11	0.61
30～34	1.33	0.81
35～39	1.68	0.81
40～44	2.40	1.76
45～49	3.47	2.61
50～54	5.49	4.18
55～59	8.68	6.19
60～64	14.79	10.31
65～69	24.37	17.21
70～74	42.29	30.64
75～79	66.49	49.52

续表

年龄别（岁） ＼ 年份	2000	2010
80 ~ 84	111. 68	84. 81
85 ~ 89	160. 30	127. 43
90 ~ 94	242. 06	190. 78
95 ~ 99	280. 70	217. 10
100 及以上	363. 98	454. 35

资料来源：2000 年第五次人口普查，《中国卫生和计划生育统计年鉴》（2011），中华人民共和国卫生部网站。

3. 人口预期寿命

预期寿命是综合衡量一个地区人口死亡水平的重要指标，不受人口年龄结构变化的影响，可在不同时点、不同地区、不同人群间进行比较，可以被用来衡量一个国家、民族和地区居民健康水平。表 4 显示，1981 - 2010 年，我国男性和女性的预期寿命都在不断延长，同一年份女性的预期寿命则高于男性，且男性与女性的预期寿命差距在不断加大。

根据张文娟、魏蒙（2015）的看法，目前中国人口预期寿命业已接近发达国家；而女性预期寿命长于男性的一个原因在于正常社会经济环境下女性具有的先天生存优势。

表 4　1981 - 2010 年男女两性的平均预期寿命　　　　　单位：岁

年份	预期寿命		男女差距	人口预期寿命
	男性	女性		
1981	66. 4	69. 3	2. 9	67. 9
1990	66	70. 2	4. 2	68. 55
2000	69. 63	73. 33	3. 7	71. 4
2010	72. 4	77. 4	5	74. 83

资料来源：第三、第四、第五、第六次全国人口普查数据，国家统计局网站。

4. 婴儿死亡率

婴儿死亡率指不到周岁的死亡婴儿数和当年新生婴儿人数之比。婴儿死亡率是衡量人类发展情况的核心指标，也是计算出生时预期寿命的重要依据。由图 6 可知，

1996－2016 年，城乡婴儿死亡率均保持下降趋势，总体婴儿死亡率从 1991 年的 50.20‰逐年降低，到 2016 年到达了 7.5‰的最低值；而且农村婴儿死亡率下降速度要快于城市婴儿死亡率的下降速度。这一情况在一定程度上可能是由于农村本身医疗条件基础差，而在这段时间内得益于国家政策使得农村医疗卫生条件大幅改善，导致了农村婴儿死亡率大幅度下降。而城市本身医疗卫生条件具有优势，婴儿死亡率低，所以这段时期下降幅度相对平缓。此外，农村与城市之间的婴儿死亡率差距在逐步弥合。

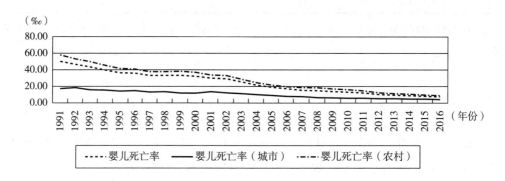

图 6 1991－2016 年城乡婴儿死亡率对比

资料来源：《中国统计年鉴》（2017），国家统计局网站。

倘若从分性别视角考察婴儿死亡率，如表 5 所示，从 1981－2010 年，男婴的死亡率从 36.07‰下降至 13.62‰，年平均下降 3.3 个百分点；而女婴的死亡率则从 34.18‰下降至 14.30‰，年平均下降 2.96 个百分点。总婴儿死亡率从 35.13‰下降至 13.93‰，年平均下降约 3.14 个百分点。这一趋势充分体现了我国公共健康机构、服务在保障母婴健康方面取得的良好成果。但是，从另一个方面而言，男婴死亡率的下降速度快于女婴，1990 年开始女婴死亡率高于男婴，则表明女婴先天的生存优势遭到男婴逆转，而已有研究针对此现象的解释是随着中国社会的快速转型和生育水平过渡到更替水平之下，男孩的偏好程度的上升造成了女婴死亡风险的增加（张文娟、魏蒙，2015）。

表 5 1981－2010 年婴儿死亡率变化 单位：‰

年份	合计	男	女
1981	35.13	36.07	34.18
1990	32.89	32.36	33.48
2000	28.38	23.92	33.75
2010	13.93	13.62	14.30

资料来源：第三、第四、第五、第六次全国人口普查，国家统计局网站。

5.5 岁以下儿童死亡率

5 岁以下儿童死亡率是指规定年份出生的儿童在年满 5 岁前死亡的概率（见图 7）。其变化趋势基本和婴儿死亡率变化趋势类似。26 年间，我国 5 岁以下儿童死亡率由 61‰降至 9.9‰，农村 5 岁以下儿童死亡率由 71.1‰ 下降到 10.2‰，城市 5 岁以下儿童死亡率由 20.9 下降至 5.2‰。城乡差距逐渐弥合，但农村 5 岁以下儿童死亡的风险仍是城市儿童的 2 倍左右。据赵素萍等（1999）的数据统计，我国 20 世纪 90 年代城市与农村 5 岁以下儿童占首位死因构成均为新生儿病死亡，其所占比重在 25%~46%。

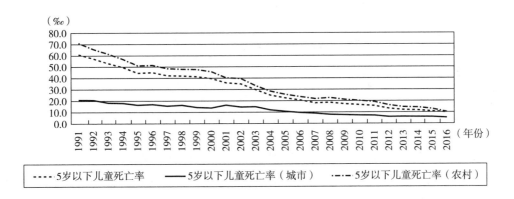

图 7　1991-2016 年城乡 5 岁以下儿童死亡率对比

资料来源：《中国统计年鉴》（2017），国家统计局网站。

6. 孕产妇死亡率

1991-2016 年，城市与农村孕产妇的死亡率均呈快速下降趋势，农村孕产妇死亡率从 100/10 万人下降到了 20/10 万人，城市农村孕产妇死亡率从 46.3/10 万人下降到了 19.5/10 万人，分别下降了 80% 和 57.9%，且城乡之间的差距逐渐缩小，到 2010 年，城乡之间差距已基本弥合。1997 年城乡孕产妇死亡率差距为 53.7/10 万人，而 2016 年城乡孕产妇死亡率差距即缩小为 0.5/10 万人。值得注意的是，农村的年平均下降速度（6.0%）要高于城市（3.3%），从中可以看出，近 26 年，农村地区的妇幼保健工作得到了长足进展，而更为先进的分娩方式及医疗技术则保障了农村孕产妇的生产安全，提高其分娩生存率，在弥合城乡差距方面取得了突出的成就（如图 8 所示）。

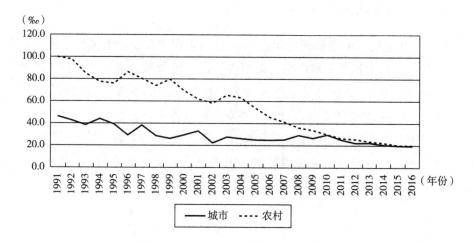

图 8　1991－2016 年城乡孕产妇死亡率对比

资料来源：《中国统计年鉴》（2017），国家统计局网站。

7. 死因顺位分析

通过梳理我国人口在不同年份的主要疾病死因及死亡率后可以发现（如表 6 所示），我国城市人口在 1957 年的首位疾病死因是呼吸系统疾病，死亡率为 120.3/10万人，急性传染病、肺结核、消化系统疾病和心脏病分别占第二、第三、第四、第五位，死亡率分别为 56.6/10 万人、54.6/10 万人、52.1/10 万人和 47.2/10 万人。传染性疾病占据首位的原因主要是中华人民共和国成立初期传染病防治工作刚刚开展，不甚完善。到 1975 年，城市人口的死因构成情况已经发生了很大改变：原本居于第五位的心脏病上升到了第二位，死亡率也从 47.2/10 万人变为了 115.34/10 万人，首位死因也从呼吸系统疾病变为了慢性非传染疾病脑血管病，其死亡率为 127.91/10万人。呼吸系统疾病降至第四位，其死亡率变为 63.64/10 万人，约为 1957 年的 0.5倍。恶性肿瘤上升到第三位，死亡率为 111.49/10 万人。消化系统疾病由第四位下降至第五位，死亡率也下降至 28.78/10 万人。而在 2010 年时，恶性肿瘤已经成为我国城市人口主要疾病死因，其死亡率达到 162.87/10 万人，占第二、第三位的分别是死亡率 129.19/10 万人的心脏病和死亡率 125.15/10 万人的脑血管病。损伤和中毒以38.09/10 万人的死亡率居于第五位。

表6 城市人口主要疾病死亡率和死因构成变动

顺位	1957 年			1975 年			2010 年		
	死因	死亡率 (1/10 万)	死因构成(%)	死因	死亡率 (1/10 万)	死因构成 (%)	死因	死亡率 (1/10 万)	死因构成(%)
1	呼吸系统疾病	120.3	16.86	脑血管病	127.91	21.61	恶性肿瘤	162.87	26.33
2	急性传染病	56.6	7.93	心脏病	115.34	19.49	心脏病	129.19	20.88
3	肺结核	54.6	7.51	恶性肿瘤	111.49	18.84	脑血管病	125.15	20.23
4	消化系统疾病	52.1	7.31	呼吸系统疾病	63.64	10.75	呼吸系统疾病	68.32	11.04
5	心脏病	47.2	6.61	消化系统疾病	28.78	4.86	损伤和中毒	38.09	6.16

资料来源:《中国卫生和计划生育统计年鉴》(1983,2001,2011)。

通过考察1990 - 2016年的城市与农村人口主要疾病死亡率的变化(见图9、图10)可以发现,农村人口主要疾病死亡率相对城市人口而言变化较大。呼吸系统死亡率自1995后便迅速下降,在2006年降至84.94/10万人,在2012年稍有回升,到达103.89/10万人。脑血管病则是在2006年降至71.84/10万人后又在2009年反弹至152.09/10万人。在农村人口中,心脏病死亡率也持续上升,在2016年达到了151.18/10万人。在进入21世纪前后,城市人口的恶性肿瘤和心脏病死亡率都出现了先上升后下降的趋势,并在2005年分别达到了105.99/10万人和62.13/10万人的

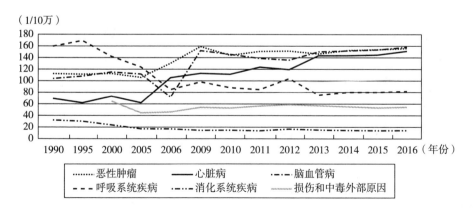

图9 1990 - 2016 年农村人口主要疾病死亡率

资料来源:《中国卫生统计年鉴》。

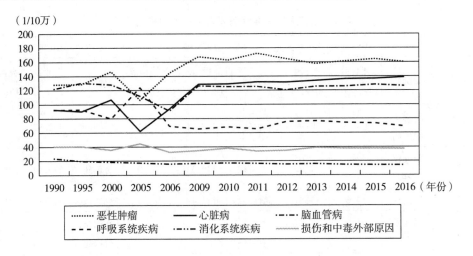

图10　1990－2016年城市人口主要疾病死亡率

资料来源：《中国卫生统计年鉴》（2014，2017）。

最低值。脑血管病自1990－2006年也呈下降趋势，于2006年达到90.72/10万人，但之后也逐步回升。在21世纪的第二个十年内，城市人口的主要疾病死亡顺位基本保持不变，且死亡率变化趋势保持平缓，死亡率占首位的疾病为恶性肿瘤，其余依次为心脏病、脑血管病、呼吸系统疾病、损伤和中毒等。

四、小结

本文从粗死亡率、分年龄死亡率、预期寿命、婴儿死亡率、孕产妇死亡率等七个方面考察了我国死亡率的历史变化。可以发现，中华人民共和国成立70年以来，整体经济水平提高，社会稳定发展，我国人口整体死亡水平不断下降；而在医疗卫生事业和妇幼保健工作的长足发展下，婴儿死亡率、5岁以下儿童死亡率、孕产妇死亡率都发生显著下降。2018年，中国人口平均预期寿命达到76.4岁，排名全球第52位，超过大多数发展中国家（世界卫生组织，2018）。死因构成变动的态势也从另一个侧面表现出我国人口已逐渐脱离传染性疾病和营养不良疾病的死亡风险，以恶性肿瘤、心脏病和脑血管病为代表的慢性疾病则成为了亟待关注的重点。尤其是在我国迈入老龄化社会的前景下，对这些疾病所造成的死亡考察或可延伸的老年保健问题也许能成为一个关键切入点。另一个值得注意的是，在我国城乡二元格局下城乡之间死亡率及死因构成的差异。总体来看，城乡之间死亡率差距逐渐弥合，反映我国农村地区公共卫生的进步。但城市与农村所面临的问题却稍有不同：农村地区在过去的十年间心脏病、脑血管病死亡率上升较快，而呼吸系统疾病的死亡率则有所下降，反映出农村地区医疗服务正迎接新的需求模式，例如，慢性非传染性疾病的控制与预防；而城市地区则要更加注意工业化社会中环境因素、生活方式因素对人们健康的影响。

（张令仪：复旦大学社会学系本科生。）

参考文献

［1］骆克任．中国分城乡死亡率的有关预测［J］．西北人口，1993（3）：8 - 11.

［2］赵素萍，毛嘉文，胡建平．我国部分城市和农村地区人口死亡率及死亡原因分析［J］．中国卫生统计，1999，16（5）：276.

［3］任强，游允中，郑晓瑛等．20 世纪 80 年代以来中国人口死亡的水平、模式及区域差异［J］．中国人口科学，2004（3）：19 - 29.

［4］黄荣清．20 世纪 90 年代中国人口死亡水平［J］．中国人口科学，2005（3）：11 - 20.

［5］张晓磊．2000 年以来中国人口死亡水平分死因研究［J］．中国人口科学，2007（2）：69 - 74.

［6］何海宏，安琳．中国 1 岁以下儿童死因分析［J］．中国妇幼保健，2008（3）：338 - 341.

［7］王文，陈伟伟，王增武等．1990 年至 2005 年我国城乡居民主要疾病死亡率及构成比变化［J］．中国循证心血管医学杂志，2009，1（2）：129 - 130，134.

［8］柴玉英，张向阳，叶尔肯等．我国城乡居民死亡率之间的差异及影响因素分析［J］．现代预防医学，2010，37（21）：4070 - 4072.

［9］王昊城．中国人口死亡模式研究［D］．河北大学硕士学位论文，2012.

［10］王晓军，米海杰．中国人口死亡率改善水平比较分析［J］．统计研究，2013，30（2）：58 - 63.

［11］张文娟，魏蒙．中国人口的死亡水平及预期寿命评估——基于第六次人口普查数据的分析［J］．人口学刊，2016，38（3）：18 - 28.

［12］黄润龙．1991 - 2014 年我国婴儿死亡率变化及其影响因素［J］．人口与社会，2016.

［13］麻新梅，刘煜．我国居民主要疾病死亡率情况分析［J］．管理观察，2018（22）：185 - 186.

［14］朱继存．2004 - 2016 年中国城乡人口死亡模式及水平变化分析［D］．郑州大学硕士学位论文，2018.

专题报告7　我国70年的人口迁移流动

赵端仪

人口的迁移流动，不断改变着人口的空间分布，同时也是观察区域经济社会发展变动的窗口。由于户籍制度的存在，我国的人口迁移和人口流动不仅是一个人口概念，也是一个制度性概念。目前对于"人口迁移""人口流动"有各种不同的定义，通常的看法是，发生了以改变户口登记的常住地作为标志的人口移动即为人口迁移，而未改变户口登记常住地但在一定期间内改变了现住地以及两者均未改变因通勤而形成往返的人口移动即为人口流动（魏津生，1984）。人口统计学定义的人口迁移是人口长期居住地的变化则被统计为迁移。本报告基于历次人口普查、1%人口抽查以及相关统计资料中关于迁移流动人口的数据，梳理了中华人民共和国成立70年以来人口迁移流动的发展变动，其中包括户籍迁移人口、非户籍流动人口，以及与五年前相比常住地改变的迁移人口。

一、中华人民共和国成立至改革开放前的人口迁移流动

1. 20世纪50年代：自由迁移

新中国成立初期，国民经济处于恢复发展阶段，战后的工农业生产百废待兴。1949年政协会议通过的《共同纲领》中规定了中华人民共和国公民具有迁徙自由的权利。这一时期的人口迁移流动较为活跃自由，农民进城没有户籍制度的限制，但总体迁移规模并不大。政府实际上实行自由迁移的政策，也是恢复和开拓经济建设的需要。

"一五"（1953—1957年）期间，国家有计划地对重工业进行了重新布局（如表1所示），苏联援助的156个项目大多安排在内陆，同时有重点地将其中56个项目布置在东北，并在中西部建立起新工业基地。大批劳动力和职工家属响应经济建设的需要进行随迁。根据《中华人民共和国人口统计资料汇编（1949—1985）》，1955年迁移人口2500万人，辽宁、黑龙江、吉林三省迁入人口为各省份中排名第一、第五、

第六,分别占总迁入人口的 8.16% 、6.21% 、6.20% 。同时,东部沿海人口稠密地区的农民集体移民中西部地区开荒垦殖,如四川省迁入人口占总迁入人口的 7.99% ,排名第二。

表 1 1955 年各省份迁入人口

省、市、自治区	平均人口	迁入人口	迁入人口占全国比重(%)	省、市、自治区	平均人口	迁入人口	迁入人口占全国比重(%)
全国	605886796	25296809		河南	45956832	1338504	5.29
北京	5214488	426368	1.69	湖北	29006489	621241	2.46
天津	4836743	213233	0.84	湖南	34412152	1357167	5.36
河北	35253116	1241830	4.91	广东	34170895	1231060	4.87
山西	14960900	1022283	4.04	广西	20466792	592552	2.34
内蒙古	8222500	718000	2.84	四川	67196245	2022177	7.99
辽宁	21977010	2063673	8.16	贵州	15787296	130427	0.52
吉林	11919090	1568540	6.20	云南	18034301	802717	3.17
黑龙江	13054745	1570542	6.21	西藏	16871016	788358	3.12
上海	9420570	393898	1.56	陕西	—	—	—
江苏	39629720	1878115	7.42	甘肃	11848476	420098	1.66
浙江	24035873	686613	2.71	青海	1798401	73432	0.29
安徽	31927759	839285	3.32	宁夏	1606305	62826	0.25
福建	13667230	435350	1.72	新疆	5173569	370189	1.46
江西	17520615	664867	2.63				
山东	51917668	1763464	6.97				

资料来源:《中华人民共和国人口统计资料汇编(1949 - 1985)》。

20 世纪 50 年代后期,"大跃进"掀起急躁冒进的狂潮,大批农村劳动力进城成为炼钢工人。1960 年迁移人口大幅上升至 3300 万人[①],是迁移流动人口的高涨期。

2. 20 世纪 60 - 70 年代:政策控制

"大跃进"盲目冒进带来的大规模人口流入造成城镇巨大的资源浪费和粮食供应短缺,加之三年自然灾害的影响,国民经济发展遭到重大挫折。为了脱离发展困境,1961 年国家开始实施"调整、巩固、充实、提高"八字方针,压缩建设规模,同时在 1958 年通过的《中华人民共和国户口登记条例》确立城乡二元户籍制度之后,进一步强化户籍管理,严格限制农村人口进城,控制城市规模,削减商品粮供应人口。

---

① 资料来源:《中华人民共和国人口统计资料汇编(1949 - 1985)》。

1965 年，迁移人口跌至 1600 万[①]。

进入 60 年代中期之后，人口迁移流动主要有以下三种类型：一是 1964 年起政府在中西部 13 个省、自治区进行"三线建设"引起的劳动力迁移。"三线建设"是一场以战备为指导思想的大规模国防、科技、工业和交通基本设施建设，是中国经济史上一次极大规模的工业迁移过程，一直延续到 1980 年，期间大批在东部城市的工人和人才进入西部支持国家建设。二是由东向北自发性的垦荒迁移。主要由因户籍制度被划入社会底层的农村地区的人口，自发向东北、西北等土地资源丰富地区迁移。新疆、内蒙古和黑龙江三个省区是当时自发性垦荒移民主要的迁入地区（任远等，2014）。三是在十年"文革"中"上山下乡"的知识青年和接受再教育的干部，也是这一时期迁移的主体。"文革"期间学校和企事业单位瘫痪，生产停滞，因入学、工作分配等原因的迁移人口大量减少（如表 2 所示），1967－1969 年每年的迁移人口维持在 600 万人左右[②]，是中华人民共和国成立以来的最低点。到 1970 年前后，大批知青下乡和干部下放才使得迁移量回升至 1000 万人以上。

70 年代后期，"文革"结束后，知识青年和下放干部陆续返乡，形成又一股返程迁移流。1979 年迁移流量达到这一时期最高点 2300 万[③]。

60－70 年代的人口迁移流动基本是在政策控制下进行的，包括限制农民进城，"三线建设"引起的人才迁移和"文革"期间的"上山下乡"运动，形成了一种逆向城镇化的迁移态势。这导致了我国城镇化建设的停滞，城镇人口增长缓慢，1960－1977 年，城镇化率从 19.85% 倒退至 17.32%。

表 2   1960－1980 年全国迁移人口   单位：人

年份	平均人口	迁入人口	迁出人口
1960	661902432	33127135	32022946
1961	656234818	19311812	21022044
1962	660994675	21509942	22845520
1963	677523708	13093691	13858620
1964	693641908	14014973	14021046
1965	710485095	16083855	16100976
1966	697211098	14047938	13256689
1967	328423582	6006922	5987902
1968	261260065	5725370	5868619
1969	265275198	6096515	6279170

续表

年份	平均人口	迁入人口	迁出人口
1970	619406500	13039659	13162264
1971	671078823	13144667	11503519
1972	857490467	15927889	15654449
1973	877292665	14328562	12878764
1974	895739558	13512341	13005817
1975	911775064	16445466	15339872
1976	926065276	16241018	15214946
1977	938829226	15546696	14547066
1978	951534573	18308188	17295838
1979	964511143	23312813	21939397
1980	976742780	19641131	18687935

资料来源:《中华人民共和国人口统计资料汇编(1949 – 1985)》,由于部分省份数据缺失,以及国际人口迁移,迁入与迁出人口有一定差距。

二、改革开放至今的人口迁移流动

尽管从 1982 年第三次全国人口普查开始设置人口迁移与流动项目,但是历次普查和抽样调查对流动人口的界定和统计指标方面存在差异,本报告以历次普查抽查的数据为基础,尽量展示可以对比的数据,以窥人口流动迁移之全貌。

1.20 世纪 80 年代:恢复发展

改革开放后,我国经济步入快速发展的轨道,同时区域之间的发展水平也逐步拉大,人口的迁移流动打破了原先在严格控制下的凝固状态,开始呈现新的面貌。

改革开放初期,1978 – 1984 年,"文革"时期大批的下乡知青和下放干部开始陆续返回家乡,回流入城镇,掀起人口迁移的补偿性高潮,城镇人口也在短时间内得到回升,停滞的城镇化得到恢复发展。据《中国人口》各省份分册的统计资料,1979 – 1981 年我国人口省际净迁入量之和为 626.3 万人,净迁出量之和为 106.9 万人,与改革开放前的 70 年代相比,有较大幅度的增长(任远等,2014)。

1984 年后,人口迁移流动进一步进入活跃期。在当年,深圳开始实行暂住证制度,同年中央发布了一系列政策,助推了以城市改革主导动力的城镇化和人口迁移:1984 年 1 月中共中央发出的 1 号文件允许农民进集镇务工经商,从而使得农民在城市具有更大的择业选择空间；1984 年 10 月在党的十二届三中全会上通过了《关于经济体制改革的决定》，自此拉开城市全面改革的序幕（林毅夫等，1994）。国务院于 1984 年 10 月颁布《关于农民进入集镇落户问题的通知》，由此国家逐渐放松对人口迁移的制度限制，城镇的改革发展也吸引了农村剩余劳动力不断转移。80 年代后期，经济就业型劳动力流动迅速增长，出现"百万民工下广东"的民工潮（如表 3 所示），广东省的迁入率从 1982－1987 年的 4.6‰大幅升至 1985－1990 年的 20‰。根据 1990 年第四次全国人口普查，1985－1990 年每年平均省际迁移量为 221.3 万人，省内迁移量 460.5 万人（任远等，2014）。

在 1987 年 1%全国人口抽样调查和 1990 年普查中，统计了 1982－1987 年和 1985－1990 年的各省份省内省际迁移人口。表 3 是李树茁（1994）利用两次调查数据计算的各省区人口迁移水平。由于两次调查只提供了时期末而非时期中的各省份常住人口，因此，计算的迁移率是一种后向迁移率，但这并不影响对两个时期的迁移比较。

表3　1982－1987 年、1985－1990 年中国各省份人口迁移水平　　　　单位:‰

地区	1982－1987 年					1985－1990 年				
	省内迁移	迁出	迁入	总迁移	净迁移	省内迁移	迁出	迁入	总迁移	净迁移
北京	54.9	10.1	32.3	42.4	22.2	7.8	12.2	62.1	74.3	49.9
天津	4.9	5.7	16.0	21.7	10.3	4.0	8.2	27.8	36.0	19.6
河北	16.5	6.5	10.4	16.9	3.9	13.3	10.6	8.5	19.1	－2.1
山西	29.0	6.7	6.1	12.8	－0.5	21.8	7.6	10.7	18.3	3.1
内蒙古	27.7	10.0	8.1	18.0	－1.9	26.9	14.1	11.9	26.0	－2.3
辽宁	25.8	6.1	8.3	14.4	2.1	22.4	7.5	13.7	21.2	6.2
吉林	39.3	10.2	7.2	17.4	－3.0	24.8	14.4	9.6	24.0	－4.8
黑龙江	25.6	13.1	5.6	18.8	－7.5	30.0	17.3	10.4	27.7	－6.8
上海	22.1	6.6	29.9	36.6	23.3	13.0	9.9	49.8	59.8	39.9
江苏	21.3	5.1	7.5	12.5	2.4	17.7	9.3	11.8	21.0	2.5
浙江	19.3	5.8	3.0	8.8	－2.8	19.3	15.3	8.1	23.3	－7.2
安徽	16.2	4.7	3.1	7.8	－1.6	15.5	9.5	6.0	15.5	－3.5
福建	16.3	3.9	3.2	7.0	－0.7	24.1	7.9	8.4	16.3	0.4
江西	14.9	4.1	2.8	6.9	－1.2	19.5	7.8	6.0	13.7	－1.8
山东	19.1	4.3	6.9	11.2	2.6	14.1	6.3	7.2	13.5	0.9
河南	11.3	4.0	3.3	7.3	－0.7	14.5	6.9	5.6	12.4	－1.3

续表

地区	1982－1987 年					1985－1990 年				
	省内迁移	迁出	迁入	总迁移	净迁移	省内迁移	迁出	迁入	总迁移	净迁移
湖北	31.9	4.4	5.4	9.8	0.9	20.2	6.4	8.0	14.4	1.5
湖南	21.2	6.5	3.8	10.3	-2.8	21.4	8.7	4.5	13.2	-4.2
广东	34.7	2.4	4.6	7.0	2.2	42.5	4.0	20.0	24.0	16.0
广西	16.8	5.3	1.5	6.8	-3.9	21.0	13.9	3.4	17.3	-10.6
海南						21.8	16.2	22.9	39.0	6.7
四川	31.5	4.5	3.5	8.0	-1.0	21.9	12.3	4.1	16.4	-8.2
贵州	18.1	4.0	3.8	7.8	-0.2	14.3	9.7	5.9	15.5	-3.8
云南	18.3	5.2	2.7	7.9	-2.5	19.8	7.5	6.7	14.3	-0.8
陕西	25.4	9.2	7.2	16.1	-2.0	21.5	11.0	9.4	20.5	-1.6
甘肃	19.3	9.0	4.4	13.5	-4.6	20.1	12.5	8.8	21.4	-3.7
青海	14.7	24.0	6.6	30.7	-17.4	33.9	22.9	25.8	48.7	2.9
宁夏	21.1	11.8	21.1	32.9	9.4	26.4	12.2	19.7	31.9	7.6
新疆	25.2	16.9	14.2	31.2	2.7	23.8	18.3	22.5	40.8	4.2

资料来源：李树茁．中国 80 年代的区域经济发展和人口迁移研究［J］．人口与经济，1994（3）．

从表 3 可以看到，第一，省内迁移和省际总迁移的水平较高，对比来看，1985－1990 年比 1982－1987 年的省际总迁移率明显更高，表明省际长距离迁移的强度在不断增加；第二，各省份净迁移率的差距较大，且不断拉大。例如，1982－1987 年上海净迁移率为 23.3‰，青海为 -17.4‰；1985－1990 年北京净迁移率达到 49.9‰，广西为 -10.6‰。

这一阶段，除了户籍人口迁移的增长之外，非户籍流动人口也迅速增加。段成荣、杨舸（2011）等对几次普查的流动人口数据进行了调整和估算，从而使由于统计口径不一致的普查抽查数据更具可比性（见表 4）。

表 4 1982－1990 年全国流动人口数量及其占全国人口比重

年份 \ 类别	直接计算所得流动人口数（万人）	调整后的流动人口数（万人）	直接计算所得流动人口占总人口比重（%）	调整后的流动人口占总人口比重（%）
1982	657	1154	0.66	1.16
1987	1810	2479	1.69	2.32
1990	2135	3750	1.89	3.32

资料来源：段成荣，杨舸，马学阳．中国流动人口研究［M］．北京：中国人口出版社，2012.

2. 20 世纪 90 年代：快速增长

1992 年邓小平南方谈话后，我国进入深化市场经济体制建设阶段。与此同时经济型迁移人口数量大幅增加，人口流动进入高度活跃期。

迁移总量增加且非户籍流动人口逐渐成为主流。随着迁移流动的规模逐渐增大，户籍人口迁移量从 1990 年的 265.39 万人增加到 2000 年的 1088.39 万人（任远等，2014），而非户籍流动人口数量的增长速度更快，1982 年"三普"时"常住本地一年以上，户口在外地"和"入住本地不满一年，离开户口登记地一年"的流动人口共 657.5 万，仅占总人口的 0.66%，到 1990 年"四普"时这一数字增加到 2160.9 万，占总人口的 1.91%，而 2000 年"五普"时人户分离跃升至 1.44 亿，占总人口的 11.62%。杨云彦（2003）运用普查抽查资料，测算了户籍迁移和非正式迁移的规模和比重，指出 90 年代以来非正式迁移对总迁移的贡献越来越大，1993 年非正式迁移的比重已经超过户籍迁移，到 2000 年，前者比重占到 70%。

人口流动向东部沿海聚集趋势加强。在改革开放政策引导下，东部沿海的区位优势明显，对外开放的经济成果显现，与中西部之间的差距逐步拉大。东部劳动密集型产业对于大量劳动力的需求也吸引了中西部人口源源不断地向东部沿海城市集聚。根据表 5 的整理，1990－1995 年迁入人口中占全国迁入人口比例排名前五的是广东 18.26%，江苏 9.09%，上海 6.81%，北京 6.52%，新疆 5.31%，共占 45.99%；1995－2000 年排名前五的是广东 35.61%，浙江 8.41%，上海 6.72%，江苏 5.91%，北京 5.86%，共占 62.51%。人口迁入大省的集聚强度明显增加，西部的新疆被挤出前五，取而代之的是民营经济集群的浙江。而广东拥有三个经济特区，开放早，程度深，外贸出口经济提供了大量的劳动岗位，其迁入人口比例翻了一番。在表 6 中，从东中西地带的宏观流向来看，东部的迁入人口比例增加，迁出人口比例减少；中部迁入人口比例减少，迁出人口比例增加；而西部迁入人口比例减少，迁出人口保持稳定。总体上看，人口由中西部向东部迁移流动的趋势加强，中部净迁出，产生中部塌陷现象，西部的吸引能力减弱，但流入人口仍高于中部。人口迁移展现出强烈的以就业和经济追求为主导动力的新态势。

表 5　1990－2000 年各省份总迁入人口及占全国迁入人口比例　　单位：人，%

地区 \ 年份	1990－1995		1995－2000	
总计	10250577	比例	32303080	比例
北京市	667885	6.52	1892250	5.86
天津市	214519	2.09	492360	1.52

续表

地区 \ 年份	1990－1995		1995－2000	
上海市	698558	6.81	2171430	6.72
河北省	483750	4.72	770040	2.38
辽宁省	418365	4.08	755430	2.34
江苏省	931731	9.09	1909240	5.91
浙江省	447404	4.36	2715430	8.41
福建省	331058	3.23	1348860	4.18
山东省	506827	4.94	904740	2.80
广东省	1872019	18.26	11502950	35.61
海南省	99808	0.97	217750	0.67
山西省	152115	1.48	382730	1.18
吉林省	143942	1.40	254280	0.79
黑龙江省	215577	2.10	301350	0.93
河南省	259519	2.53	470070	1.46
安徽省	149615	1.46	313820	0.97
江西省	120673	1.18	236240	0.73
湖北省	260096	2.54	606500	1.88
湖南省	206827	2.02	363150	1.12
内蒙古自治区	264519	2.58	325560	1.01
广西壮族自治区	115288	1.12	287750	0.89
重庆市			448100	1.39
四川省	379712	3.70	590120	1.83
贵州省	146058	1.42	261630	0.81
云南省	198654	1.94	735800	2.28
西藏自治区	34327	0.33	70710	0.22
陕西省	156731	1.53	423040	1.31
甘肃省	134231	1.31	203690	0.63
青海省	49519	0.48	76930	0.24
宁夏回族自治区	47115	0.46	128820	0.40
新疆维吾尔自治区	544038	5.31	1142320	3.54

资料来源：根据 1995 年 1% 人口抽样调查和 2000 年人口普查计算，经抽样比调整得出。

表6　1990－2000年我国东中西地带省际人口迁移　　　　单位:%

	1990－1995年		1995－2000年	
	迁入人口比例	迁出人口比例	迁入人口比例	迁出人口比例
东部	65.05	26.29	76.41	18.51
中部	14.71	38.74	9.06	46.95
西部	20.25	34.97	14.53	34.54

资料来源：王桂新等. 迁移与发展：中国改革开放以来的实证［M］. 北京：科学出版社，2005.

3. 21世纪00年代：区域差距拉大

2000－2010年户籍人口迁移规模较为稳定（如图1、表7所示），大体在1700万－2100万人，2007年达到最高为2084万人。按各省份来看，不同省份不同年份的户籍净迁移有所差异。东部地区除福建在前五年为户籍净迁出之外，其他省份基本为净迁入，广东、北京、上海、江苏、浙江的净迁入人数都在较高水平，其中以广东为首。在中部地区中，较为明显的是吉林、黑龙江两个东北省份净迁出较多，而河南省的净迁入人口规模一直非常高，中部其他省份在后期净迁入率逐年下降，到2010年除湖南接近0外均为净迁出。西部各省份的户籍净迁入相对较少，差异也不大。

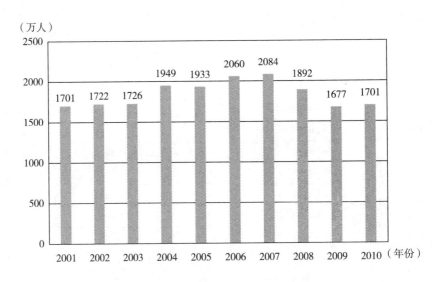

图1　2000－2010年户籍人口迁移规模

资料来源：《中华人民共和国分县市人口统计资料》（2001－2010）。

表7   2001-2010 年全国分地区的户籍人口净迁移   单位：万人

年份 地区	2001	2002	2003	2004	2005	2006	2007	2008	2009	2010
北京	13.04	12.59	14.14	14.27	16.37	14.19	10.74	11.01	11.23	10.92
天津	-0.87	2.8	5.7	3.86	6.33	6.72	6.73	4.97	7.01	4.81
河北	4.22	3.82	5.98	-0.26	0.77	8.93	18.04	18.01	9.9	-0.25
山西	3.48	6.27	3.21	5.98	-1.14	9.28	21.42	11.89	5	-4.47
内蒙古	7.78	6.62	2.94	0.6	-5.49	7.79	5.99	-2.03	0.86	0.42
辽宁	3.01	2.62	3.54	5.09	5.41	11.83	8.99	2.49	5.55	4.51
吉林	-0.9	3.77	1.81	-1.6	-3.65	-0.57	-1.32	-2	-3.18	-1.58
黑龙江	5.94	4.27	-15.08	13.51	-6.26	-1.03	-0.86	-8.67	-3.77	-1.25
上海	9.08	11.05	11.2	11.09	9.35	9.21	10.74	12.98	10.9	12.22
江苏	5.96	11.85	17.26	13.48	15.97	24.18	16.75	7.97	6.51	16.05
浙江	3.82	2.08	2.47	5.88	6.46	9.94	12.26	14.04	13.43	14.53
安徽	2.91	3.83	8.18	1.45	3.39	13.75	14.42	5.22	3.14	-3.59
福建	-0.61	-3.98	-1.31	-1.81	-1.8	4.39	5.26	3.09	0.9	1.31
江西	10.04	9.86	7.27	10.52	4.79	9	0.65	9.74	0.14	-1.19
山东	2.15	0.04	5.42	4.5	3.43	11.59	12.78	5.56	3.5	3.5
河南	24.39	27.17	25.03	35.89	48.62	61.39	36.84	30.02	28.98	20.55
湖北	5.43	6.02	7.94	6.92	12.26	12.3	3.02	-2.89	-2.4	-9.89
湖南	5.13	5.01	6.88	-3.32	1.43	35.41	11.82	3.94	11.26	0.26
广东	17.54	20.32	22.05	29.65	36.76	64.93	48.28	31.09	31.88	31.43
广西	0.69	-1.28	-0.73	-1.53	-0.39	9.73	12.61	6.6	2.09	0.43
海南	1.08	1.17	2.05	1.67	1.18	1.39	1.43	1.24	0.75	1.03
重庆	14.12	1.89	11.17	3.15	11.26	3.42	0.4	24.23	2.52	3.87
四川	7.36	15.25	16.99	17.11	17.07	17.19	29.69	17.95	13.47	6.66
贵州	3.93	5.79	7.1	-3.01	1.62	8.64	10.05	6.21	5.9	5.26
云南	3.08	2.82	3.07	-20.01	7.27	1.98	1.36	2.47	1.55	-1.77
西藏	0.28	-0.2	0.7	1.02	0.61	0.86	0.62	0.81	1.64	0.33
陕西	6.39	6.87	15.16	5.51	10.05	5.74	11.04	6.27	9.69	4.54
甘肃	0.62	2.08	-2.97	-0.85	-4.37	-2.33	15.11	6.42	1.67	-7.7
青海	-0.09	0.24	0.03	2.16	1.32	2.4	4.34	3.05	3.98	-0.4
宁夏	4.71	-0.03	5.29	6.09	-5.18	4.27	4.12	2.3	0.86	1.44
新疆	15.72	14.05	11.86	17.08	21.3	12.29	16.74	9.76	7.58	9.64

资料来源：《中华人民共和国分县市人口统计资料》（2001-2010）。

　　相比户籍迁移人口，非户籍流动人口的增长规模更加值得一提。根据"五普"
和"六普"的结果，十年间，人户分离的人口从 2000 年的 1.44 亿人增长到 2010 年的 2.61 亿人，是全国人口数的 19.58%。除去市辖区内人户分离之外，2010 年流动人口为 2.21 亿人。如此大规模的非户籍迁移人口在中国大地上流动，成为各地区人口再分布的主要原因。

从 2005—2010 年人户分离的人口增长率为 75.67%（如表 8、图 2 所示）可以看到，各省份的流入人口增长率均为正，西部省份的流入人口增长速度普遍较快，宁夏、甘肃增长率达到 150% 以上。总流入人口绝对数最多的是东部省份，但因为基数较大，增长率并不突出。在流入人口中，省内人户分离的比重较高，且有进一步提高的趋势，2005 年为 65.99%，2010 年上升到 67.09%。跨省流入占比较高的省份集中在东部地区，2010 年北京地区跨省流入占比为 67.10%，上海为 70.77%，与 2005 年相比均有提高，而广东省则从 61.46% 下降到了 58.41%。此外，西部地区的西藏在 2010 年跨省流入也达到 63.14%。而中部地区的省内流动显然更高。由此可知，东部经济发展状况更好是吸引人口进行长距离跨省流动的主要推动力。

表 8　2005 年和 2010 年按现住地分人户分离流入人口和户口在省内、省外占比

现住地	2005 年			2010 年			流入人口增长率（%）
	总流入人口（万人）	省内占比（%）	跨省占比（%）	总流入人口（万人）	省内占比（%）	跨省占比（%）	
全国	148541527	65.99	34.01	260937942	67.09	32.91	75.67
北京	5746947	40.36	59.64	10498288	32.90	67.10	82.68
天津	2143130	44.42	55.58	4952225	39.59	60.41	131.07
河北	4846183	81.89	18.11	8297279	83.07	16.93	71.21
山西	2857328	85.48	14.52	6764665	86.23	13.77	136.75
内蒙古	4424504	83.97	16.03	7170889	79.86	20.14	62.07
辽宁	6514427	82.85	17.15	9310058	80.81	19.19	42.91
吉林	2630992	88.44	11.56	4462177	89.77	10.23	69.60
黑龙江	3668855	89.15	10.85	5557828	90.89	9.11	51.49
上海	7140916	34.47	65.53	12685316	29.23	70.77	77.64
江苏	11010840	61.20	38.80	18226819	59.51	40.49	65.54
浙江	10890611	42.53	57.47	19900863	40.59	59.41	82.73
安徽	4062748	91.45	8.55	7100608	89.90	10.10	74.77
福建	7538702	62.07	37.93	11074525	61.05	38.95	46.90
江西	2979160	91.53	8.47	5302276	88.69	11.31	77.98
山东	7754656	83.49	16.51	13698321	84.56	15.44	76.65
河南	3532672	92.08	7.92	9764067	93.94	6.06	176.39

续表

现住地	2005 年			2010 年			流入人口增长率（%）
	总流入人口（万人）	省内占比（%）	跨省占比（%）	总流入人口（万人）	省内占比（%）	跨省占比（%）	
湖北	4680534	90.20	9.80	9250228	89.04	10.96	97.63
湖南	4447023	92.77	7.23	7898815	90.82	9.18	77.62
广东	26829618	38.54	61.46	36806649	41.59	58.41	37.19
广西	2981985	87.59	12.41	6291811	86.62	13.38	110.99
海南	988092	70.15	29.85	1843430	68.08	31.92	86.56
重庆	2246336	84.26	15.74	5440776	82.63	17.37	142.21
四川	5769924	91.26	8.74	11735152	90.38	9.62	103.38
贵州	2433817	84.21	15.79	4629542	83.51	16.49	90.22
云南	3428321	76.28	23.72	6053805	79.57	20.43	76.58
西藏	111756	61.61	38.39	262005	36.86	63.14	134.44
陕西	2378092	84.06	15.94	5894416	83.47	16.53	147.86
甘肃	1242595	86.89	13.12	3112722	86.09	13.91	150.50
青海	507481	75.51	24.50	1140954	72.09	27.91	124.83
宁夏	568244	79.43	20.57	1534482	75.99	24.01	170.04
新疆	2185038	52.59	47.41	4276951	58.11	41.89	95.74

资料来源：根据 2005 年 1% 全国人口抽样调查数据和 2010 年第六次人口普查数据计算得出。

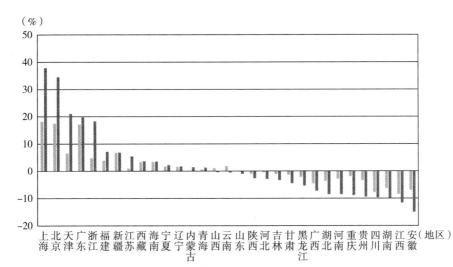

图 2　2000 年和 2010 年省际人户分离净流动人口比重

资料来源：根据 2000 年和 2010 年普查数据计算得出。

2010 年，上海、北京、天津、广东、浙江、福建、新疆、江苏、西藏、海南、宁夏、辽宁、内蒙古、青海为净流入地区，山西、云南、山东、山西、河北、吉林、甘肃、黑龙江、广西、湖北、河南、重庆、贵州、四川、湖南、江西、安徽为净流出地区。山西和云南由净流入地区转为净流出地区。2000－2010 年，各省份之间净流动比重差距越来越大。上海、北京、天津、浙江的净流入大幅增长，上海从 2000 年的 18.24% 上升至 2010 年的 37.91%，浙江的净流动率从 4.8% 增长至 18.32%。重庆、贵州、四川、湖南、江西、安徽等省份的净流出率也呈现增加趋势。上海、北京、天津、广东、浙江为主的东部地区仍是人口的强力吸引中心，而安徽、江西、湖南等中部地带则以人口净流出为主流。

表 9 总结了 1995 年以来常住地改变的迁移人口分东中西地区的情况。东部流入最多，占比从 1995－2000 年的 76.41% 增加到 2000－2005 年的 81.13%，2005－2010 年有所减少，为 79.24%。中部流入占比最少，在 10% 以下；中部和西部流入占比均为先减少后增加，在 2000－2005 年下降至最低点，在 2005－2010 年又有所回升。其原因除了中西部地区的发展增速之外，也可能包含期间金融危机导致的人口被迫回流因素。在各宏观流向中，从中部流入东部的占比最大，占比在 40.95% 左右；从西部流向中部的占比份额最少。而区域内部迁移比重最大的也是东部地区，且占比不断增加。总体格局继续维持东西部迁入、中部迁出的态势。

表 9　1995－2010 年常住地改变的迁移人口占比

流入\流出	1995－2000 年				2000－2005 年				2005－2010 年			
	东部（%）	中部（%）	西部（%）	合计（%）	东部（%）	中部（%）	西部（%）	合计（%）	东部（%）	中部（%）	西部（%）	合计（%）
东部	12.45	39.92	24.04	76.41	13.58	41.93	25.62	81.13	14.28	40.95	24.01	79.24
中部	3.27	3.16	2.63	9.06	4.58	2.05	1.45	8.08	3.97	2.66	1.81	8.44
西部	2.79	3.86	7.87	14.53	3.88	2.51	4.40	10.79	3.45	3.57	5.31	12.32
合计	18.51	46.95	34.54	100.00	22.04	46.49	31.47	100.00	21.70	47.18	31.12	100.00

资料来源：根据 2000 年、2010 年普查数据，2005 年 1% 人口抽样调查数据计算得出。

4. 21 世纪 10 年代：转折显现

我国从 2010 年开始组织全国范围的流动人口动态监测调查并发布《中国流动人口发展报告》。从 2010－2017 年流动人口的规模和增速来看（如图 3 所示），2015 年前，我国的流动人口规模增速虽有放缓，但仍保持逐年增长，而在 2015 年后，流动人口总量则开始缓慢下降，从 2014 年的 253 万人下降至 2017 年的 244.5 万人。

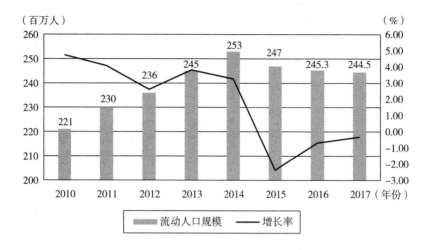

图3　2010－2017年我国流动人口规模及增长率

资料来源：《中国流动人口发展报告》（2010－2018）。

2015年净流动的总体态势与2010年大致相同（如表10所示），值得注意的是，东部的几个人口流入大省中，北京、上海、浙江的净流入率相比2010年下降1~3个百分点，而天津和广东则保持继续上升的势头，传统人口流出大省安徽、江西、四川、重庆的净流出率则呈现下降趋势。

表10　2015年各省份人户分离流动人口

现住地	总流入人口合计（人）	省内流入占比（%）	跨省流入占比（%）	跨省流出人口（人）	跨省净流入占常住人口比重（%）
全国	293281613	66.85	33.15	97227742	
北京	11651613	34.04	65.96	568452	32.85
天津	5662839	33.55	66.45	392645	21.82
河北	9669355	82.54	17.46	4218323	-3.39
山西	7370581	90.14	9.86	1663097	-2.55
内蒙古	7414839	83.04	16.96	1115161	0.57
辽宁	8531484	81.06	18.94	1273935	0.78
吉林	5261484	90.20	9.80	1457677	-3.41
黑龙江	4890194	88.72	11.28	2783806	-5.84
上海	13441613	29.05	70.95	620387	36.96
江苏	19456000	55.28	44.72	3594516	6.39
浙江	19268516	39.11	60.89	2454387	16.73
安徽	9169806	85.81	14.19	10152129	-14.35
福建	12153097	63.96	36.04	1986645	6.22

续表

现住地	总流入 人口合计（人）	省内流入 占比（%）	跨省流入 占比（%）	跨省流出 人口（人）	跨省净流入 占常住人口 比重（%）
江西	6354000	84.28	15.72	6186645	-11.32
山东	15746710	85.92	14.08	3652452	-1.45
河南	10449548	88.65	11.35	9442710	-8.67
湖北	12258839	84.38	15.62	6168516	-7.25
湖南	10164452	88.05	11.95	8244065	-10.32
广东	41299548	41.64	58.36	1927290	20.44
广西	6905613	84.34	15.66	5193742	-8.53
海南	1961355	68.05	31.95	377871	2.72
重庆	6894065	81.10	18.90	3440581	-7.07
四川	15402645	87.56	12.44	8488968	-7.98
贵州	5738774	81.26	18.74	4545161	-9.78
云南	7166194	78.44	21.56	2112839	-1.19
西藏	421484	62.27	37.73	70581	2.71
陕西	7254581	80.21	19.79	2214000	-2.04
甘肃	3713484	85.47	14.53	1867290	-5.08
青海	1155742	70.44	29.56	238774	1.74
宁夏	1744387	80.80	19.20	289935	0.67
新疆	4708645	62.21	37.79	485097	5.46

资料来源：根据 2015 年 1% 全国人口抽样调查数据计算得出。

表 11　2010—2015 年常住地改变的迁移人口占比　　　　单位：%

流入 ＼ 流出	2010—2015 年			
	东部	中部	西部	合计
东部	16.52	33.35	20.59	70.47
中部	6.47	3.80	2.70	12.97
西部	5.88	4.24	6.44	16.56
合计	28.87	41.39	29.74	100.00

资料来源：根据 2015 年 1% 人口抽样调查数据计算得出。

根据表 11 可以发现，2010—2015 年迁入东部的人口占比明显减少，而迁往中部和西部的人口占比增加。中部迁出的人口比重也有较大的下降，其中各个迁移方向中占比最多的中—东方向占比从前五年的 40.95% 降低到 33.35%。

5. 一些汇总性的分析

对于迁移和流动人口的规模，历年普查和抽查的统计口径与流动人口调查数据的口径有所差异，不同数据源之间直接进行比较是值得商榷的。图 4 利用普查数据、人口抽样调查数据，以及《中国流动人口发展报告》的流动人口数据，对 20 世纪 80 年代以来的迁移和流动人口长期动态进行汇总性的历史分析。

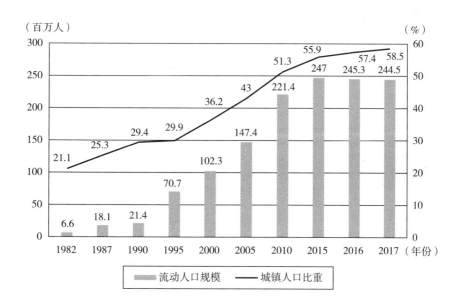

图 4　1982 – 2017 年流动人口规模和城镇人口比重

资料来源：《2018 年中国流动人口发展报告》。

总体来看，20 世纪 80 年代以来，我国的流动人口规模得到飞速的增长，从 1982 年的 660 万人，到 1990 年的流动人口的规模翻了三倍至 2140 万人。而仅仅过了五年，这一数字又翻了三番达到 7070 万人。此后，流动人口稳步增加，到 2014 年达到峰值为 2.53 亿人。2015 年是流动人口数量的转折点，这一年起，流动人口的规模开始以缓慢的速度逐年下降，2017 年下降到 2.445 亿人。与此同时，我国的城镇化率飞速增长，从 1982 年的 21.1% 上升到 2017 年的 58.5%，2010 年在城镇化达到 50% 以上之后，仍然保持继续增长之势。

从表 12 分东中西部来看，东部的迁入比一直以来都比中西部高，在 2005 年前占比不断增长，但增长的速度递减，而在 2005 之后，东部的迁入占比开始减少，2010 年以后减少的趋势更加明显；迁出的比例在三个区域中最低，但在 2010 – 2015 年也开始显现出迁出比例的增长。中部地带的迁入率从 20 世纪 90 年代开始低于西部，此后继续下降，到 2010 年前后才开始上升，但仍低于西部；迁出比例基本保持在首位，2010 年后也开始出现下降趋势。西部的迁入迁出占比相对比较平稳，21 世纪以来呈现迁出减少、迁入增加的趋势。我国的分地带人口宏观流向主要形成的是由中部流向中西部的态势，在 2010 年后，这一态势出现较为明显的变化，东部的迁入占比减少，迁出增加，而中西部的迁入增加，迁出占比减少。人口向中西部回流的态势开始显现。

表 12　东中西部五年常住地改变的迁入迁出人口占比　　　　单位:%

地带	1982—1987 年		1985—1990 年		1990—1995 年		1995—2000 年	
	迁出	迁入	迁出	迁入	迁出	迁入	迁出	迁入
东	25.34	39.75	33.26	54.74	26.29	65.05	18.51	76.41
中	48.00	37.90	31.54	24.11	38.74	14.71	46.95	9.06
西	26.67	22.36	35.20	21.15	34.97	20.25	34.54	14.53

地带	2000—2005 年		2005—2010 年		2010—2015 年			
	迁出	迁入	迁出	迁入	迁出	迁入		
东	22.04	81.13	21.70	79.24	28.87	70.47		
中	46.49	8.08	47.18	8.44	41.39	12.97		
西	31.47	10.79	31.12	12.32	29.74	16.56		

资料来源：历年全国人口普查和 1% 全国人口抽样调查数据。

　　表 13 展现了在历次普查抽查中，五年常住地改变的净迁移人口排前五位和后五位的省份。20 世纪 90 年代前，受到历史政策的影响，人口迁移流动还处于恢复发展期，各省份之间的净迁移差距并不大，人口逐渐从"文革"后的返乡向经济型的迁移过渡。90 年代后，经济原因开始主导人口流动的选择，广东省因其地理区位和政策倾斜加速发展，吸引了大量劳动力，一直位居人口净迁移数的首位，且与第二位的城市保持着很大的差距。同时，东部的几大人口吸引中心也逐渐显现，北京、上海、浙江、江苏在 21 世纪以来稳居第 2 至第 4 位。特别是浙江从 90 年代的人口迁出大省一跃成为吸引劳动力流入地区的第一梯队。迁移人口大幅度增长的同时，各省和地区之间的差距也不断拉大。90 年代之前，在排名后五位的省份中，东中西部各占有席位，而在 90 年代之后，除四川以外，其他四席都被中部省份包揽，中部成为人口迁出的中心。2005—2010 年排名首位的广东净迁入 1227.7 万人，末位的河南净迁出 499.9 万人，相差为 80 年代以来最甚。而在 2010—2015 年，广东的净迁入人口和河南的净迁出人口都较上一时期下降，各省份之间的差距出现缩小的趋势。

表13　五年常住地改变净迁移人口排名前五位和后五位省份　　单位：万人

年份 排名	1982－1987		1985－1990		1995－2000		2000－2005		2005－2010		2010－2015	
前五位	上海	29.4	广东	100.5	广东	1106.5	广东	1039.9	广东	1227.7	广东	815.4
	北京	23.0	北京	54.0	上海	200.9	浙江	406.7	浙江	706.7	浙江	403.2
	河北	22.2	上海	53.2	浙江	174.6	上海	268.1	上海	453.3	北京	331.3
	山东	21.0	辽宁	24.5	北京	171.8	江苏	198.5	北京	344.5	江苏	300.4
	江苏	15.7	天津	17.2	新疆	92.6	北京	193.7	江苏	300.2	上海	278.1
后五位	云南	－63.3	四川	－87.9	四川	－380.5	四川	－321.4	河南	－499.9	河南	－405.4
	黑龙江	－26.0	广西	－44.4	湖南	－289.8	安徽	－320.2	安徽	－470.2	安徽	－311.5
	湖南	－16.1	浙江	－29.8	安徽	－257.9	河南	－319.0	四川	－393.3	湖南	－247.3
	广西	－15.4	湖南	－25.5	江西	－244.4	湖南	－285.9	湖南	－390.2	四川	－204.0
	浙江	－11.3	黑龙江	－24.3	河南	－183.9	湖北	－223.9	湖北	－295.8	江西	－177.8

资料来源：历年全国人口普查和1%全国人口抽样调查数据。

图5计算了五年常住地人口迁入迁出在各省份间的变异系数，变异系数＝标准差/平均值，因此，排除了数量规模对于可比性的影响。通过观察图5可知，90年代以前，迁入和迁出的CV都相对较小，在1以下，且两者相差不大，我国各省份间的人口迁移较为平衡。而在1995－2000年，CV有了明显的跃升，特别是迁入CV，接近2，迁出CV虽然也有增加，但增加幅度较小。这说明在1995年以后，我国的省际人口迁入非常不平衡，也即是，人口迁入集中于少数几个吸引中心，而人口迁出则在各省份之间相对较为平均。从趋势上来看，此后迁入CV和迁出CV均逐渐下降，2010－2015年时仅分别为1.24和0.73，这表明我国的人口迁入地和迁出地正在趋向更加平衡的方向。

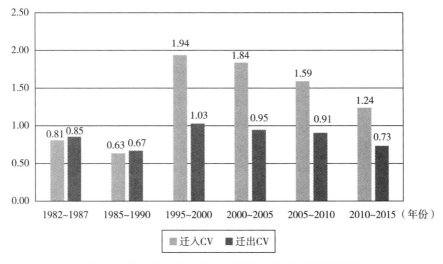

图5　五年常住地改变的各省份迁入迁出人口变异系数

资料来源：根据历年全国人口普查和1%全国人口抽样调查数据计算得出。

三、总结

中华人民共和国成立 70 年以来，我国的人口迁移流动已经具有了巨大的规模，在低生育率的背景下成为影响区域人口分布的最重要因素。根据对人口迁移流动历史的梳理，可以看到人口的迁移流动往往根源于政治、经济状况，和政府政策、市场经济的发展密不可分。我国的人口迁移流动经历了中华人民共和国成立初期的自由流动，20 世纪 60－70 年代受到政策严格控制，这一时期我国的人口迁移主要受制于政策导向的影响，"一五"计划的重工业重新布局、"大跃进"千万民工进城炼钢、户籍制度限制人口迁移、"文革"时期上山下乡等政策制度，决定了该阶段人口迁移流动的规模和方向。

改革开放以后，随着户籍制度的不断改革和市场经济的发展，我国劳动力市场流动性日益释放，人口迁移流动从逐步恢复到快速发展。表现出以下特点：

（1）流动人口规模迅速增长，2015 年后有下降趋势。改革开放，特别是 20 世纪 90 年代初的深化市场经济体制改革，拉开了我国人口迁移迅猛增长的序幕。伴随着改革的深入和市场经济的活跃，人口流动逐渐进入高度活跃的状态，劳动力要素在区域间进行快速的流动。2014 年，我国的流动人口达到 2.53 亿人，是 1982 年 660 万人的 37 倍。但是从 2015 年起，流动人口的规模开始以缓慢的速度下降，迁移规模进入调整期。这可能反映了区域间产业转移随着劳动力转移而对人力资源要素在区域间进行的再次分配。

（2）人口迁移流动的流向从中西部向东部，但近年来强度有所减弱。改革开放以来我国人口迁移流动的宏观方向并没有发生较大改变，人口的迁移流动以近距离省内迁移为主，在跨省迁移方面，仍然保持着中部向东西部转移的态势。以京津冀、长三角、珠三角为核心的东部沿海地区保持着强劲的吸引力，人口从四川、湖北、湖南、安徽等中西部人口流出大省向东部特大城市和城市群转移。特别是以广东地区为核心的泛珠三角，是吸纳劳动力最主要的中心。这一迁移模式反映的是我国区域经济的差异和产业发展的空间联动。

而在 2015 年后，中西部地区人口向东部沿海地区持续高强度集聚的趋势有所转变。东部的迁入人口比例减少，特大城市北京、上海的常住人口出现下降，而中部的迁出人口也减少。在分地带的常住人口占比变化中（见图 6），也可以发觉东部的人口占比增长趋势明显减小，从 2010－2015 年只增长了 0.19 个百分点，而中部人口的下降速度也在缩小，西部则在这五年内有所增加。也有很多学者提出，随着产业转移和西部大开发、东北老工业振兴和中部崛起等区域经济的发展，劳动力向中西部回流的趋势将愈演愈烈。吴瑞君、朱宝树（2016）根据数据指出，如果继续保持这种趋势，今后东部地区人口占比转升为降，中西部人口占比转降为升，并非没有可能。并通过与人均 GDP 和区域城镇化率的比较，认为这种新变化与区域经济增长变化有关。

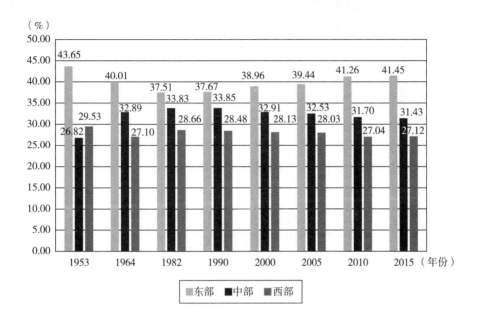

图6 1953－2015 年东、中、西部常住人口占比变化

资料来源：根据历年全国人口普查和1% 人口抽样调查数据计算得出。

在跨省迁移的地区平衡性方面，迁入地的集中度更甚于迁出地，20 世纪 20 年代初期左右人口迁入地的不平衡达到最高，此后逐渐下降，人口迁移的方向正在朝着区域平衡转变。

（3）非户籍的流动人口成为主流，经济原因是首要主导力量。20 世纪 50 年代末，我国确立了城乡二元的户籍制度，户籍关系到社会保障、就业保护、教育卫生等资源，在很大程度上成为人口迁移流动的一大障碍。我国的户籍人口迁移规模较为稳定，而非户籍的流动人口逐渐成为主流，在总迁移中占主要部分。王桂新（2004）指出，改革开放后，流动人口的影响原因逐步由以社会原因为主转变为以经济原因为主、发生机制逐步由以计划组织为主转变为市场调节占主导地位。迁移人口的主体是非户籍迁移的农村人口，大规模的农村剩余劳动力为追求工作岗位和经济收入，不断进行乡—城迁移，这也是中国城镇化快速发展的主要力量。目前中国的户籍制度还没有进行根本性的改革，这对于劳动力在区域间的优化配置是一项重要的阻碍，未来对于户籍制度改革的探索道阻且长。

中华人民共和国成立 70 年，我国的迁移流动人口形成了规模巨大、集中程度高的态势，然而在近几年流动人口数量开始减少，省际迁移方向也开始朝着更加平衡化的方向发展。这展现出我国宏观区域经济差距的新变化和产业资源、劳动力要素的优化配置。正如吴瑞君和朱宝树（2016）在文章中总结的，人口和产业转移必然会对不同区域的人口和产业发展产生各种差别效应，人口空间分布的差异化充分反映了中国人口分布均衡与非均衡的矛盾统一，人口均衡分布的要义在于"均而不衡，衡而不均"，因此，要实施非均衡的区域发展战略，加快区域和城乡统筹的新型城镇化进程，促进区域人口与经济社会及资源环境的均衡发展。

（赵端仪：复旦大学人口研究所人口资源与环境经济学专业硕士研究生。）

参考文献

［1］段成荣，杨舸，马学阳．中国流动人口研究［M］．北京：中国人口出版社，2012.

［2］李树苗．中国80年代的区域经济发展和人口迁移研究［J］．人口与经济，1994（3）.

［3］林毅夫，蔡昉，李周．中国的奇迹：发展战略与经济改革［M］．上海：上海三联书店，上海人民出版社，1994.

［4］任远等．人口迁移流动与城镇化发展［M］．上海：上海人民出版社，2001.

［5］王桂新等．迁移与发展：中国改革开放以来的实证［M］．北京：科学出版社，2005.

［6］王桂新．改革开放以来中国人口迁移发展的几个特征［J］．人口与经济，2004（4）.

［7］魏津生．国内人口迁移和流动研究的几个基本问题［J］．人口与经济，1984（4）.

［8］吴瑞君，朱宝树．中国人口的非均衡分布与"胡焕庸线"的稳定性［J］．中国人口科学，2016（1）.

［9］杨云彦．中国人口迁移的规模测算与强度分析［J］．中国社会科学，2003（6）.

专题报告8 对我国国际迁移状况的简要分析

马彦琳

一、引言

中国人移居海外与外国人迁入中国的历史十分久远。至于中华人民共和国成立后我国人口的国际迁移，主要聚焦于改革开放后的时期。主要原因是在计划经济体制和"冷战"氛围下，国家严格控制人口的国内和国际迁移；直到改革开放，国内进一步放宽对移民迁入与迁出的限制，此后中国的国际迁移才得以重新活跃起来，出现了明显的移民潮（傅义强，2006）。1976 年全国出入境人员总数仅 566 万人次[①]；而进入 21 世纪以来，中国每年的出入境人数连年攀升，总量规模庞大。中国已经成为当今世界上最重要的国际迁移来源地与目的地之一（如图 1 所示）。

活跃的国际迁移活动及庞大的国际迁移人口规模，理应为研究中国的国际迁移提供丰富的数据，然而对这方面的分析研究尚不完善，还有很大的提升空间。一个重要原因是我国官方较晚才开始重视国际迁移的有关数据的搜集和发布。在 2010 年的第六次人口普查中，首次将居住在我国境内的港澳台居民和外籍人员纳入普查范围。更早的统计数据（目前最早始于 20 世纪 90 年代）主要来源于联合国下属机构。以往定量数据的缺乏，对改革开放初期中国国际迁移状况的研究有很大影响：针对华侨的质性研究曾一度是主流（朱国宏，1986），例如，海外华人华侨结社、归国后的社会认同等方面的问题。然而，当下中国国际迁移状况与早期相比已发生了很大改变。应给予新时期定量数据更多的关注，将进一步拓展中国国际迁移研究的深度和广度。

首先，本专题将立足于第六次人口普查数据、联合国与部分国外政府的统计数

---

① 资料来源：公安部国家移民管理局（原公安部出入境管理局）。

据；其次，从迁入与迁出两大层面来呈现 20 世纪 90 年代以来中国国际迁移状况①的基本面貌；最后，简要分析影响中国国际迁移状况的因素和今后的发展方向。

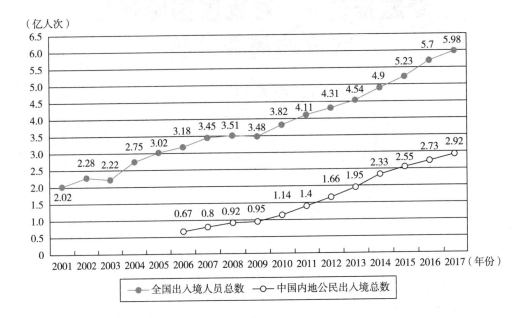

图 1　2001 – 2017 年中国出入境人数

资料来源：公安部国家移民管理局。

二、迁入分析

（一）对 2010 年第六次人口普查数据的总结

第六次全国人口普查数据显示，居住在我国境内并接受普查登记的外籍人员②有593832 人（男性 336245 人，女性 257587 人），计入港澳台地区居民则共 1020145人。在上述接受普查登记的外籍及港澳台地区人员中，来华的排前三大目的为：商务

---

① 由于香港特别行政区、澳门特别行政区和台湾地区的数据与中国大陆地区数据相独立，故如无特别说明，本文中"中国"均特指中国大陆地区。

② 统计口径：外籍人员指普查标准时点在我国境内居住三个月以上或能够确定将居住三个月以上的港澳台居民和外籍人员，但不包括出差、旅游等在境内短期停留的外籍人员。"境内"指的是我国海关关境以内，不包含港澳台地区。

（204962 人）、学习（202482 人）和就业（201955 人）。可见经济与教育因素是港澳台地区居民和外籍人员迁入我国的主要吸引力。

大部分境内国际移民已经历了一个中长期的逗留期。按居住时间来看，首先是居住时间五年以上的人员最多（250434 人），其次是两年至五年（249668 人），最后是居住时间更短的人员规模依次缩减，直至居住时间为三个月以下的群体规模又有所增加（103754 人）。

毗邻中国的亚洲国家首先是在我国境内居住的外籍人员主要来源地，其次是部分发达国家人员。据"六普"数据显示，其排在前十大来源国及其人数分别为：韩国（120750 人）、美国（71493 人）、日本（66159 人）、缅甸（39776 人）、越南（36205 人）、加拿大（19990 人）、法国（15087 人）、印度（15051 人）、德国（14446 人）、澳大利亚（13286 人）。

至于在中国境内的分布，接受普查登记的人员主要居住地是粤（316138 人）、沪（208602 人）、京（107445 人）等经济发达省市，这与上文所述的来华的排前三大目的大致形成了呼应。

（二）对联合国 1990 - 2017 年中国境内国际移民存量[①]的分析

1. 总体概览

自 20 世纪 90 年代以来，中国境内国际移民人数总体呈增长趋势，近 30 年间已经从 37 万人增长到接近 100 万人。据美国盖洛普咨询公司 2017 年 6 月公布的调查结果显示，中国在最受欢迎移民国家排行榜中位列全球第 18，与新西兰、俄罗斯并列，超越了荷兰、巴西、土耳其和韩国等，逐渐成为一个新兴的移民目的地[②]。

增长率在 1995 - 2015 年呈现一个先升后降的回落，2005 年是增长率变化的拐点。虽然境内国际移民存量占总人口比例在 1990 - 2017 年经历了先升后降，但一直维持在 0.07% 以下（如表 1 所示）。这一数字，远低于国际移民占世界总人口的约 3.1%，也远低于欧美发达国家国际移民占总人口的平均 10.3% 和亚洲发达国家和地区国际移民占总人口平均 2% 的水平[③]。由此可见，国际移民占中国总人口比例非常低。因此，近 30 年来，虽然在华外国人不断增加，但我国始终没有成为一个热门的移民目的国。

---

①　统计口径：2013 年数据：以当年 7 月 1 日为标准时点的、居住在非出生国/地区或非公民籍所在国/地区的人；其余年份数据：在大多数国家或地区，每当有外国出生的人口的信息时，国际移民被等同于外国出生的人口。在大多数缺失出生地数据的国家，可以获得那些被列举之人的公民身份所属国的信息，且用作确定国际移民的基础，从而在这种情况下有效地将国际移民与外国公民等同起来。

②　资料来源：Gallup World Poll。

③　资料来源：联合国经济与社会事务部，World Migration Stock（2014）。

表1　1990—2017 年境内国际移民存量总人数及占总人口百分比

年份	总人数（人）	占总人口百分比（%）
1990	376361	0.0315539
1995	442198	0.0350626
2000	508034	0.0389286
2005	678947	0.0505084
2010	849861	0.0614569
2013	848511	0.0623575①
2015	978046	0.0688515
2017	999527	0.0697437

资料来源：2013 年：联合国经济与社会事务部人口司、联合国儿童基金会，Migration Profiles – Common Set of Indicators（2014）；其余年份：联合国经济与社会事务部人口司，Trends in International Migrant Stock：The 2017 Revision（2017）。

在影响外国人来华意愿的因素中，经济因素是一个优势。汇丰银行发布的数据②显示，2017 年外籍人士对中国经济的评分排名全球第 19 位，高于美国、比利时、英国、韩国、日本等，显示出它们对中国经济前景的信心。改革开放以来，中国凭借劳动力成本的优势成为世界制造工厂，同时人均收入的提高也带来消费市场的扩大升级，从而吸引众多外资和外国人进入中国"淘金"。但同时，中国的生活体验得分（生活方式、周围人群、安顿便利度）排名垫底，家庭得分（关系、教育与儿童护理、海外育儿）倒数第三。故中国生活设施和社会融入方面可能还没有做好迎接外国人的准备。

近年来，我国进一步规范与放宽外国人在华居留的政策。2004 年出台的《外国人在中国永久居留审批管理办法》，标志着永久居留证制度的实施；2015 年 3 月 13 日发布的《中共中央、国务院关于深化体制机制改革　加快实施创新驱动发展战略的若干意见》，提出要探索建立技术移民制度，以吸引海外高端人才；从 2017 年 4 月起，"外国人来华工作许可制度"正式启动。但从 2005 年后总人数增长率回落的趋势来看，并不能得出这些政策对增加境内国际移民存量产生实际作用的结论。它们从客观上更多地起到了管理和服务已有境内国际移民的效果。由此可预测，若现状不变，我国境内的国际移民存量将在一段时间内维持稳定的低速增长的水平（如图 2 所示）。

2. 性别结构

2000 年是境内国际移民存量性别结构变化的一个分水岭。2000 年前，男性与女

---

① 据国家统计局《2013 年国民经济和社会发展统计公报》2013 年中国总人口 136072 万人而计算得出。
② 资料来源：HSBC，Expat Explorer Broadening Perspectives（2017）。

性的数量大致相等，而且两者增长速度相当。2000 年后，性别结构发生显著变化：境内男性国际移民存量从 2000 年与女性的几乎一致，增长至 2017 年约为女性存量的 160%。两者之间的数量差距不断拉大。由此可见，男性国际移民是目前中国境内国际移民存量的主力（如图 3 所示）。

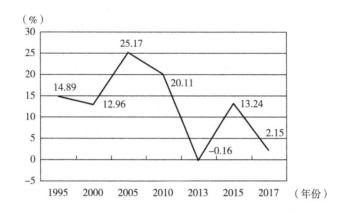

图 2   1995 – 2017 年境内国际移民存量总人数增长率

注：根据表 1 数据计算得出；增长率的参照是上一统计年份①。

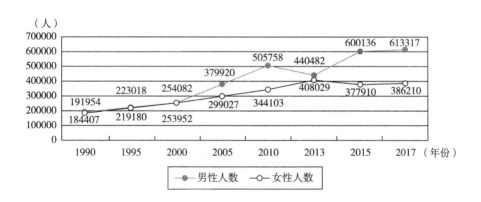

图 3   1990 – 2017 年境内国际移民存量分性别人数

资料来源：同表 1。

3. 年龄结构

中国境内国际移民存量的年龄结构明显呈现以下三个特点（如图4、表2所示）：

（1）20 – 44 岁是中国境内国际移民年龄的主要区间。这一年龄阶段的人口主要是中青年，反映出迁入我国的国际移民多是青壮年劳动力。由于缺失更详细的数据，

---

① 本文在计算某一指标在某一年增长率时，均以该指标在上一统计年份的相应数据为参照。

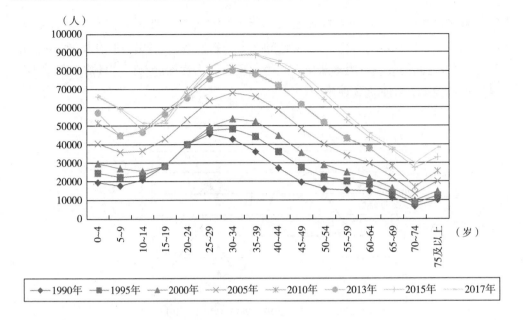

图4　1990－2017年境内国际移民存量分年龄段人数

资料来源：同表1。

表2　1990－2017年境内国际移民存量分年龄段人数

年份 年龄（岁）	1990	1995	2000	2005	2010	2013	2015	2017
0～4	19748	24866	29988	40940	51973	57465	66188	66577
5～9	17967	22623	27282	36197	45088	45161	59446	59938
10～14	21155	23489	25820	36792	47979	47049	48083	51969
15～19	28688	28608	28516	43292	58554	56723	53212	51915
20～24	40395	40346	40279	53757	67229	65469	70067	66563
25～29	45969	47947	49912	64053	77945	75840	82284	81717
30～34	43267	48741	54210	68242	81880	80391	88557	88661
35～39	36399	44604	52813	66241	79262	78455	88692	89314
40～44	27571	36381	45200	58919	72499	72191	84168	85565
45～49	19858	27892	35936	48816	61771	61999	76682	78889
50～54	16163	22687	29219	40537	51995	52260	64611	68208
55～59	15527	20387	25253	34371	43549	43797	53539	56552
60～64	15181	18650	22121	30185	38306	38309	44031	46322
65～69	11386	13988	16591	22638	28730		37428	38380
70～74	6831	8392	9954	13583	17238	73402	27695	30276
75及以上	10256	12597	14940	20384	25863		33363	38681

资料来源：同表1。

暂时无法得知这类青壮年劳动力的职业和教育程度情况，从而还不能进一步详细判断他们来华的具体动因。

（2）年幼随迁子女规模随着其年龄增长而有所减小。在 1990 - 2017 年，5 ~ 9 岁的境内国际移民数量一直比 0 ~ 4 岁阶段的数量少。主要原因有可能是 6 岁左右是小学入学的时间，5 ~ 9 岁的外籍儿童可能迁回原籍地接受教育，从而导致这一年龄阶段的境内国际移民数量减少了。

（3）境内国际移民开始有缓慢老化的趋势。一是年轻移民增长乏力：2017 年 0 ~ 29 岁的人数与 2015 年相比几乎无变化；部分年龄段（如 15 ~ 19 岁、20 ~ 24 岁）甚至出现人数下降。二是中老年移民规模不断上升：50 岁及以上的人数一直保持增加的趋势。三是人数规模最大的年龄区间不断后移。1990 年，25 ~ 29 岁是境内国际移民中人数最多的年龄段，此后这一年龄区间开始逐渐后移，到 2017 年，在境内国际移民中人数最多的年龄段已经推移到了 35 ~ 39 岁。由此可以估计，自 1990 年以来，境内国际移民的中位年龄和平均年龄已经有所增长。这种趋势表明，中国对年轻新移民的吸引力可能有所下降。

4. 性别结构与年龄结构的交叉

具体看男性与女性境内国际移民的年龄结构，两者除了呈现出与上文所述总体年龄结构一致的三个特点之外，有一个比较明显的差异：男性与女性人数规模最大的年龄区间 1990 年同是 25 ~ 29 岁，然而男性区间后移的速度快于女性。目前男性人数规模最大的年龄区间在 35 ~ 39 岁，比女性的年龄区间大了 5 岁。所以，男性境内国际移民的老化速度较女性更快。结合男性占大比例的性别结构可推测：男性移民的老化是导致移民总体老化趋势的一大原因（如图 5、图 6 所示）。

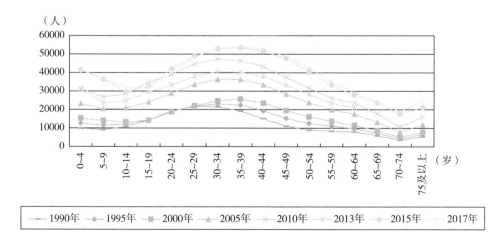

图 5　1990 - 2017 年境内国际移民存量分年龄段人数（男性）

资料来源：同表 1。

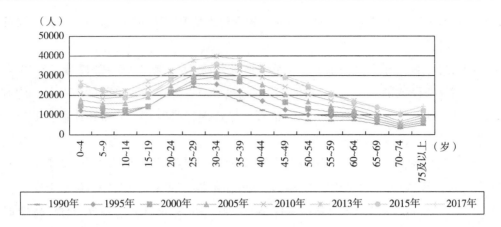

图 6　1990－2017 年境内国际移民存量分年龄段人数（女性）

资料来源：同表 1。

5. 来源国结构

近 30 年来，来源国结构变化不大，十分稳定。韩国、巴西、菲律宾、印度尼西亚、越南、美国等国是境内国际移民的主要来源国。其中韩国始终是第一大来源国；自 2000 年以来，巴西、菲律宾与印度尼西亚一直分列第二、第三与第四大来源国。自 21 世纪以来，来自个别发达国家的国际移民人数增速变得突出，如韩国、美国、加拿大、澳大利亚和日本等。可见，随着中国日益增长的经济实力和软实力，会对周边国家（尤其是韩国）的人口产生较大的移民吸引力。并且，这种吸引力克服了地理距离，逐渐扩散到了欧美发达国家，但来自这些国家的移民人数相对发展中国家而言还是较少的（如表 3 所示）。

三、迁出分析

1. 总体概览

近 30 年来，中国海外移民存量的规模不断扩大（如表 4、表 5、图 7 所示），到 2017 年为止已接近 1000 万人。2017 年中国海外移民存量为 9962058 人，居全球第四，仅次于印度（16587720）、墨西哥（12964882）和俄罗斯（10635994）[①]；此规模也是当年国内海外移民存量的近 10 倍。因此，中国是当今国际移民的一个重要来源地。

---

① 资料来源：同表 3。

表3　1990－2017年境内国际移民存量——前十大来源国排名

单位：人

1990 年		1995 年		2000 年		2005 年		2010 年		2015 年		2017 年	
韩国	148141	韩国	141332	韩国	134524	韩国	148413	韩国	162303	韩国	186786	韩国	190888
菲律宾	28155	菲律宾	40390	巴西	53504	巴西	59028	巴西	64552	巴西	74289	巴西	75920
印度尼西亚	21305	巴西	32797	菲律宾	52626	菲律宾	58059	菲律宾	63493	菲律宾	73070	菲律宾	74674
越南	18063	印度尼西亚	24962	印度尼西亚	28619	印度尼西亚	31573	印度尼西亚	34528	印度尼西亚	39736	印度尼西亚	40608
美国	16962	越南	19149	越南	20235	越南	22324	越南	24413	越南	28095	越南	28712
巴西	12090	美国	18124	美国	19286	美国	21277	美国	23268	美国	26777	美国	27365
泰国	5839	泰国	8390	泰国	10942	泰国	12071	泰国	13201	泰国	15192	泰国	15525
英国	4737	秘鲁	5956	秘鲁	9711	秘鲁	10713	秘鲁	11716	秘鲁	13483	秘鲁	13779
日本	4547	英国	5649	英国	6561	英国	7238	英国	7915	英国	9108	英国	9308
印度	4496	印度	5478	印度	6460	印度	7126	印度	7793	印度	8968	印度	9164
加拿大	3756	加拿大	4985	加拿大	6215	加拿大	6856	加拿大	7498	加拿大	8629	加拿大	8818
马来西亚	3195	日本	4732	日本	4917	日本	5424	日本	5932	日本	6826	日本	6975
斯里兰卡	3026	马来西亚	3805	马来西亚	4416	马来西亚	4871	马来西亚	5327	马来西亚	6130	马来西亚	6264
澳大利亚	2417	斯里兰卡	3470	斯里兰卡	3915	斯里兰卡	4319	斯里兰卡	4723	斯里兰卡	5435	斯里兰卡	5554
秘鲁	2202	澳大利亚	3091	澳大利亚	3765	澳大利亚	4153	澳大利亚	4542	澳大利亚	5227	澳大利亚	5341
孟加拉国	1858	巴基斯坦	2494	巴基斯坦	3172	巴基斯坦	3499	巴基斯坦	3827	巴基斯坦	4404	巴基斯坦	4500
巴基斯坦	1817	孟加拉国	2376	孟加拉国	2895	孟加拉国	3193	孟加拉国	3492	孟加拉国	4018	孟加拉国	4106
俄罗斯	1080	俄罗斯	1607	俄罗斯	2135	俄罗斯	2355	俄罗斯	2575	俄罗斯	2963	俄罗斯	3028

资料来源：联合国经济与社会事务部人口司，Trends in International Migrant Stock：The 2017 Revision (2017)。

表4 1995－2017年境内国际移民存量——前十大来源国的人数增长率排名

单位：%

1995 年		2000 年		2005 年		2010 年		2015 年		2017 年	
巴西	171.274	巴西	63.137	韩国	10.325	巴基斯坦	9.374	韩国	15.085	韩国	2.196
秘鲁	170.481	秘鲁	63.046	巴西	10.324	澳大利亚	9.367	加拿大	15.084	美国	2.196
俄罗斯	48.796	俄罗斯	32.856	菲律宾	10.324	日本	9.366	巴西	15.084	英国	2.196
泰国	43.689	泰国	30.417	美国	10.324	孟加拉国	9.364	菲律宾	15.084	巴西	2.195
菲律宾	43.456	菲律宾	30.295	印度尼西亚	10.322	加拿大	9.364	印度尼西亚	15.083	秘鲁	2.195
巴基斯坦	37.259	巴基斯坦	27.185	斯里兰卡	10.319	秘鲁	9.362	泰国	15.082	菲律宾	2.195
加拿大	32.721	加拿大	24.674	英国	10.319	马来西亚	9.362	秘鲁	15.082	印度尼西亚	2.194
澳大利亚	27.886	孟加拉国	21.843	秘鲁	10.318	泰国	9.361	澳大利亚	15.081	俄罗斯	2.194
孟加拉国	27.879	澳大利亚	21.805	泰国	10.318	印度	9.36	美国	15.081	泰国	2.192
印度	21.842	印度	17.926	加拿大	10.314	菲律宾	9.359	印度	15.078	加拿大	2.19
英国	19.253	英国	16.144	日本	10.311	印度尼西亚	9.359	巴基斯坦	15.077	孟加拉国	2.19
马来西亚	19.092	马来西亚	16.058	印度	10.31	韩国	9.359	斯里兰卡	15.075	斯里兰卡	2.19
印度尼西亚	17.165	印度尼西亚	14.65	巴基斯坦	10.309	巴西	9.358	马来西亚	15.074	马来西亚	2.186
斯里兰卡	14.673	斯里兰卡	12.824	澳大利亚	10.305	美国	9.358	英国	15.073	印度	2.186
美国	6.851	美国	6.411	俄罗斯	10.304	斯里兰卡	9.354	日本	15.071	日本	2.183
日本	4.069	日本	3.91	马来西亚	10.303	英国	9.353	俄罗斯	15.068	澳大利亚	2.181
韩国	-4.596	韩国	-4.817	孟加拉国	10.294	俄罗斯	9.342	孟加拉国	15.063	巴基斯坦	2.18

资料来源：根据表3数据计算得出。

表5 1990－2017 年中国海外移民存量总人数及分性别人数   单位：人

年份	总人数	男性人数	女性人数
1990	4229860	2198341	2031519
1995	4945376	2508589	2436787
2000	5786954	2876059	2910895
2005	7242306	3494147	3748159
2010	8648885	4055018	4593867
2015	9675209	4457294	5217915
2017	9962058	4589075	5372983

资料来源：同表3。

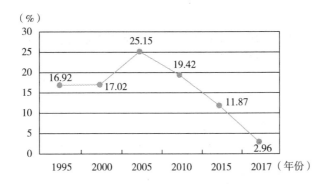

图7 1995－2017 年中国海外移民存量总人数增长率

资料来源：根据表3数据计算得出。

2005 年前中国海外移民存量的增长持续加快，而之后增长出现放缓。有学者指出，金融危机之后出现了明显的海外移民（尤其是专业人才）回流潮（崔源，2010；周龙，2013）。2008 年金融危机后西方国家经济出现波动，而国内经济形势总体较好，这可能是中国人放缓移民海外的主要原因。总之，此次金融危机是导致海外移民存量增长乏力的重要因素。

2. 性别结构

在 1990－2017 年，尽管男性、女性人数的变化趋势一致，不断增长（如图8、图9所示）。但近 30 年，原来由男性主导的性别结构已经明显向女性主导的方向发展。2000 年，女性海外移民存量首次超过男性，此后两者差距不断拉大。从增速上来看，虽然两者的增速差距已经不断缩小，但女性人数增速一直高于男性人数增速。中国女性海外移民的存在感与日俱增，从一个侧面说明了：自 20 世纪 90 年代以来，中国女性经济社会地位得到提高，在国际迁移之自由权利和条件方面的状况有所改善。

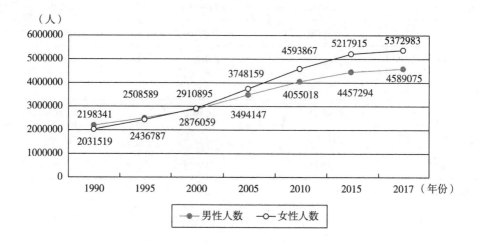

图8　1990－2017年中国海外移民存量分性别人数

资料来源：同表3。

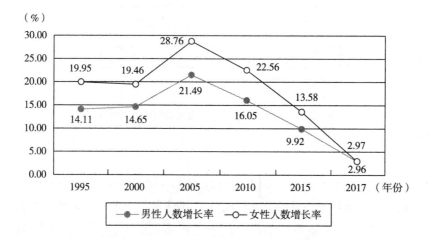

图9　1995－2017年中国海外移民存量分性别人数增长率

资料来源：根据表3数据计算得出。

3. 目的国结构

美国、日本、加拿大、韩国、澳大利亚、新加坡等发达国家是中国海外移民的主要目的国，其中美国一直拥有最大规模的中国移民（如表6、图10所示）。"一带一路"沿线国家如孟加拉国、菲律宾、印度尼西亚、马来西亚等，也是重要的目的国。前往主要目的国的移民人数，无论是发达国家还是发展中国家，其增长均有所放缓。

表 6　1990—2017 年中国海外移民存量——前十大目的国排名

单位：人

1990 年		1995 年		2000 年		2005 年		2010 年		2015 年		2017 年	
美国	773939	美国	1058487	美国	1348465	美国	1607654	美国	1922950	美国	2345208	美国	2422998
印度尼西亚	258310	加拿大	286712	加拿大	412162	日本	648120	日本	687156	日本	712522	日本	741022
加拿大	168079	日本	226056	日本	335600	加拿大	508994	加拿大	611990	加拿大	684401	加拿大	711555
新加坡	150447	新加坡	191075	新加坡	250198	新加坡	299651	韩国	490028	韩国	609333	韩国	614012
日本	150383	印度尼西亚	170906	澳大利亚	144710	韩国	242958	澳大利亚	371590	澳大利亚	451084	澳大利亚	472931
孟加拉国	140163	孟加拉国	131427	英国	144073	澳大利亚	227610	新加坡	365797	新加坡	448566	新加坡	462632
澳大利亚	97526	澳大利亚	108346	孟加拉国	122691	英国	147321	意大利	200400	意大利	200434	英国	207278
马来西亚	91377	英国	83030	韩国	92142	孟加拉国	145405	英国	162564	英国	197182	意大利	203959
缅甸	72413	菲律宾	72391	菲律宾	88418	意大利	137633	孟加拉国	160252	孟加拉国	162772	孟加拉国	166646
俄罗斯	67405	马来西亚	65974	印度尼西亚	83502	西班牙	81322	西班牙	154918	西班牙	155713	西班牙	157190

资料来源：同表 3。

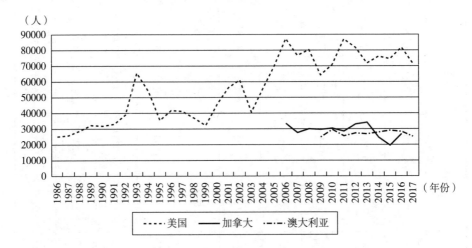

图10　1986－2017年每年新获加拿大和澳大利亚永久居留权的中国人人数

资料来源：美国国土安全局，Yearbook of Immigration Statistics；加拿大公民与移民部，Facts & Figures 2015：Immigration Overview – Permanent Residents – Annual IRCC Updates（2017年数据暂缺）；澳大利亚内政部，Reports on Migration Programs.

经历早年爆炸式增长后，前往发达国家的人数的增速衰退得更快。自2005年以来，每年新获美国、加拿大、澳大利亚永久居留权的中国人人数在一定范围内波动，无进一步增长的趋势。近十年来，部分发达国家移民政策不断调整以保护本国利益（张晓青等，2014），这可能造成不同目的国移民类别结构的调整和人数增长率的变化。

特别地，2000－2005年西班牙的中国移民人数增长率达到惊人的3703.65%（2000年为2138人）（如表7所示）。其原因不是移民吸引政策的新颁布①，而可能是2000年后西班牙实施了"无证者身份合法化行动"，获得正式居留身份的华侨数量剧增（李明欢，2016）。故在"合法化行动"前，应有相当数量的中国人非法滞留在西班牙。有学者提及，改革开放以来中国海外移民中合法的留学移民、技术移民、投资移民所占的比例有所上升，但一定比例的非法移民依然存在（曾少聪，2003；傅义强，2006）。这是一个值得关注但缺乏更多数据支持的现象。

---

① 2013年9月西班牙政府颁布了《支持创业者及其国际化》法案。购买超过50万欧元的不动产，投资者凭投资证明文件可直接申请，并在短时间内获得西班牙投资居留签证和西班牙投资居留卡。资料来源：中国商业电讯网，《西班牙商务投资部长亲临上海官方解读西班牙投资新法》，2014年2月25日。

表 7　1995－2017 年中国海外移民存量——前十大目的国的人数增长率排名

单位:%

1995 年		2000 年		2005 年		2010 年		2015 年		2017 年	
英国	255.07	新西兰	99.57	西班牙	3703.65	韩国	101.69	韩国	24.35	英国	5.12
韩国	143.6	韩国	90.77	韩国	163.68	西班牙	90.5	新加坡	22.63	澳大利亚	4.84
新西兰	109.64	英国	73.52	新西兰	97.11	澳大利亚	63.26	美国	21.96	日本	4
加拿大	70.58	日本	48.46	日本	93.12	意大利	45.6	澳大利亚	21.39	加拿大	3.97
意大利	66.35	加拿大	43.75	意大利	83.84	新加坡	22.07	英国	21.29	美国	3.32
日本	50.32	意大利	39.88	澳大利亚	57.29	加拿大	20.24	加拿大	11.83	菲律宾	3.15
美国	36.77	澳大利亚	33.56	加拿大	23.49	美国	19.61	印度尼西亚	10.71	新加坡	3.14
菲律宾	34.58	新加坡	30.94	新加坡	19.77	新西兰	12.88	新西兰	9.81	新西兰	2.66
新加坡	27	美国	27.4	美国	19.22	英国	10.35	马来西亚	4.48	孟加拉国	2.38
澳大利亚	11.09	菲律宾	22.14	孟加拉国	18.51	孟加拉国	10.21	日本	3.69	印度尼西亚	2.31

资料来源：根据表 3 数据计算得出。

四、总结与讨论

中国的国际迁移状况包含复杂的多个方面。以上对中国国际迁移状况的分析，可简要总结出以下特征：迁入方面：迁入人数不断增加，男性为主，且青壮年居多；移民来源国主要是周边国家，同时呈现多样化的特征；移民年龄出现老化；2015 年以后，出现迁入人数增长放缓的现象。迁出方面：迁出人数不断增加；往不同国家迁移的多样性非常突出；女性移民数量逐渐超过男性移民；虽然发达国家一直是主要目的国，但迁往发达国家的潮流已经开始衰退。总的来说，中国的国际迁移活动越来越频繁，但迁入规模与迁出规模存在巨大差距。刘国福（2015）称此为国际移民逆差。对此，需要结合多重因素来展开讨论。

首先，经济全球化加速了世界范围内资本、物质、信息、人力等生产要素的流动，大大提高了生产率。但这种流动进一步加深了南北发展不平衡，在移民身上展现为大量人才流向中高收入国家，对于经济相对欠发达的国家造成了一定的人才流失。尽管中国的人才回流潮和境内海外移民存量已形成一定规模，但与庞大的海外移民存量相比仍有很大差距。人才流向发达国家是一个不可避免的趋势，若不采取一定措施，我国有可能会陷入"越不发展，人才流失越严重；人才流失越严重，就越不发展"的闭环（郭秋梅，2012）。对经济发展与中国对移民吸引力不足之间的关系，陈红艳等（2016）通过分析中国国际移民的迁出、迁入规模与经济规模的相关系数，认为我国的经济水平对移民来说不是一个强大的主导拉力。所以将我国的经济增长转化为对国外人才吸引力的增长，需要一个不断增强经济、文化实力的过程。此外，也有学者认为，国际人才流动中存在一种"人才环流"的新模式，指人才流动对其迁入国与迁出国均有动态的积极作用（Anna Lee Saxenian，2005），而不是单向的输出或输入。故总体而言，我国有必要提高对移民的重视程度，完善移民政策，提升治理和服务境内国际移民的能力，改善境内国际移民的生活质量，促进他们融入中国社会和发挥自身人力资本；同时也要重视海外华人华侨群体，提升其认同感，进一步探索归化制度，从而增加中国在国际人才资源竞争中的优势。

其次，我国国际移民逆差还可能与当今我国人口的现状有关。虽然我国人口正在经历快速老龄化，但早年人口快速的增长使得人口基数庞大，因此，人口增长的惯性依然存在。这可能会导致一个处于工业化、现代化进程中的社会无法承受相对剩余人口带来的压力，从而产生促使劳动力外流的"推力"。英国、日本、韩国、中国香港、新加坡、中国台湾等，在现代化过程中都出现过人口迁出和优秀人才净移居国外的现象（刘国福，2015）。从长远角度来看，经济发展和老龄化程度的提高是导致移民逆差向移民顺差转变的重要因素：国内劳动力结构和劳动力需求有所调整，将促使人口迁出的减少和移民回迁的增加。中国在未来有可能由一个原来的移民输出国变为一个移民迁入国。除此之外，移民网络的历史性、地理空间格局等因素也对我国国际迁移状况产生一定影响（陈红艳等，2016）。

同时，非法移民是中国国际迁移群体中的重要组成部分，是一个值得关注的问题。他们可分为包括非法滞留国外的中国人和非法滞留中国的外国人。韩国、日本、马来西亚等周边国家是常见的中国移民的非法滞留地，人数规模分别在数千到上万不等①。而由于我国经济社会的迅猛发展，在中国的外国非法移民也不在少数。我国查处"三非"（非法入境、非法就业、非法居留）外国人在2011年突破了2万人次。非法入境的主要为毗邻国家人员；就业集中在外语教育、涉外演出、涉外家政、劳动密集型产业等领域，多以留学、访问为由入境后非法就业②。非法移民和移民滞留问题涉及国际关系、地区安全、移民治理制度、社会隔离等更深层次的方面，但遗憾的是，这方面的数据尚不丰富。在中国非法工作和非法居留的外国人中，对我国经济社会发展产生了何样影响、应该如何治理，还有待更深入的研究。

始终需要强调的是，国际迁移问题的研究是一个综合多学科知识与工具的领域。历史学、政治学、社会学、地理学、经济学等学科都在国际迁移研究上有不可或缺的角色。而基本数据的整理与分析便是研究的起点，这也正是本报告初步梳理定量数据所希望达成的意义：呈现一个对我国国际迁移状况的宏观性、整体性把握，指出我国国际迁移面临的趋势与挑战。这既是对已有的关注华侨社会内部的质性研究的一个补充，也为进一步深入的定量分析提供了数据和研究主题上的启示。随着我国政府与学界对移民问题的关注程度的提升，尤其是我国人口普查中有关数据的完善与丰富，对当今中国国际迁移的特点与过程及其如何与全球整体的国际迁移进行相互作用的研究，将有望产出硕果。

（马彦琳：复旦大学社会学系本科生。）

参考文献

［1］陈红艳，喻忠磊，张华. 中国国际人口迁移的空间格局及影响因素［J］. 人口与发展，2016（6）.

［2］崔源. 我国海外人才回流现状、问题及对策研究［D］. 山东大学硕士学位论文，2010.

---

①　资料来源：环球网：《韩国去年非法滞留外国人近21万　中国人占三分之一》，2015年1月27日；环球网：《日本公布非法滞留外国人统计数据　韩国人最多》，2016年3月11日；重庆晨报：《五万中国人面临马来西亚警方清查》，2005年12月2日。

②　资料来源：《国务院关于外国人入出境及居留、就业管理工作情况的报告》。

［3］傅义强．国际移民及中国跨国移民发展轨迹探析［J］．八桂侨刊，2006（3）．

［4］郭秋梅．全球化进程中的国际移民：特征、挑战与治理［J］．八桂侨刊，2012（2）．

［5］李明欢．西班牙华人社会剖析［J］．华侨华人历史研究，2016（2）．

［6］刘国福．中国国际移民的新形势、新挑战和新探索［J］．山东大学学报（哲学社会科学版），2015（1）．

［7］曾少聪．全球化与中国海外移民［J］．民族研究，2003（1）．

［8］张晓青，王雅丽，杨吉林．1990—2013年国际人口迁移特征、机制及影响研究［J］．人口与发展，2014（20）．

［9］周龙．新时期华侨华人专业人士回流现象探析［J］．广西社会主义学院学报，2013（1）．

［10］朱国宏．中国人口的国际迁移之历史考察［J］．历史研究，1989（6）．

［11］Anna Lee Saxenian. From Brain Drain to Brain Circulation：Transnational Communities and Regional Upgrading in India and China ［J］. Studies in Comparative International Development，2005，40（2）：35－61.

后　记

　　中华人民共和国成立以来的人口发展，虽然只是中国数千年人口发展历史的一个很短时期，但却是一个非常重要的阶段。1949年以后的中国人口发展，从更长历史尺度来看是延续了明朝以来的人口爆炸增长（当然不同时期的人口总量增长的内在原因是不一样的），人口从1949年的5.4亿人，增加到2018年的13.95亿人。从20世纪80年代后期以来，我国的人口增长速度已经放缓。在不久的2025—2030年，我国的人口总量将达到顶点，将出现零增长和负增长。因此，新中国成立以来的人口变动不仅剧烈，而且重要。在这个历史时期中，我国人口变动完成了从"高出生率、高死亡率"向"低出生率、低死亡率"的人口转变，人口发展出现了计划生育制度、户籍制度等重大人口管理制度的实施和改革。因此，在已经完成了人口转变的当下，在中华人民共和国成立70周年的历史时点，对新中国人口发展进行一个基于当代人口学的历史回顾研究，是有必要和有价值的。

　　基于日益成熟的现代人口普查制度，以及国家主导的统计体系，包括正在快速膨胀的人口大数据应用，对现代中国人口变动的数据支持更加丰富，可以支持一些更细的时间尺度和空间尺度的分析。特别是在最近40多年来，随着人口科学的学术繁荣，对中华人民共和国成立以后若干时间段内（往往是普查间隔时间段）的人口发展状况，以及对一些专题性人口问题的研究资料和研究成果是非常丰富的。

　　基于对当代人口学研究的丰富积累，我们对中华人民共和国成立以来一些人口问题的认识更加完整和丰富了，例如，人口总量问题、人口结构问题、人口空间分布问题、人口转变问题、计划生育问题、20世纪90年代以来的生育水平问题，等等。我们对于中国人口发展和目标的长期性问题和内在规律也看得更清楚了。同时，也有相当多历史人口问题仍然存在争论，需要扎实的史料分析和更科学的数据分析，还没有明确的意见。进入21世纪以后，国家人口变动也出现了许多新的现象，对于人口与发展正引起新的争论，人口政策也正在发生巨大变化。这些都说明，在中华人民共和国成立70年的当前历史时期，我们有条件、有能力对新中国人口发展的变动过程和历史经验进行一个阶段性的系统梳理，现实的人口变动也涌现出一些新的研究问题推动人口研究的进一步发展。

　　本报告是上海市哲学社会研究课题（项目号：2017BHB002）的研究成果。在本项研究中，我们对于中华人民共和国成立70年的人口发展数据进行了积累和梳理，对于人口发展一些专题性问题开展了研究，并对 70 年人口发展的历史经验开展了一些研讨。我们在此将这一阶段的研究资料作为中国 70 年人口发展的研究报告做一个汇集。我们也明白，本报告的研究只是对我国 70 年中国人口发展进行总结的一些初步工作，需要在这个方向上进行更加扎实的学术努力，将会产生出具有更强历史意义的学术成果。

整个研究报告包括三个部分：第一部分是邀请了国内若干人口研究的知名专家，对我国 70 年人口发展的历程和经验开展的圆桌论坛。第二部分是以 70 年人口发展和人口政策为主题的研究主报告，我们将中华人民共和国成立以后的中国人口发展分为三个历史时期做了一个概述性的回顾，并对毛泽东时代的人口思想和人口政策、计划生育制度和人口政策的变化、70 年来人口与发展的理论关系、人口政策的演变逻辑和未来方向等进行了一些历史的研究和理论性的探讨。第三部分是针对人口发展的若干专题问题，包括人口总量、年龄性别结构、家庭变迁、人口老龄化、生育、死亡和迁移等开展了八项专题研究报告。

本研究报告是集体努力的展现，参与者包括国内人口研究领域的若干著名学者，也包括研究团队的一些青年学生。每篇研究都注明了作者简介，在此对所有参与者的付出表示感谢。我还要感谢在此项目推进中给予支持的上海市哲社办李安方主任、上海市社联金红、俞厚未、王龙等，感谢《探索与争鸣》杂志社叶祝弟副主编对合作开办研究专栏的帮助，感谢《人口信息》杂志社李冬梅的长期支持。最后还要感谢经济管理出版社任爱清编辑对本书出版付出的辛苦。整个工作还得到相当多友人和学生们的支持，在此也一并表示感谢。

虽然我们做出了相当多的努力，但整个研究报告仍然是相当粗浅的。我们希望这些努力能够发挥抛砖引玉的作用，激发起学界更深的讨论。基于中华人民共和国成立 70 年以来的丰富资料和数据，对人口发展动态进行历史回顾和科学分析，以及对人口发展内在规律性的深入探索，这将是一个继续性的和长期性的工作。我们希望本研究报告有助于推动更加丰富完整的对于新中国人口发展史的研究，并贡献于中国未来的人口发展道路的探索。

任远

2019 年 5 月 10 日于复旦大学